教育部人文社会科学青年研究项目"新媒体时代思想政治教育的新诉求与模
中南财经政法大学研究生教学教改项目"比较思想政治教育"案例教学法研
中南财经政法大学教学研究项目"思想道德与法治"案例教学法研究（YB20
中央高校基本科研业务费资助项目"中华民族优秀传统文化资源在高校思政课中的运用研究"（2722020JCG004）

基于多维互动教学方法的
"思想道德与法治"重难点二十讲

徐春艳◎编著

天津出版传媒集团

天津人民出版社

图书在版编目（CIP）数据

　　基于多维互动教学方法的"思想道德与法治"重难点
二十讲 / 徐春艳编著． —— 天津：天津人民出版社，
2023.6
　　ISBN 978-7-201-19570-4

　　Ⅰ．①基… Ⅱ．①徐… Ⅲ．①高等学校—思想政治教
育—教学研究—中国 Ⅳ．①G641

　　中国国家版本馆CIP数据核字（2023）第117361号

基于多维互动教学方法的"思想道德与法治"重难点二十讲
JIYU DUOWEI HUDONG JIAOXUE FANGFA DE "SIXIANG DAODE YU FAZHI"
ZHONGNANDIAN ERSHI JIANG

出　　版	天津人民出版社
出 版 人	刘　庆
地　　址	天津市和平区西康路35号康岳大厦
邮政编码	300051
邮购电话	（022）23332469
电子邮箱	reader@tjrmcbs.com

责任编辑	陈　烨
装帧设计	三仓学术

制版印刷	武汉鑫佳捷印务有限公司
经　　销	新华书店
开　　本	787毫米×1092毫米　1/16
印　　张	20
字　　数	285千字
版次印次	2023年6月第1版　2023年6月第1次印刷
定　　价	98.00元

前　言

　　2022年6月，习近平总书记在中国人民大学考察时指出："思政课的本质是讲道理，要注重方式方法，把道理讲深、讲透、讲活。"这一重要论述深刻揭示了思政课的本质属性，同时也为我们思政课教师作出了具体的要求。要把道理讲深、讲透、讲活，就必须抓住思政课的理论关键点，找到青年大学生的理论困惑点，发现社会对思政课的现实期待点。"思想道德与法治"课是一门紧密贴近大学生生活实际的课程，同时也是担负着向大学生传递时代使命的课程。所以，"思想道德与法治"课必须充分将学生个体的发展和需求与社会的进步和要求进行融合，找到二者的契合之处，才能将道理讲到学生心中。因此，笔者以2023版《思想道德与法治》为基础，以学生成长发展的需求和社会主流价值观发展要求为出发点，重新对教材中的知识点进行了凝练和建构，从五个方面助力大学生成长，形成了五大板块的整体授课体系的设置和二十讲的具体教学设计，教学设计注重以思想理论为引领、以鲜活实践为素材、以深度文化为依托、以成长需求为接口、以提升素质为指向、以新媒体技术为载体。

　　一是感悟人生系列。这部分内容来自教材第一章。人生观问题是大学生成长中首先需要面临的问题，大一的学生从高中进入大学，出现迷茫的根本原因是对人生没有想清楚。怎样才能不虚度人生？怎样才能创造无悔于时代的人生？这些问题都是萦绕在大学生心头的人生之问。感悟人生，从人的本质、人生价值、人生矛盾、人生意义逐层推进，让学生在体悟中感悟、在醒悟中领悟，从而把握自己的人生。

二是筑梦青春系列。这部分内容来自教材第二章。我们常说，大学是梦想起飞的地方，可是大学生应该有什么样的梦，应该飞向何处？这是关系大学生自身未来发展以及社会发展的大问题，青年人的梦想一定程度上代表了这个社会的发展方向，所以这个问题非常重要。筑梦青春，是要用坚定的理想信念塑造青年、用崇高的信仰鼓舞青年，最终引导青年将个人梦想与民族梦想相结合，与时代同向、与祖国同行，与祖国和时代同步发展。

三是"精神'VC'系列"。这部分内容来自教材第三章和第四章。维生素 C 是人体必需的一种营养物质，如果缺乏的话，身体的免疫力会下降，所以，一个健康的人必须保证每天足量维生素 C 的摄入。大学生进入大学学习就是一个补充营养的阶段，而在大学生补充的各种营养中，精神和价值无疑是具有核心作用的，一个精神世界丰富、价值立场正确的青年，才能抵御外界的各种不良诱惑，在自己的人生道路上越走越远、越走越宽阔；相反，一个人如果缺乏精神、没有价值立场，很可能会受到各种不良诱惑或社会思潮的影响，走向错误的人生道路。所以"VC"不仅仅是精神，也是核心价值（Core value），同时也代表着助力学生成长的诸多因素。在本课程的教学目标中，价值观培养、社会主义核心价值观培育绝对可以"C 位"出道。

四是陶铸德行系列。这部分内容来自教材第五章。在我国，道德教育从小学持续到大学，但是针对大学生的道德教育与中小学生的是有根本差异的。这就在于，要从道德认知转变为道德情感，进而外化为道德行为，其中道德情感是关键。而要形成道德情感，就必须从"心"出发，让学生从心底认同。所以这部分围绕"德"、关注"心"，让学生明本心、守初心、承善心、扬公心，成为一个真正有德行、践德行的新时代青年。

五是践行法治系列。这部分内容来自教材第六章。在全面依法治国、建设法治中国的进程中，大学生要学习马克思主义法治理论，特别是习近平法治思想，整体把握中国特色社会主义法治道路的精髓，形成法治思维，提升法治素养。所以，这一部分围绕着践行，以学习习近平法治思想为基础，以体悟中国特色社会主义法治道路为关键，以形成法治思维、行使法律权利、履行法律义务为逻辑点，帮助大学生成长为尊法学法、守法用法的模范。

在具体的教学内容设计安排中，坚持"以学生为中心"的教学理念，除了内容上贴合大学生的生活实际，反映新时代发展的重大成果之外；在方法上主要是通过互动式教学来体现这一教学理念。而随着新媒体技术的发展，线上线下教学模式的日渐成熟，充分运用各种智慧教学技术手段辅助教学也成为思政课的必然要求。但是思政课要体现理论性与实践性的统一、思想性与政治性的统一，仅仅通过简单的线上互动并不能很好地实现。所以，如何将传统的课堂讨论与时下流行的技术相结合，也是当前思想政治理论课需要解决的问题。基于此，笔者在总结多年一线课堂教学经验的基础上，提出了多维互动教学方法。

所谓多维互动，就是线上互动与线下互动相结合、师生互动与生生互动相结合，根据互动的具体内容选择合适的互动方式，从而达到将道理讲深、讲透、讲活的目的。多维互动教学方法将传统的讲道理与现代的教学理念有机统一，能够实现师生之间相互讨论，教学相长。通过技术手段的运用，相比传统课堂而言，还可以实现课前了解学情，提升教学针对性；课中互动教学，增强教学吸引力；课后讨论拓展，保持教学的长效性。

目　录

第一讲　体悟人生本质…………………………………………… 1

　　一、教学理念 ………………………………………… 1

　　二、学情分析 ………………………………………… 2

　　三、教学目标 ………………………………………… 3

　　四、教学内容分析 …………………………………… 3

　　五、教学重、难点及化解策略 ……………………… 4

　　六、教学方法 ………………………………………… 5

　　七、教学过程详案 …………………………………… 5

　　八、课堂总结 ………………………………………… 14

　　九、作业安排 ………………………………………… 14

　　十、课堂延伸 ………………………………………… 15

第二讲　感悟人生价值…………………………………………… 16

　　一、教学理念 ………………………………………… 16

　　二、学情分析 ………………………………………… 16

　　三、教学目标 ………………………………………… 17

　　四、教学内容分析 …………………………………… 18

　　五、教学重、难点及化解策略 ……………………… 19

　　六、教学方法 ………………………………………… 20

　　七、教学过程详案 …………………………………… 20

　　八、课堂总结 ………………………………………… 29

　　九、作业安排 ………………………………………… 29

十、课堂延伸 ·· 30

第三讲 顿悟人生矛盾·································· **31**

一、教学理念 ·· 31

二、学情分析 ·· 31

三、教学目标 ·· 33

四、教学内容分析 ·· 33

五、教学重、难点及化解策略 ······························ 34

六、教学方法 ·· 35

七、教学过程详案 ·· 35

八、课堂总结 ·· 46

九、作业安排 ·· 46

十、课堂延伸 ·· 47

第四讲 领悟人生意义·································· **50**

一、教学理念 ·· 50

二、学情分析 ·· 50

三、教学目标 ·· 51

四、教学内容分析 ·· 52

五、教学重、难点及化解策略 ······························ 53

六、教学方法 ·· 53

七、教学过程详案 ·· 54

八、课堂总结 ·· 62

九、作业安排 ·· 62

十、课堂延伸 ·· 63

第五讲 理想信念:青春之"钙"······················ **64**

一、教学理念 ·· 64

二、学情分析 ·· 65

三、教学目标 ·· 66

四、教学内容分析 ·· 66

五、教学重、难点及化解策略 ······························ 67

六、教学方法 ·· 68

七、教学过程详案 ··· 68

八、课堂总结 ·· 80

九、作业安排 ·· 80

十、课堂延伸 ·· 81

第六讲　崇高信仰：青春之魂 ························· **82**

一、教学理念 ·· 82

二、学情分析 ·· 82

三、教学目标 ·· 83

四、教学内容分析 ··· 84

五、教学重、难点及化解策略 ···················· 84

六、教学方法 ·· 86

七、教学过程详案 ··· 86

八、课堂总结 ·· 97

九、作业安排 ·· 98

十、课堂延伸 ·· 98

第七讲　中国梦：青春之翼 ···························· **99**

一、教学理念 ·· 99

二、学情分析 ·· 100

三、教学目标 ·· 100

四、教学内容分析 ··· 101

五、教学重、难点及化解策略 ···················· 102

六、教学方法 ·· 103

七、教学过程详案 ··· 103

八、课堂总结 ·· 112

九、作业安排 ·· 112

十、课堂延伸 ·· 113

第八讲　社会主义核心价值观"VC"之密 ········· **114**

一、教学理念 ·· 114

二、学情分析 ┈┈┈┈┈┈┈┈┈┈┈┈┈┈ 114

三、教学目标 ┈┈┈┈┈┈┈┈┈┈┈┈┈┈ 115

四、教学内容分析 ┈┈┈┈┈┈┈┈┈┈┈┈ 116

五、教学重、难点及化解策略 ┈┈┈┈┈┈ 117

六、教学方法 ┈┈┈┈┈┈┈┈┈┈┈┈┈┈ 118

七、教学过程详案 ┈┈┈┈┈┈┈┈┈┈┈┈ 118

八、课堂总结 ┈┈┈┈┈┈┈┈┈┈┈┈┈┈ 126

九、作业安排 ┈┈┈┈┈┈┈┈┈┈┈┈┈┈ 126

十、课堂延伸 ┈┈┈┈┈┈┈┈┈┈┈┈┈┈ 127

第九讲　社会主义核心价值观"VC"之质 ┈┈┈┈┈┈ **128**

一、教学理念 ┈┈┈┈┈┈┈┈┈┈┈┈┈┈ 128

二、学情分析 ┈┈┈┈┈┈┈┈┈┈┈┈┈┈ 129

三、教学目标 ┈┈┈┈┈┈┈┈┈┈┈┈┈┈ 130

四、教学内容分析 ┈┈┈┈┈┈┈┈┈┈┈┈ 130

五、教学重、难点及化解策略 ┈┈┈┈┈┈ 131

六、教学方法 ┈┈┈┈┈┈┈┈┈┈┈┈┈┈ 132

七、教学过程详案 ┈┈┈┈┈┈┈┈┈┈┈┈ 132

八、课堂总结 ┈┈┈┈┈┈┈┈┈┈┈┈┈┈ 141

九、作业安排 ┈┈┈┈┈┈┈┈┈┈┈┈┈┈ 142

十、课堂延伸 ┈┈┈┈┈┈┈┈┈┈┈┈┈┈ 142

第十讲　中国精神：兴国强国之"VC" ┈┈┈┈┈┈┈ **143**

一、教学理念 ┈┈┈┈┈┈┈┈┈┈┈┈┈┈ 143

二、学情分析 ┈┈┈┈┈┈┈┈┈┈┈┈┈┈ 143

三、教学目标 ┈┈┈┈┈┈┈┈┈┈┈┈┈┈ 144

四、教学内容分析 ┈┈┈┈┈┈┈┈┈┈┈┈ 145

五、教学重、难点及化解策略 ┈┈┈┈┈┈ 145

六、教学方法 ┈┈┈┈┈┈┈┈┈┈┈┈┈┈ 146

七、教学过程详案 ┈┈┈┈┈┈┈┈┈┈┈┈ 147

八、课堂总结 ┈┈┈┈┈┈┈┈┈┈┈┈┈┈ 156

九、作业安排 ┈┈┈┈┈┈┈┈┈┈┈┈┈┈ 156

十、课堂延伸 ………………………………………… 157

第十一讲　爱国主义：民族精神之"VC" ……………… 158

一、教学理念 ………………………………………… 158
二、学情分析 ………………………………………… 158
三、教学目标 ………………………………………… 159
四、教学内容分析 …………………………………… 160
五、教学重、难点及化解策略 ……………………… 161
六、教学方法 ………………………………………… 162
七、教学过程详案 …………………………………… 162
八、课堂总结 ………………………………………… 173
九、作业安排 ………………………………………… 173
十、课堂延伸 ………………………………………… 173

第十二讲　改革创新：时代精神之"VC" ……………… 174

一、教学理念 ………………………………………… 174
二、学情分析 ………………………………………… 174
三、教学目标 ………………………………………… 175
四、教学内容分析 …………………………………… 176
五、教学重、难点及化解策略 ……………………… 177
六、教学方法 ………………………………………… 178
七、教学过程详案 …………………………………… 178
八、课堂总结 ………………………………………… 186
九、作业安排 ………………………………………… 187
十、课堂延伸 ………………………………………… 187

第十三讲　明道德之本心 ………………………………… 188

一、教学理念 ………………………………………… 188
二、学情分析 ………………………………………… 188
三、教学目标 ………………………………………… 189
四、教学内容分析 …………………………………… 190
五、教学重、难点及化解策略 ……………………… 191

六、教学方法 …………………………………………… 191

七、教学过程详案 ……………………………………… 192

八、课堂总结 …………………………………………… 202

九、作业安排 …………………………………………… 202

十、课堂延伸 …………………………………………… 202

第十四讲　守道德之初心 …………………………………… 204

一、教学理念 …………………………………………… 204

二、学情分析 …………………………………………… 205

三、教学目标 …………………………………………… 206

四、教学内容分析 ……………………………………… 206

五、教学重、难点及化解策略 ………………………… 207

六、教学方法 …………………………………………… 208

七、课堂教学详案 ……………………………………… 208

八、课堂总结 …………………………………………… 218

九、作业安排 …………………………………………… 218

十、课堂延伸 …………………………………………… 218

第十五讲　承美德之善心 …………………………………… 219

一、教学理念 …………………………………………… 219

二、学情分析 …………………………………………… 220

三、教学目标 …………………………………………… 221

四、教学内容分析 ……………………………………… 221

五、教学重、难点及化解策略 ………………………… 222

六、教学方法 …………………………………………… 223

七、教学过程详案 ……………………………………… 223

八、课堂总结 …………………………………………… 234

九、作业安排 …………………………………………… 234

十、课堂延伸 …………………………………………… 234

第十六讲　扬社会之公心 …………………………………… 236

一、教学理念 …………………………………………… 236

二、学情分析 ·· 236

三、教学目标 ·· 237

四、教学内容分析 ·· 238

五、教学重、难点及化解策略 ······················ 239

六、教学方法 ·· 240

七、教学过程详案 ·· 240

八、课堂总结 ·· 247

九、作业安排 ·· 247

十、课堂延伸 ·· 248

第十七讲 学：习近平法治思想·············· **249**

一、教学理念 ·· 249

二、学情分析 ·· 249

三、教学目标 ·· 250

四、教学内容分析 ·· 251

五、教学重、难点及化解策略 ······················ 251

六、教学方法 ·· 253

七、教学过程详案 ·· 253

八、课堂总结 ·· 260

九、作业安排 ·· 261

十、课堂延伸 ·· 261

第十八讲 悟：中国特色社会主义法治道路········· **262**

一、教学理念 ·· 262

二、学情分析 ·· 262

三、教学目标 ·· 263

四、教学内容分析 ·· 264

五、教学重、难点及化解策略 ······················ 265

六、教学方法 ·· 266

七、教学过程详案 ·· 266

八、课堂总结 ·· 278

九、作业安排 ·· 278

十、课堂延伸 ·· 279

第十九讲　思：培养法治思维·· 280

一、教学理念 ·· 280

二、学情分析 ·· 280

三、教学目标 ·· 281

四、教学内容分析 ·· 282

五、教学重、难点及化解策略 ···································· 282

六、教学方法 ·· 283

七、教学过程详案 ·· 284

八、课堂总结 ·· 291

九、作业安排 ·· 291

十、课堂延伸 ·· 291

第二十讲　践：依法行使权利与履行义务····························· 293

一、教学理念 ·· 293

二、学情分析 ·· 294

三、教学目标 ·· 295

四、教学内容分析 ·· 295

五、教学重、难点及化解策略 ···································· 296

六、教学方法 ·· 297

七、教学过程详案 ·· 297

八、课堂总结 ·· 304

九、作业安排 ·· 304

十、课堂延伸 ·· 304

第一讲　体悟人生本质

一、教学理念

本课程坚持以学生为中心，关注学生成长发展中的理论诉求和现实需求。本讲则是通过教学内容的与时俱进、教学方法的多样性和教学手段的先进性，引导学生参与互动式课堂学习。在本讲中主要是通过以下方式体现这一教学理念。

1.通过先进的教学手段形成互动教学模式：人生观是本课程中十分重要的问题，关于人的本质的认识是理解后面教学内容，帮助学生形成正确人生观的基础，所以，需要通过互动教学的方式让学生参与到这个与自己的成长发展密切相关的问题之中。

2.通过最新案例引发学生的情感共鸣：人的本质问题是本章，甚至是本课程的一个理论基础问题，要让学生理解这个问题，就需要让学生认识到这个问题的重要性。所以，针对这个理论问题，是通过一些案例来进行探讨的。

二、学情分析

（一）提出问题，了解学情（智慧课堂线上调查）

1. 你觉得认识世界与认识自己，哪个更重要？（选择题）

2. 你觉得我们为什么需要认识自己？（简答题）

3. 你觉得人生观主要包括哪些方面的内容？（简答题）

4. 你认为三观不合的两个人适合交友、恋爱、结婚吗？为什么？（简答题）

（二）分析问题，总结学情

知识基础：对于高中学习文科的学生来说，思想政治理论课是比较熟悉的课程，对本课程中的许多理论都是比较清楚的；但是对于高中学习理科的学生来说，其对本课程的认识比较片面。相比后面章节的内容，第一章的内容与大学生的生活密切相关，需要掌握的理论知识并不多。在绪论的学习之后，基本上可以从课堂的互动和课后的讨论中发现学生对本课程中涉及的问题是比较感兴趣的。但是在一些具体问题中，也会有一些认识上的不足，比如对于马克思关于人的本质的论述，很多理科生就无法正确解读；部分学生对于人与社会的关系认识比较片面。

学习能力：从高中进入大学之后，学生在学习方式方面还没有完全调整过来。部分学生依然是以被动学习为主，主动学习能力不强，但是有学习的意愿，所以教师需要通过设置一系列的活动和问题进行教育引导。

学习态度：对于刚刚踏入大学校园的青年大学生来说，人生进入一个新的阶段，不少学生感到迷茫，找不到人生的方向。在校大学生普遍积极上进，对于未来有很多的憧憬，希望能够在大学期间有一定的突破。所以，需要通过人生观教育逐渐引导他们正确且全面认识人生。

三、教学目标

（一）知识目标

1. 能够准确表述马克思关于人的本质的论述。
2. 清楚人生观包含的具体三个方面。
3. 理解个人与社会之间的辩证关系。

（二）能力目标

1. 通过对人生观的系统学习，能够用正确的人生观分析大学生活中的现象。
2. 理解人的本质，能够用马克思关于人的本质论述分析人的社会性状态。
3. 能够在日常生活中正确处理个人与集体的关系。

（三）情感目标

1. 强化集体主义意识。
2. 激发大学生为服务人民、为社会发展贡献自己的力量。

四、教学内容分析

本讲是整个教学体系"感悟人生系列"之一：体悟人生本质。该系列围绕青年大学生成长中的人生问题展开设计。该系列所选择的四个问题也具有一定的逻辑层次性，从最基础的人的本质问题开始，再到人生价值、人生矛盾，最后落脚到追求有意义的人生。作为一门思想政治理论课，对人生问题的探讨更多是"悟"，从体悟到感悟，从顿悟到领悟，最终引导学生正确地对待人生。本讲涉及教材第一章第一节中"人生观是对人生的总看法"的内容，同时也是整个第一章最基本的问题，承上回应了教材绪论中关于青年人的使命问题，即为什么青年人需要有自己的历史使命，这是由青年个体与社会和时代的关系决定的；启下则是对人生观的内容、人生评价标准等一系列问题的理解给出了理论基础。

具体来说，本讲的内容主要包括：①马克思主义对人的本质的论述；②人与社会的关系；③人生观的主要内容。

五、教学重、难点及化解策略

（一）教学重点及化解策略

本讲的重点内容有两个：

1. 理解人的本质。

2. 个人与社会的关系。

化解策略：

1. 从一般到特殊：对于人的本质的认识，古今中外有许多的探讨，本讲将在探讨前人对人的认识基础之上，探讨马克思对人的本质的论述。

2. 从结论到问题：关于个人与社会的关系问题，学生已经有基本的认识，但是对于二者之间的具体关系并没有仔细地思考，本讲借助视频，从问题讨论入手，逐次推出个人与社会关系的内容。

（二）教学难点及化解策略

本讲的难点内容有一个：

理解"人的本质不是单个人所固有的抽象物，在其现实性上，它是一切社会关系的总和"。

化解策略：

化抽象为具体：针对马克思主义对人的本质的论述，高中阶段学习政治的学生都是清楚的，但是大部分学生对这一个论述缺乏全面的理解。这个论述是比较抽象的，要想让学生理解现实性、抽象物、社会关系总和等概念，则需要通过一些生活化的具体例子来帮助学生理解。

六、教学方法

本讲在教学方法上主要运用理论阐释法、比较分析法和互动教学法，通过对一些具有争议性问题的讨论和一些具有相似性观点的比较，以达到预定的教学目标。

理论分析法：对于一些存在争议性的问题，可引导学生思考，让学生产生了解真实的愿望，推动学生去探究问题的答案。比如，关于马克思主义对人的本质的论述的理解，一定需要进行理论探究。

比较分析法：通过案例讨论以及智慧课堂互动，教师对学生存在的理论盲区进行归纳，对理论问题重新进行比较和分析，让学生在比较中加深对理论的认识和理解。比如，针对不同哲学家对人的本质的认识，引导学生思考什么才是科学的、正确的。

互动教学法：对重要理论问题，尤其是存在观点争议时，通过讨论的方式各抒己见，加深理解和认识。比如，关于个人与社会的关系，可以设置具体的情景，让学生讨论并理解二者之间的辩证关系。

七、教学过程详案

【课程导入】

视频案例：播放一段清华大学人工智能华智冰的弹唱。

实时互动1（智慧课堂）：如果可以，你愿意与华智冰成为朋友吗？为什么？

教师分析：同学们是否愿意与一个人工智能成为朋友呢？很多同学都说不愿意，因为它是虚拟的，没有实体。是的，我们看到的视频实际上是虚拟的。还有同学说它太优秀了，它让我感到自卑，我们不一样……我们不可能与人工智能成为真正的朋友，因为就像有的同学所说，"我们不一样"。可是我们究竟有什么不一样呢？这就需要我们对人的本质进行深入的了解。

【问题一】人是什么

在古希腊的德尔斐神殿里有一块石碑，上面写着"人啊！认识你自己"，这句话被认为是点燃希腊文明的火花。可是人究竟是什么呢？古今中外的哲学家们有着不同的看法。

中国古人的理解。对人的认识是哲学中一个古老的话题，在中国就产生了"性善论""性恶论"以及"人性不善不恶论"。关于人，孔子说，"仁者，人也，亲亲为大"。孔子认为有仁爱之心，方可称之为人，其中爱自己的父母是最重要的。孟子说，"人性之善也，犹水之就下也。人无有不善，水无有不下"，就是说人性是向善的。既然有"人性向善"，那么也可能有"人性恶"，荀子说，"凡人有所一同：饥而欲食，寒而欲暖，劳而欲息，好利而恶害，是人之所生而有也"。这里我们对荀子的观点进行一点拓展，荀子认为人性可以分为两个部分，一是先天的人性，荀子称其为"性"，这一部分是恶的；二是后天的行为，荀子称其为"伪"。所以，荀子说，"人之性恶，其善者伪也"，而"制恶"的方法就是，"化性起伪"，也就是用教化去引导和改造人的自然本性，使人树立道德观念。法家代表人物商鞅，则认为正是因为"人性本恶"，所以要通过设置严苛律法的方式来进行社会治理。告子则持有"人性无善无恶论"，他说，"人性之无分善与不善也，犹水之无分东西也"。

西方的理解。在马克思主义哲学诞生之前，西方哲学家也有许多关于"人是什么"的探讨。代表性观点有这样几种：普罗泰戈拉提出的人是万物的尺度；亚里士多德提出的人是政治的动物；以康德和黑格尔为代表的哲学家认为人是理性的动物；以费尔巴哈为代表的哲学家则认为人是感性的类存在物。

实时互动 2（课堂讨论）：我们如何看待这些中西方哲学家们对人的本质的观点呢？

教师总结：一方面，这些哲学家们提出了很多科学的观点，比如认为人有理性、有道德、有思想；另一方面，这些思想又具有一定的历史局限性和阶级局限性，对人的本质的认识往往比较片面和抽象，还有一些思想带有唯心主义色彩。

【问题二】马克思对人的本质的论述

马克思在总结和批判前人对人的本质的理解基础之上，指出，"人的本质不是单个人所固有的抽象物，在其现实性上，它是一切社会关系的总和"。这一论断使人的本质问题在人类历史上第一次得到了科学的说明。

1. 首先，如何理解马克思所说的"现实性"？同学们在生活中有没有见过这样的情形：有一些人喝酒的时候是很开心的，但是也有些人喝酒的时候是伤心或郁闷的。

实时互动 3（随机提问）：为什么会这样呢？同样是喝酒，为什么喝出了不一样的感觉？同学们可以大胆猜测一下。

教师分析：原因有很多，但是根据我们生活的经验，喝酒的时候很开心可能是遇到了开心的事情，喝酒的时候不开心则可能遇到了伤心的事情。也就是说，因为人生经历的事情不同，才造成两个人在喝酒这件事情上出现如此大的差异。所以，问题不是出在酒上，也不是在人上，而是人的现实境遇。人的现实性决定了，人的本质不应该从人的自然属性中去寻找，而是蕴含在人的社会属性之中。自然属性，也就是肉体存在及其特性，即荀子和商鞅所说的，饥而欲食、寒而欲暖等。这是一种本能，本能不是本质；人能够生存下来靠的不仅仅是自然属性，更重要的是靠人的社会属性。

在人的社会属性中，处于核心地位的是人的社会实践活动，这是人的生存方式，正如荀子所说的，"人能群，彼不能群也"。人能结合成社会群体，这是人的生存方式。社会属性才是人与动物相区别之处。而在人类的社会实践活动中最根本的是生产实践。所以，马克思说，"社会生活在本质上是实践的"。

2. 如何理解人是"社会关系的总和"？接下来，我们再通过一个问题来解释人是"社会关系的总和"。

实时互动4（随机提问）：同学们有没有过这样的经历：明明很困了，但还是坚持不睡觉，如果你有过这样的经历，那么请问你为什么不去睡觉？

教师分析：因为老师明天要检查作业，因为老板明天要方案，因为项目申报明天截止……在大家的身体里，有一个自然状态的"我"，这个"我"觉得困了就得睡，还有一个"超我"，认为"我"还有任务，这个任务是拥有某一个身份的"我"必须做的事情，是"我"所处的社会关系决定了"我"一定要这么做。再来回忆一下你们生气的时候，有些人气得摔椅子，捶打墙壁，但是为什么不打人呢？因为打人不文明、打人犯法、打不过……是的，因为我们是一个生活在社会中、受到规则约束的人，所以尽管有时候我们十分生气，但社会关系决定我们必须尽量控制自己、不伤害自己、不伤害他人、不违背道德和法律。从这两件事情中，我们发现，我们每个人的生活看似是独立的，实际上是处于一种关系之中，社会关系决定了我是谁，我的责任是什么，我应该做什么，我不能做什么。

实时互动5（智慧课堂）：那么，我是谁呢？

关键词提取：大学生、女儿、儿子、中国人、湖北人、张、王……

教师分析：同样是在校大学生，为什么我们对自己的定义却出现了如此大的差异呢？刚才我们说到，人的本质是从人的社会属性中揭示出来的，社会属性的两个主要方面是社会劳动和社会关系：社会劳动将人和动物区分开；社会关系将人与人区分开。这就意味着任何人都是处在一定的社会关系中从事社会实践活动的人，在一切社会关系中，生产关系是主要的社会关系，是"决定其余一切关系的基本的原始的关系"。在生产关系的基础上，人们进一步形成了政治的、法律的、道德的、宗教的以及行业间的种种复杂的社会关系，并从不同侧面、不同层次体现着人的本质。所以，不同的时代，人的实践方式不同，产生的关系就不同，就意味着人本质是无法抽象出某种共同的东西的。

3. 我们如何理解"不是单个人固有的抽象物"？也就是马克思所说的"人的本质不是单个人固有的抽象物"。举个例子，大家觉得奴隶是人还是工具？我们现在当然觉得他们是人，可是在古巴比伦的《汉谟拉比法典》中，明确规定：奴隶是不受法律保护的工具和财产，奴隶不属于人的范畴。这说明人的本质在不同的社会会有不同，同样，在封建社会、资本主义社会、社会主义社会，人也是有差异的。

从整个人类社会来说，人类经历了从猿到人的过程，从原始社会到社会主义社会的过程；而从个体来说，人类经历从婴儿到少年到成年到老年的过程，不管是人类还是个人，每一个阶段都是不同的。不同的时代、不同的人参与生产实践的方式是历史的、具体的，所形成的社会关系自然也是历史的、具体的。由于人的本质是由社会关系决定的，人们的社会关系不同，本质也就不同。因此，马克思主义哲学诞生之前的思想家们所宣扬的一般的共同的人性或人的本质，事实上是不存在的。我们不能脱离具体的历史时期，抽象谈论人的本质。

【问题三】理解人的本质对我们有什么意义

说到这里，我们再回到前面的话题：你愿意与华智冰做朋友吗？同学们心中应该有了更加明确的答案。人工智能的发明，确实可以帮助人类从事更多的社会实践活动，是我们的好帮手。可是，人类所具有的政治关系、亲属关系、道德关系、朋友关系等，她都不具备，没有这些关系，她就不是与我们一样的人类，我们之间就不可能建立平等的朋友关系。我们理解人的本质，并非停留在理论的认识层面来区分人与动物、人与人，而是让理论认识成为我们认识世界和改造世界的工具。对于人的本质的认识是学习这门课程的重要基础之一。那么理解人的本质有什么意义呢？

首先，理解了人的本质是社会关系的总和，才能正确认识人与社会的关系，才能将个人的发展与社会的进步紧密结合，从而帮助我们树立正确的人生目的，才能理解马克思在中学毕业论文中所说的，"人们只有为同时代人的完美、为他们的幸福而工作，才能使自己也达到完美"。其次，理解了人的本质的现实性，才能正确看待物质与精神、奋斗与幸福的关系，才能理解高尔基所说的，"劳动是世界上一切欢乐和一切美好事情的源泉"，从而树立积极进取的人生态度。最后，理解人的本质的历史具体性，才能用历史唯物主义的视角看待世界与自己的人生，才能把握时代赋予我们的责任与使命，才能理解习近平总书记"我将无我，不负人民"的崇高境界，追求更加高尚的人生价值。

【问题四】个人与社会的辩证关系

视频播放：《你不是一个人》

实时互动 6（智慧课堂）：通过这个视频，我们能发现个人与社会究竟是什么关系呢？

关键词提取：社会、个人、辩证、统一、集体、个体、部分……

教师分析：这段视频十分形象地向我们展示了，我们生活中的点点滴滴其实都蕴含着他人的劳动与付出，从刚才的视频中，我们可以得出的结论就是个人与社会是不可分割的，个人与社会关系最根本的是个人利益与社会利益的关系。每个人生活在社会中，就会产生一定的需要，就有一定的利益追求，而个人利益的满足需要一定的社会条件，需要通过社会实践才能实现。

要点一：个人与社会是对立统一的关系。两者相互依存、相互制约、相互促进，社会是由一个个具体的人组成的，就如同视频当中显示的一样，离开了人就没有社会，也就是说社会是人的存在形式。同时，人是社会的人，离开了社会人也无法正常生活，就如同狼孩一样，他离开了人类社会就无法再过人类的生活。我们自己一天的活动都离不开他人的劳动。马克思主义认为，人类要生存，首先要进行生产，这个生产包括对物质资料的生产、精神生产、人口自身的再生产，而且这个生产是社会性的生产。所谓社会性的生产就是一种群体生产，个人是无法进行生产的。

要点二：个人与社会关系最根本的是个人利益与社会利益的关系。每个人生活在社会中，就会产生一定的需要，就有一定的利益追求，而个人利益的满足需要一定的社会条件，需要通过社会实践才能够实现。比如，当这个世界仅你一人，你的衣食住行的需求、情感的需求、社会交往的需要全都得不到满足了，你就会觉得自己的人生也毫无意义了。同样的道理，社会利益的满足也是需要个人利益满足才能够实现，但不是个人利益的简单相加，而是所有个人利益的有机统一，如同中国梦与个人梦之间的关系，中国梦包含着个人梦，却不是个人梦的简单相加。这就刚好说明了，人是社会的人，人的本质在于其社会性，人与社会是不可分割的统一体。

要点三：人只有在推动社会进步的过程中，才能实现自我的发展。马克思曾指出，"人只有为同时代人的完美、为他们的幸福而工作，自己才能达到完美。如果一个人只为自己劳动，他也许能够成为著名的学者、伟大的哲人、卓越的诗人，然而他永远不能成为完美的、真正伟大的人物"。

拓展思考：个人与社会的关系过去是什么样？未来又将如何？

教师讲解：马克思通过分析人与自然、人与社会的双重关系，揭示了人与社会的发展状况。马克思在对资本主义生产方式的深入剖析中，于《1857—1858年经济学手稿》中形成了关于三大社会形态的经典论述。他说："人的依赖关系（起初完全是自然发生的），是最初的社会形式，在这种形态下，人的生产能力只是在狭小的范围内和孤立的地点上发展着。以物的依赖性为基础的人的独立性，是第二大形式，在这种形式下，才形成普遍的社会物质交换、全面的关系、多方面的需求以及全面的能力的体系。建立在个人全面发展和他们共同的、社会的生产能力从属于他们的社会财富这一基础上的自由个性，是第三个阶段。第二个阶段为第三个阶段创造条件。"[①]

马克思在对人性、人的本质、人的发展与社会发展的探讨过程中，形成了人的全面自由发展的人生价值观。其中就包括：（1）人的劳动能力的全面发展；（2）人的社会关系的全面发展；（3）人的自由发展。

---

① 《马克思恩格斯文集》（第8卷），人民出版社，2009年，第52页。

【问题五】人生观的主要内容

案例：

有一位记者采访一个放羊娃，记者问：你在干什么？放羊娃回答：放羊。记者问：放羊干什么？放羊娃回答：赚钱。记者问：赚钱干什么？放羊娃回答：娶媳妇。记者问：娶媳妇干什么？放羊娃回答：生娃。记者问：生娃干什么？放羊娃回答：放羊……

实时互动 7（智慧课堂）：请问你愿不愿意像放羊娃一样生活？为什么？

教师分析：听完这个故事，很多人肯定会觉得放羊娃可笑又可悲，一辈子生活在这样的环境中，这种人生好像太简单，就是活着，繁衍后代。在放羊娃的面前，我们似乎高大了许多，因为我们不会过着周而复始的放羊生活。然而事实真的如此吗？我们再来看看我们是不是城市中的放羊娃，我们可用同样的方式模拟一下。

模拟故事：

母亲问学生：上学干什么？孩子回答：考大学。母亲问：考大学干什么？孩子回答：找个好工作。母亲问：找好工作干什么？孩子回答：赚钱。母亲问：赚钱干什么？孩子回答：买房子。母亲问：买房子干什么？孩子回答：娶媳妇。母亲问：娶媳妇干什么？孩子回答：生孩子。母亲问：生孩子干什么？孩子回答：上学……

看到这儿，大家是不是要想想了，我们和放羊娃到底有没有本质上的区别？放羊娃说的并没有错，并且他说了一个真理：人类的一切生产实践活动，首先要满足人类自身繁衍的需要。马克思对此曾经有过深刻的洞察，他说："人，为了能够创造历史，必须能够生活。但是为了生活，首先就需要衣食住行及其他东西。"[①] 这个放羊娃的故事实际上就是一个关于人生目的的故事，这个故事在告诉我们，探求人生目的和意义不是让人不食

---

① 《马克思恩格斯选集》（第 1 卷），人民出版社，2012 年，第 158 页。

人间烟火。肯定人生的日常形态，是获得人生意义的必要前提。历史和现实都表明，当人们轻视甚至忽视日常生活时，人生目的和意义也就被剥夺了。因为当人不能像人那样正常地生活时，我们便无法在此基础上获得人生意义。但是，如果我们的人生目的仅仅只是追求并满足日常生活，那么我们的人生态度必然也是消极的，对什么事情都无所谓，当一天和尚撞一天钟。同样，我们的人生价值也只是停留在自我价值的层面，并不会想着为他人、为社会创造什么价值。

如今，现实社会中，人们过分关注日常生活，却发现人生目的和人生意义逐渐被消解了。所以，对人生目的的确立，我们需要把握两个方面：第一，确立人生也不能忽视日常生活，不能否定日常生活层面人生活动的目的和意义。第二，我们的人生目的不能满足于日常生活，人生目的应该由功利向非功利的方面超越。这样，我们对自身才能有更加清楚的认识，人生的境界也会得到不断的提升。

追问思考：人生观中的三个部分之间是什么关系呢？

教师分析：人生目的决定人生道路。人生目的一旦确定，人生发展的根本方向也就明确了。在这个意义上，树立了什么样的人生目的，就会有什么样的人生。如果你相信"天下熙熙，皆为利来；天下攘攘，皆为利往"，就可能会走向"人为财死，鸟为食亡"的人生；秉承"为天地立心，为生民立命，为往圣继绝学，为万世开太平"的人生抱负，便会以"铁肩担道义，妙手著文章"来要求自己。越是拥有崇高的人生目的，就越是会严格要求自己。

人生目的决定人生态度。在人的一生中，很难一帆风顺，总是会遇到这样那样的困难，面对困难，不同人生目的的人所展现出来的人生态度也是截然不同的。霍金在21岁时被诊断患有渐冻症，当时诊断他只有两年的寿命，但此后他却与病魔对抗了55年。即使大部分时间都在轮椅上度过，即使只剩面部一小块肌肉能动，他依然坚持不懈地探索宇宙奥秘，持之以恒地将量子力学知识普及给广大民众。像这样面临生死挑战都能够微笑面对人生，根本原因就是他对科学有敬畏、对星空有向往、对人生有目的。

人生目的决定人生价值的选择。人生目的与人生价值本来就是一个问题的两面，一个人选择某种人生目的，实际上就是表示他对某种生活所具有价值的确认。正确的人生目的会使人觉得人生的价值首先在于奉献，从而在工作中尽心、尽力、尽责。错误的人生目的则让人只会索取，从而把追逐私利作为有价值有意义的事，而漠视对国家、集体、他人的责任和义务。爱因斯坦说："我从来不把安逸看作是生活目的本身——这种伦理基础，我叫它猪栏的理想，照亮我的道路，并且不断地给我新的勇气去愉快地正视生活的理想，是善、美和真。"

了解了人的本质、人与社会的关系，我们明白了应该把自己的成长与祖国的发展及人民的需要相结合，才能更好地实现自己的价值。正如习近平总书记所说："离开了祖国需要、人民利益，任何孤芳自赏都会陷入越走越窄的狭小天地。"

八、课堂总结

1. 总结内容：人的本质、个人与社会的关系以及人生观的主要内容。
2. 调查反馈：针对本次课的学习，还有哪些疑问？（智慧课堂）
3. 引出新课：了解人的本质是确立正确的人生观的前提，只有确立正确的人生观，才能创造有意义的人生。怎样才叫有意义的人生呢？追求有意义的人生该从哪些方面努力呢？

九、作业安排

1. 小组讨论："三观"对我们哪些方面会产生影响？影响的程度有多大？
2. 大学生应该如何树立正确的人生观？

十、课堂延伸

1.《习近平的七年知青岁月》，中共中央党校出版社，2017 年。

2. 马克思：《关于费尔巴哈的提纲》，《马克思恩格斯选集》（第 1 卷），人民出版社，2012 年。

3. 钱穆：《人生十论》，生活·读书·新知三联书店，2009 年。

4. 季羡林：《季羡林谈人生》，当代中国出版社，2006 年。

5. 罗家伦：《写给青年：我的新人生观演讲》，中国人民大学出版社，2005 年。

第二讲　感悟人生价值

一、教学理念

1.通过先进的教学手段形成互动教学模式：人生价值的评价及实现与每个大学生密切相关，所以要帮助学生正确评价人生价值。这不仅是理解评价标准，而是运用这一标准进行评价，因此，在教学中需要通过互动教学的方式让学生参与讨论这个与自己的成长发展密切相关的问题，通过多种形式的互动，将讨论的内容与知识点相统一。

2.通过最新案例引发学生的情感共鸣：人生价值问题既抽象又具体，抽象是因为我们在评价人生价值时的标准难以把握，具体是因为我们对人生价值的评价在现实中处处可见。为引导大学生追求崇高的人生价值，本讲选择了两个十分具有代表性的案例让学生在案例教学中总结人生价值评价的标准与方法。

二、学情分析

（一）提出问题，了解学情（智慧课堂）

1.人生价值有没有大小之分？（选择题）

2. 人生价值能否"等价交换"？（选择题）

3. 人生价值评价有没有标准？（选择题）

（二）分析问题，总结学情

知识基础：大学生对人生价值的感知主要来源日常经历，无论是学业还是日常生活，大学生都会遇到一些关于人生价值方面的困惑。在没有进行系统学习之前，社会上的一些错误观点也会对学生的思想产生影响，比如一些学生把赚钱的多少或者是否出名作为人生价值评价的标准，这些错误的认识都是需要在教育中予以回应的。另外，针对教学内容中的问题，一些学生无法理解为什么要把一个人对社会的贡献作为评价人生价值的重要标准，这个问题需要在教学中重点回应。

学习能力："00后"大学生极容易受一些错误思想或者流行现象的影响，对人生价值的认识存在误区，但是他们能够运用正确的人生价值评价方式对人生价值进行评价，所以教师可通过课堂引导和相关讨论，帮助学生形成正确的人生价值评价标准和方式。

学习态度："00后"大学生对于人生价值问题是比较关心的，这部分内容比较能够引起他们的情感共鸣。并且大一学生思想淳朴，对学习充满热情。对于教师来说，了解到学生这些方面的情况，才能将课程内容与学生思想的实际情况及现实困惑相结合，才能实现教材内容向教学内容的转化。

三、教学目标

（一）知识目标

1. 理解价值的一般意义，重点理解哲学意义上价值的内涵。

2. 能够表述人生价值的内涵，能够简单表述人生自我价值与社会价值以及二者的关系。

3. 能够说出人生价值的评价标准，并对人生价值评价的具体方法进行阐释。

4. 知道人生价值实现的客观条件和主观条件。

（二）能力目标

1. 通过对人生价值评价标准和方法的理解，能够正确看待自己以及他人的人生价值，并对此进行正确的判断，从而肯定普通人的人生价值。

2. 能够意识到人生价值大小主要是看对社会的贡献，从而积极地去追求有价值的人生。

（三）情感目标

1. 通过对人生价值的学习，能够尊重所有的普通人，看到他人身上的闪光点。

2. 不断增强自身的能力和本领，追求高尚的人生。

四、教学内容分析

本讲是整个教学体系"感悟人生系列"之二：感悟人生价值。该系列围绕青年大学生成长中的人生问题展开设计，在体悟人生本质的基础之上，需要对人生观的具体内容进行思考。而在人生观的几个教学内容中，人生价值问题无疑是最为关键的，因为对人生价值的认识直接决定了我们应确立什么样的人生目的以及用什么样的人生态度对待人生，所以选择了人生价值作为第二个需要重点学习的内容。本讲属于《思想道德与法治》第一章第二节中的内容，在整个第一章中具有承上启下的作用，一方面，人生价值问题是对前面人生观的具体展开，承上是对人与社会关系的具体运用问题；另一方面，人生价值确立后才能帮助学生更好地认识人生矛盾和错误的人生观。

具体来说，本讲的主要内容包括：人生价值的内涵；人生价值的评价；

人生价值实现的条件。

五、教学重、难点及化解策略

（一）教学重点及化解策略

本讲教学重点有两个：

1. 人生的自我价值与社会价值的关系。

2. 人生价值评价标准。

化解策略：

化抽象为具体：人生的自我价值与社会价值的关系问题是比较抽象的问题，需要从不同的方面来理解人生价值，在具体授课时可将抽象的理论转化为具体的案例，通过对具体案例的分析和探讨，逐步得出关于人生价值、人生自我价值与社会价值之间的关系的理论，并且在具体的讨论中，还能够激发学生思考自己的人生价值。

（二）教学难点及化解策略

本讲的难点内容有一个：

人生价值的评价标准。

化解策略：

从特殊到一般：人生价值评价是本讲的核心内容之一，而关于评价标准问题则是教学的难点。为了帮助学生更容易理解这个问题，在教学中选择了一个特殊的案例：袁隆平的人生价值为什么大？对于这个问题的答案，学生们基本是一致的，就是他对社会贡献大。再从理论上回答为什么把对社会贡献作为评价人生价值的根本尺度，从而得出人生价值评价的一般标准就是对社会贡献的大小。

六、教学方法

本讲在教学方法上主要运用案例讨论法和理论讲授法，通过对一些具有争议性问题的讨论和一些具有冲突性现象的比较，实现讲道理的目的。

理论讲授法：对人生价值的内涵，以及人生自我价值和社会价值的关系问题，需要通过教师对学生存在的理论盲区和理论问题进行层层剥离与分析，让学生在逻辑分析中加深对理论的认识和理解。

案例分析法：对于人生观价值的评价标准问题，需要通过一些案例（尤其是发生在学生身边的或者熟悉的案例）加以说明，从而让学生感受到人生价值评价是多元的而不是单一的。

对比分析法：对人生价值评价采用了两个典型案例进行对比分析，一方面说明人生价值评价的标准是看社会贡献，另一方面说明人生价值评价的方法是多样的。

七、教学过程详案

【课程导入】

实时互动1（智慧课堂）：你的人生价值体现在哪些方面？

关键词提取：自我、家庭、贡献、意义、人生、社会、物质、赚钱、乐趣……

教师分析：同学们都在积极寻找自我的价值，没有同学像视频中的男生一样认为自己没有价值，但是大多数同学对人生价值的探索停留在自我价值的层面，对社会价值缺乏认识甚至忽略了自己的社会价值。当然，我们也看到有部分同学提到了为周围的人、社会上其他人做出自己的贡献，这其实就是我们的社会价值。也就是说，人生价值主要集中在个人、家庭、社会三个层面。

【问题一】人生价值的内涵

要理解人生价值，首先需要对价值的内涵和特征有基本的认识。

提出疑问：如何理解"价值，这个普遍的概念是从人们对待满足他们需要的外界物的关系中产生的"？

教师分析：我们在这里所说的价值是哲学意义上的价值。马克思曾指出："价值，这个普遍的概念是从人们对待满足他们需要的外界物的关系中产生的。"[①]换句话说，价值就是主体与客体的联系中，客体对主体的存在、发展和完善所具有的效应。

这里有三个核心要点：①价值是一种关系范畴，价值是在主体和客体的联系中产生的，没有主体和客体的联系，就无所谓价值。②价值是一种意义范畴。价值强调的是客体能够满足主体的需要，那么在客体与主体的关系中，客体满足主体需要的程度可能不一样，这样价值就具有三种形态：正价值（客体能够满足主体的需要）、负价值（客体不仅不能满足主体的需要，反而有危害）、零价值（客体不能满足主体的需要，但也没有危害），我们经常说的价值实际上是正价值。③价值来源于客体，取决于主体。这一条强调的是在主体和客体的联系中，价值来源于客体这一方面，但客体有没有价值不是由客体说了算，而是主体说了算，比如老师对于学生的价值，不是老师说了算，而是学生说了算。

我们要理解价值，还需要把握价值的特点。

同一个客体对不同的主体而言，价值相同吗？比如下雨好不好，要根据不同人的需要而言。所以，价值具有个体性，"情人眼里出西施"。当我们明白价值的个体性之后，同学们怎么看"己所不欲，勿施于人"？我们不仅要做到"己所不欲，勿施于人"，还要做到"人所不欲，勿施于人"。

除此之外，价值具有多维性，客体本身的属性是多样的，主体的需要

---

① 《马克思恩格斯全集》（第19卷），人民出版社，1963年，第406页。

也不是单一的，所以客体对主体的满足也就不是单一的。比如水杯，可以喝水，可以暖手。价值的多维性，告诉我们要肯定认可自己的价值，不要觉得自己不好，要善于发现自己的优点，要坚信自己是有价值的，是有用的，建立人生自信；同时也要欣赏他人，看到别人的优点。

客体在什么时候更能满足主体的需要呢？雪中送炭与雨后送伞，哪个更加具有价值呢？当然是雪中送炭。这说明价值具有时效性。所以，在我们的工作生活中，我们要善于急他人所急、想他人所想，这样才能帮助到他人。

人生价值的客体不是某种具体的东西，而是人的实践活动。那主体呢？人作为一种社会存在，他的实践活动不可能只满足于自我的需要，同时还应满足社会的需要。因此，人生价值的主体就有两个，即个体主体和社会主体。这样就很清楚了，人生价值的含义就是一个人的人生或人生的所作所为对个体自我需要的满足和社会需要的满足。简单来说，人生价值就是人的生命及其实践活动对社会和个人所具有的作用及意义。

因为人生价值的主体有自我主体和社会主体，所以人生价值自然就包括人生的自我价值和社会价值。回到刚才同学们对自己人生价值的判断。

刚才同学们对人生价值的描述，有些就是自我价值，比如实现个人理想、帮助自己和家人获得美好生活等。人生的自我价值是个体的人生活动对自己的生存和发展所具有的价值，主要表现为对自身物质和精神需要的满足程度。比如教师在这里讲课，这是教师的工作，所以教师会有工资，这个工资可以帮助教师改善生活，实现了教师的自我价值的物质方面，而教师在这里上课，实现了教学相长，教师的精神也得到满足。

还有些同学说的就是社会价值，比如服务社会、为祖国的发展贡献力量等。所以，人生的社会价值，是个体的人生活动对社会或他人所具有的价值。人生的社会价值是社会存在和发展的必然要求。还是以教师上课为例，教师上课，帮助同学们提升思想道德素养，为社会主义培养接班人，这是教师的社会价值。

【问题二】人生的自我价值和社会价值之间是什么关系

实时互动 2（随机提问）：我们有时会有一种感受，就是当我们追求社会价值时，似乎要牺牲个人价值，两者看似是一种矛盾关系。人生的自我价值和社会价值究竟是什么关系？

教师分析：个人价值与社会价值之间应该是一种辩证统一的关系，这种辩证统一关系体现在二者既相互区别又密切联系、相互依存，共同构成人生价值的矛盾统一体。综合起来，人的自我价值和社会价值的辩证关系具体表现为两个方面：一方面，人生的自我价值是个体生存和发展的必要条件，人生自我价值的实现是个体为社会创造更大价值的前提。个体的人生活动不仅具有满足自我需要的价值属性，还必然地包含着满足社会需要的价值属性。另一方面，人生的社会价值是社会存在和发展的重要条件，人生社会价值的实现是个体自我完善、全面发展的保障。没有社会价值，人生的自我价值就无法存在。

关于个人价值与社会价值之间的关系，17 岁的马克思在中学毕业论文《青年在选择职业时的考虑》中就有这样一种认识。马克思写道：

在选择职业时，我们应该遵循的主要指针是人类的幸福和我们自身的完美。不应认为，这两种利益是敌对的，互相冲突的，一种利益必须消灭另一种的；人类的天性本来就是这样的：人们只有为同时代人的完美、为他们的幸福而工作，才能使自己也达到完美。

所以，人生的自我价值和社会价值并不矛盾，而是辩证统一的关系。

【问题三】人生价值评价

案例：2019 年 9 月 29 日上午 10 点，象征着我国国家最高荣誉的共和国勋章授予仪式在北京举行。截至 2021 年，获得共和国勋章的共有 9 人，他们都是大家非常熟悉的国之栋梁，如张富清、袁隆平、黄旭华、屠呦呦、钟南山等。

实时互动 3（智慧课堂）：他们为什么可以获得这项荣誉呢？

关键词提取：贡献、社会、巨大、精神、物质、自我、奉献、伟大……

教师分析：同学们的回答聚焦到了这样几个词：贡献、社会、巨大……看来，同学们普遍认为这些人对社会贡献很大。的确，要在十几亿中国人中选出几位颁发最高荣誉勋章，主要就是看他们的社会贡献。但是，为什么要将一个人对社会的贡献作为人生价值的重要标准，是不是只有社会贡献大的人，人生才有价值？我们该如何评价人生价值呢？

1. 何为人生价值评价？

要评价人生价值，首先需要清楚什么是人生价值评价。

价值是主体与客体之间的关系性范畴，价值评价就是对主体与客体的价值关系进行评判，所以价值评价是一种关于价值现象的认识活动。比如对教师来说，翻页笔就是有价值的，但是有多大价值呢？这就是一种价值评价。人生价值是人的实践活动与主体之间的关系，所以人生价值评价就是对人的实践活动对主体（包括个人主体和社会主体）所产生的作用大小的评价。

要进行价值评价，就需要有一个尺度，马克思指出，"动物只是按照它所属的那一个种的尺度和需要来建造，而人懂得按照任何一个种的尺度来进行生产，并且懂得处处都把内在的尺度运用于对象"①。这就表明，人类在进行价值判断时，一方面遵循了对象的性质，这是客体的尺度；另一方面还遵循了人的内在需要，这是主体的尺度。所以，人生价值评价既要看是否有创造性的劳动，同时还要看是否通过劳动对个人、他人和社会做出了贡献。

2. 人生价值评价的标准是什么？

这里就出现了一个新的问题，这是否意味着主体不同，价值评价标准就不同呢？如果这样，人生价值评价的标准是什么呢？

在奴隶社会里，奴隶主把奴隶的价值视同物的价值，马克思却称赞斯

---

① 《1844年经济学哲学手稿》，人民出版社，2000年，第107页。

巴达克斯是"整个古代中最辉煌的人物""一位伟大的统帅""古代无产阶级的真正代表"，奴隶的价值，在奴隶主眼中和在马克思眼中，有着如此的天壤之别。这生动地说明了剥削阶级和无产阶级在人生价值观上的根本不同。这种不同，正是由于人生价值评价标准的不同所决定的。在古代等级社会，人们往往根据身份等级高低来判断人的价值；在资本主义社会，人们往往根据金钱的多少判断人的价值。在社会主义社会，我们的判断标准是什么呢？从刚才的智慧课堂互动来看，9 位共和国勋章获得者之所以可以荣获最高荣誉，是因为他们对社会的贡献大，可见在社会主义社会，我们评价人生价值的标准是个人对社会的贡献，可是我们为什么把对社会的贡献作为人生价值评价的重要标准呢？

首先，从人的本质属性来看。前面我们学到，人的本质属性在于其社会性，这就意味着个体的人生意义也是建立在一定的社会关系和社会实践的基础之上，并且只有在特定的社会中才能得以实现。所以，个体对社会和他人的生存与发展贡献越大，其人生的社会价值也就越大；反之，人的社会价值也就越小。据此，我们可以得出，评价人生价值的重要标准，是看一个人的实践活动是否符合社会发展的客观规律，是否促进了历史的进步。马克思称赞斯巴达克斯是"整个古代中最辉煌的人物"，根本原因就是他领导奴隶起义，推动了人类历史向前发展。

其次，从价值的本质属性来看。前面我们说到，价值的本质在于客体满足主体的需要。对于人生价值而言，主体包括了个人、他人和社会。如果只是满足个体自身发展的需要，就意味着我们的价值只是局限于很小的方面，而如果我们更多地为他人和社会提供服务，满足他人和社会的需要，就意味着个体的行为满足了多个主体的需要。个体越是满足他人和社会的需要，也就意味着他的人生价值越大。据此，我们也可以得出人生价值的大小取决于个体对他人和社会做出的贡献。

以袁隆平为例，我们都知道袁隆平院士人生价值很大，究竟多大呢？

在《袁隆平口述自传》中，他回忆道："当时吃不饱饭，那真难受啊，也有饿死了人的！我至少亲眼看见 5 个人倒在路边、田埂边和桥底下，真的是路有饿莩！那种凄惨的场景对我有很大的刺激，让我深切体会到了什么叫作"民以食为天"，深深感受到了粮食的重要性，没有粮食太可怕了！"

袁隆平的感受代表了那个年代几亿中国人的共同感受。以袁隆平为代表的中国农业科学家们经过不懈的努力，使我国的粮食产量在耕地减少、从业人员减少的情况下，产量稳步增长。自1986年起，我国主要粮食产量稳居世界第一。这不仅保障了我国的粮食安全，同时对全球粮食安全也产生了巨大影响。获得共和国勋章的其他人，也都是像袁隆平一样为社会做出重大贡献的人。综合来看，衡量人生价值的标准，最重要的就是看一个人是否用自己的劳动与聪明才智为国家和社会真诚奉献，为人民尽心尽力服务。

3. 人生价值评价的标准有何方法？

说到这里，有些同学可能有些沮丧，我无法像袁隆平等人那样，为社会做出那么大贡献，我的人生难道没有价值吗？肯定不是，那我们在评价人生价值时具体应该用什么方法呢？

案例：苏正民，获评第十六届"大学生年度人物"，在对他的颁奖词中是这样说的，他"是受益于党的民族政策而走出大凉山的少数民族学生党员，他感恩党，用助学助力凉山脱贫，他把希望的种子播散在更多凉山阿依的心中，像火把一样燃烧，他用实际行动走出一条爱党报国路"。

实时互动4：（随机提问）：这位彝族的普通大学生，他并没有做出像袁隆平那样的伟大贡献，为什么他也值得我们学习呢？

教师分析：我们看看苏正民做了什么。从上大学开始，苏正民通过各种形式参与志愿服务活动；每年坚持献血3次以上；他和妹妹还登记了人体器官捐献和遗体捐献。其实苏正民的事迹中并没有什么惊天动地的大事，但是他尽自己最大的努力，为他人、为社会做出了实实在在的贡献。这就是人生价值评价方法的第一点：既要看贡献的大小，也要看尽力的程度。

在我们的生活中，外卖小哥、清洁工人、门卫保安……无数人在平凡的岗位上尽职尽责、兢兢业业，才让我们有了安宁的生活环境，才让我们的社会不断向前发展。就如同习近平总书记在庆祝中国共产党成立 100 周年大会的讲话中强调的，"人民是历史的创造者，是真正的英雄"。不同的人，也许能力有大小之分，但是只要他在自己的岗位上兢兢业业、为人民群众尽心尽力服务，就值得我们尊重。比如我们的父母，也许他们的工作很普通，但是我们依然要肯定他们的人生价值，尊重他们所付出的所有劳动。

毫无疑问，苏正民就是尽自己最大努力为社会做贡献的年轻人。他帮助山里的孩子筹集资金，给他们送去书本和衣物，解决他们吃饭、上学问题。他和同学发起的"凉山阿依助学计划"，目前，已有 180 多人参与这个助学计划，大多是在校大学生，还有老师、校友和爱心企业也参与其中。他作为学校"党史学习教育青年宣讲团"成员，在校期间累计开展理论宣讲百余场，线上、线下覆盖近 200 万人。在中央广播电视总台播出的《全国大学生党史知识竞答大会》上，苏正民向全国的大学生讲述了在中国共产党的领导与帮助下，作为贫中之贫、困中之困的大凉山，从衣不蔽体、食不果腹到全面脱贫奔小康的历史性巨变。我们看到，苏正民不仅对社会有许多物质贡献，同时，他通过各种宣讲，为凉山的孩子，也为全国人民带来精神财富，他本人的这种精神也影响了周围很多的同学。从苏正民的身上，我们看到一个人对社会的贡献，有些是物质的贡献，有些是精神的贡献。

所以，我们在评价人生价值时，不能只关注某一方面。人的生产劳动是物质生产劳动和精神生产劳动的统一，分别给社会带来物质贡献和精神贡献。由于分工的不同，不同的职业可能贡献的成果不同，但是都共同推动了社会的进步，并且有时候物质生产劳动和精神生产劳动还可以相互转化。比如苏正民，他通过捐款捐物帮助凉山的孩子，这是物质贡献，可他的精神影响了很多同学，让更多人加入这一计划，这是他的精神贡献，这种精神贡献又推动更多人做出了更大的物质贡献。正如习近平总书记所说，"在我们社会主义国家，一切劳动，无论是体力劳动还是脑力劳动，都值得尊重和鼓励"。所以，我们在评价人生价值时，既要尊重物质贡献，也要尊重精神贡献。

苏正明不仅注重对社会的贡献，而且特别注重自我的发展。他自幼家境贫寒，十分珍惜来之不易的学习机会，他是全村首位考上重点院校的大学生，在600多人的大类专业年级里，他的成绩稳居前10%，他还担任班里的学习委员，工作负责，特别热心。2019年，苏正民当选湖北省"百生讲坛"宣讲活动"金牌主讲人"，他拍摄的视频在"我爱我的祖国"微视频大赛中获奖……苏正民诠释了什么是社会贡献与自我完善的统一。社会贡献很重要，自我完善也很重要。所以，评价人生价值既要注重社会贡献，也要注重自我完善。

社会贡献与完善自我并不矛盾，完善自我就是为了更好地贡献社会。而一个人的社会贡献反过来又为个人完善自我，为他人不断进步提供了更多机会和可能。所以，17岁的马克思在中学毕业论文中写道："在选择职业时，我们应该遵循的主要指针是人类的幸福和我们自身的完美。"人生价值的评价方法告诉我们，每一个人的青春都应该是有价值的，而且我们要不断完善自己，追求更大的价值。

通过以上分析，我们可以得出，人生价值评价标准是看一个人的社会实践活动是否为他人和社会做出了贡献。并且我们在进行具体的评价时，既要看贡献的大小，也要看尽力的程度；既要尊重物质贡献，也要尊重精神贡献；既要注重社会贡献，也要注重自我完善。

习近平总书记在纪念五四运动100周年大会上的讲话中曾嘱咐我们："青年的人生目标会有不同，职业选择也有差异，但只有把自己的小我融入祖国的大我、人民的大我之中，与时代同步伐、与人民共命运，才能更好实现人生价值、升华人生境界。离开了祖国需要、人民利益，任何孤芳自赏都会陷入越走越窄的狭小天地。"

我们应该谨记习近平总书记的教诲，多为他人和社会做贡献，只有这样才能更好地实现我们的人生价值。

【问题四】人生价值的实现条件

实时互动5（课堂讨论）：我们要实现人生价值会受到哪些方面的制约？

教师总结：客观条件包括社会发展环境，尤其是个人的目标是否符合时代的发展，所以，对于青年大学生来说，就需要使人生价值追求与时代发展同向同行。而从主观方面来说，我们每一个人的具体情况和具体价值追求虽然不同，但是无论是哪一种，要实现人生价值的主观条件都是提升自己的能力和本领。

八、课堂总结

1.总结内容：本讲围绕人生价值问题，首先从概念入手，分析了价值和人生价值，以及人生的自我价值与社会价值的关系，再对人生价值的评价重点探讨，最后落脚到人生价值的实现问题。本讲的重点是人生的自我价值与社会价值的关系，以及人生价值的评价标准。

2.调查反馈：针对本讲的学习，还有哪些疑问？（智慧课堂）

3.引出新课：了解了人生价值的评价标准以及方法，就应该在正确人生观的指引下，追求有意义的人生。可是，我们在追求有意义人生的过程中，难免会遇到各种人生矛盾和人生诱惑，我们该如何对待呢？

九、作业安排

1.请观看习近平总书记给华中农业大学"本禹志愿服务队"的回信和给河北保定学院西部支教毕业生群体代表的回信。联系实际，谈谈大学生实现人生价值的正确途径。

2.预习第一章第三节中的"辩证对待人生矛盾"的内容。

十、课堂延伸

1. 习近平：《青年要自觉践行社会主义核心价值观》，《习近平谈治国理政》（第一卷），外文出版社，2018 年。

2. 习近平：《在北京大学师生座谈会上的讲话》，人民出版社，2018 年。

3. 习近平：《在庆祝中国共产主义青年团成立 100 周年大会上的讲话》，人民出版社，2022 年。

4. 冯友兰：《活出人生的意义》，中国友谊出版公司，2017 年。

5. ［英］特里·伊格尔顿著，朱新伟译：《人生的意义》，译林出版社，2012 年。

6. 马克思：《青年在选择职业时的考虑》，《马克思恩格斯全集》（第 40 卷），人民出版社，1982 年。

7. 李德顺：《价值论——一种主体性的研究》（第 3 版），中国人民大学出版社，2020 年。

第三讲　顿悟人生矛盾

一、教学理念

1.通过先进的教学手段形成互动教学模式：人生矛盾是每个大学生在这一阶段都会遇到的问题，有些人生矛盾甚至伴随人的一生，这个问题的重要性是不言而喻的。但是人生矛盾又很具体，每个学生都有着不同的情况，所以借助调查问卷，了解学生对人生矛盾的看法是基础，在这个基础上进行人生矛盾的探讨就具有针对性。在教学中通过互动教学的方式让学生参与到这个与自己的成长发展密切相关的问题之中，通过多种形式的互动，将讨论的内容与知识点相统一。

2.通过最新的案例引发学生情感共鸣：人生矛盾问题是非常具体的，每个人的问题并不相同，课堂教学只能找共性问题，而共性问题需要通过一些现实的案例引发学生的情感共鸣才能达到教育的目的。

二、学情分析

（一）提出问题，了解学情

1.你是否对自己感到满意？（选择题）

2.你是否会畏惧死亡？（选择题）

3.你对自己的大学是否满意？（选择题）

4.你认为人生最可怕的事情是什么？（简答题）

5.你如何看待考试作弊现象？（简答题）

6.你觉得你过去的人生最艰难的事情是什么？（简答题）

（二）分析问题，总结学情

知识基础：大学生知识广度较宽，学生对理论性较强的知识充满了解的渴望，对于一些具有争议性的问题也非常有兴趣。同时作为大一学生，无论高中阶段是修文科还是理科，对理论的掌握只是停留在对知识了解的程度，对知识的逻辑性认识不足，对人生矛盾的理解仅仅停留在感性认知层面，例如在课前调查中，大部分同学都能够清楚得失、苦乐等矛盾之间的辩证关系，可一旦聚焦到具体的生活情境之中，部分学生就失去了判断。比如在针对"你是否对自己感到满意？"这一问题的调查时，有40%以上的学生都选择不满意，有一些学生是对自己有更高的要求，但是有部分学生则从小就有一种自卑的情绪。在本讲的教学中需要关注类似的问题。

学习能力：经过几周的学习之后，学生对本课程的理论性与现实性有了初步的了解，学生对于理论问题的探讨也更加积极，并且大学生在发现问题、分析问题等方面的能力是比较强的，虽然过去的文理背景差异会有一定程度的影响，但是大多数学生对于理论的接受能力都在逐渐提升。

学习态度：大一学生思想淳朴，对学习充满热情。"00后"大学生对于人生问题是比较关心的，这部分的内容比较能够引起他们的情感共鸣。

三、教学目标

（一）知识目标

1.理解生死、得失、苦乐、逆顺、荣辱的辩证关系。

2.弄清形成正确的得失观、幸福观、逆顺观、生死观和荣辱观的重要意义。

（二）能力目标

1.通过对人生矛盾的学习，形成对得失、苦乐、逆顺、生死、荣辱的理性态度。

2.帮助大学生形成正确对待人生矛盾的态度，从而过好大学生活。

（三）情感目标

1.形成积极乐观的人生态度。

2.激发大学生珍爱生命、追求高尚人生的情感。

四、教学内容分析

本讲是整个教学体系"感悟人生系列"之三：顿悟人生矛盾。该系列围绕青年大学生成长中的人生问题展开设计，在体悟人生本质和感悟人生价值的基础之上，引导他们追求有意义的人生。但是在人生中，我们难免会遇到各种人生矛盾和人生诱惑，所以需要对人生矛盾进行思考，这是追求有意义的人生的前提，否则我们就会被各种人生矛盾所困扰。本讲涉及教材第一章第三节中"创造有意义的人生"的内容，是本章重要问题之一，也是对前面人生观和人生价值评价问题的运用。所以，本讲需要用个人与社会关系的原理、人的价值评价标准和方法等理论对人生具体矛盾及如何应对这些人生矛盾进行分析，从而引导学生处理人生各种矛盾。

具体来说，本讲主要包括五块内容：辩证对待生与死，树立正确的生死观；辩证对待苦与乐，形成正确的苦乐观；辩证理解得与失，形成正确的得失观；辩证对待逆与顺，形成正确的逆顺观；辩证对待荣与辱，树立正确的荣辱观。考虑到难易程度及学生的关注度，在教学环节中主要探讨前三对人生矛盾。

五、教学重、难点及化解策略

（一）教学重点及化解策略

本讲的重点内容有两个：

1. 正确对待生与死。

2. 正确对待苦与乐。

化解策略：

1. 从现象到理论：生死问题是一个学生不常思考，但又是人生中最大的一对矛盾冲突，而且这种矛盾冲突伴随人的一生。对于这样一对人生矛盾，本讲以新冠肺炎疫情这一当前人类面临的重大公共卫生危机为背景，从而引出学生对死亡、生命等问题的思考，再从抗击新冠肺炎疫情、脱贫攻坚等重要事件中涌现出来的优秀事迹来探讨生死问题，目的是引导学生珍爱生命，超越生死，追求有价值的人生。

2. 从理论到情感：苦与乐本身就是人生中的情感问题，但是单纯地谈论情感会比较淡薄，缺乏说服力。所以，对于苦与乐的分析需要从现实需求入手，再从理论上进行分析，通过理论的合理性再上升到情感认同。

（二）教学难点及化解策略

本讲的难点内容有一个：

生与死的对立统一关系。

化解策略：

化繁为简、逐层深入：生与死的关系是哲学研究中一个重要命题，古今中外有许多探讨，但是本讲对该问题的探讨要落脚到马克思主义对生死对立统一的层面才能理性认识生死问题，所以本讲在分析生与死这对矛盾时按照化繁为简的策略，将一个深刻的哲学问题化解为几个层面的问题，从认识生死、珍爱生命、超越生死三个层面逐层深入，从而实现从知识目标到情感目标的升华。

六、教学方法

本讲在教学方法上主要运用理论阐释法、比较分析法和情感陶冶法，通过对一些具有争议性问题的讨论和一些具有相似性观点的比较，以达到预定的教学目标。

理论阐释法：可提出一些争议性的问题，让学生产生学习意愿，推动学生去探究问题的答案。比如生与死，既对立又统一，就需要进行理论探究。

比较分析法：通过教师对学生存在理论盲区的理解，对理论问题重新进行比较和分析，让学生在比较中加深对理论的认识和理解。比如，针对学生常见的得与失问题，就可以通过一些案例分析比较得出得与失是一对辩证统一的矛盾。

情感陶冶法：人生矛盾实际上是一种情感体验，比如针对荣辱观的问题，可让学生自行收集相关名人名言并进行班级分享，从而达到陶冶情感的目的。

七、教学过程详案

【课程导入】

实时互动1（问卷调查）：分析问卷《当代大学生关于人生矛盾的

调查》。

引出主题：如何正确对待人生矛盾，从容走好人生道路。

【问题一】正确对待生死

新闻案例：2022年4月25日，新华社微信公众号推送了一篇文章，坚守疫情防控一线的志愿者孟庆功因劳累过度，突发疾病，抢救无效离开了人世。

实时互动2（智慧课堂）：如果你看到这篇推文，你会在下面的评论区写下什么呢？

关键词提取：遗憾、可惜、伟大、难受、伤心、躯体……

教师分析：同学们对孟庆功的离世有着不同的看法，这也反映出同学们对死亡有着不同层面的认识。生与死，是我们人生中无法避免的一对矛盾。人类每天都生活在这对矛盾中，但是很多人却没有认真思考过这对矛盾。生与死究竟是什么关系？人的生命是有限的吗？人的生死又能否被超越呢？接下来，让我们带着这些疑问，一起认识生与死这对矛盾。

1. 生死是何关系？

说到生死，我们第一反应就是二者是对立的，但是二者只有对立吗？

人的感性认识。首先，我想给大家讲一则寓言故事：一天，一位老人上山砍柴，柴很重，他扛着柴走很远的路。走到半路，实在走不动了，他把柴扔到一边，喊道："活着太累了，还不如死了，死神啊！你把我带走吧！"但是，当死神降临时，老人却说："我要你来，是要你帮我把柴背在背上！"大家想一想，这位老人在这短暂的休息中，为什么思想发生了变化？恐惧，没错，这个故事让我们直观地感受到人在面对死亡压力时的微妙状态。在日常生活中，当人们遭遇不测、不幸时，虽然常常会拿"死"说话，发泄情绪，但是当人真正面对死亡时，却本能地表现出对于死亡的惧怕。老人恐惧什么呢？老人可能意识到，死亡意味着个体生命的消失，意味着自己生命个体与这个世界再无关系，他可能还有家人、朋友或者其他不舍的东西。所以，正是因为本能地怕死，还有所牵挂，老人想要继续活下去。故事给我们呈现出了一种生与死的对立。

中国古人的观点。生与死之间的关系究竟是什么样的呢？中国古代有两个关于生死的经典故事。孔子的学生季路找孔子问关于鬼神之事。孔子说："未能事人，焉能事鬼？"季路又问："敢问死。"孔子却说："未知生，焉知死？"在孔子看来，活着就好好思考活着的事情，表现了一种重生哀死的思想。另一个经典的故事来自庄子，庄子妻子去世，庄子"鼓盆而歌"，表达了一种生死自然的思想。

西方哲学的观点。在西方，赫拉克利特是哲学史上第一个用"自然的眼光"看待死亡的哲学家，他认为死亡并不神秘和玄乎。叔本华指出"个体有生有灭"。尼采则认为"生存就是不断地从我们身上排除趋向于死亡的东西"。无论是中国的庄子，还是西方的赫拉克利特、尼采、叔本华，他们都认为死亡是一种自然现象，是一种朴素的辩证法思想。

马克思主义的观点。马克思主义哲学在前人的基础上，对生与死做了更加科学的分析。恩格斯在《自然辩证法》中说，"生命总是和它的必然结局，即总是以萌芽状态存在于生命之中的死亡联系起来加以考察。辩证的生命观无非就是如此"[1]。恩格斯认为生与死并不是一种绝对的对立，二者也是统一的，生与死是互相依存、你中有我、我中有你的辩证关系。生死的辩证关系具体是什么样的呢？恩格斯在《反杜林论》中写道，"要确定死的时刻是不可能的，因为生理学证明，死并不是突然的、一瞬间的事情，而是一个很长的过程……在每一瞬间，它的机体都有细胞在死亡，也有新的细胞在形成……"[2]。死亡作为一种自然现象，并不是一瞬间的事情，而是一个过程。总结起来，马克思主义哲学认为，人的生命是一个不断自我否定的辩证发展过程。生命的历程就是一个从生到死的过程，有生必有死，这是亘古不变的自然现象。人的生，不由自主，是父母结合的产物；人的死，不由自主，物壮则老，这是普遍的自然规律。我们不能只欢迎生

---

① 《马克思恩格斯文集》（第9卷），人民出版社，2009年，第546页。

② 《马克思恩格斯文集》（第9卷），人民出版社，2009年，第25页。

的规律，而拒绝死亡规律。所以，我们要理性面对生老病死的自然规律。

2. 生是有限的吗？

现实生活中，我们很少思考死亡的问题，好像死亡离我们很遥远，真的如此吗？人的生命是有限的还是无限的呢？

科学的探索：科学产生之前，人们总是认为死亡是一件十分神秘的事情。为了解开人类生死的秘密，美国国家地理频道采用显微摄影技术、先进的医学技术和心脏断层显像技术，展现了人类从幼年、青年、成年到老年过程中，人体是如何运作、成长和成熟的，最后制作完成纪录片《人体内旅行》。这部纪录片展示了一段每个人都要经历，但可能永远不能完全了解的生命神奇之旅。看完之后，我们不禁有种豁然开朗的感觉，既敬畏生命的伟大，也会发现死亡是生命这趟旅程的必然结局。

生活的常识：在生活中，了解死亡的原因，实际上能够让我们更加敬畏生命，这也正是死亡的价值所在。据世界卫生组织官方网站上的记载，导致全球人口死亡最主要的"杀手"，不是灾害、交通事故、暴乱、传染病，而是我们以为"温和"的疾病，比如心血管疾病、糖尿病、慢性呼吸系统疾病等，其中心血管疾病位于第一位，而抽烟、喝酒、肥胖等都是引起心血管疾病的重要原因。人类社会的每一天，都有很多人的生命走到了终点。所以，人的生命是有限的，表现在：人的寿命有限度，这是最大的有限；人生际遇的不可控，疾病，天然与人为的灾难，各种偶然事件都可能使个体生命变得更加有限；人生经历的不可逆性，就是我们常说的青春一去不复返。

树立生命可贵意识：正是因为生命的有限性，所以，我们要树立生命可贵意识，珍爱生命。首先，要注意身体健康，珍惜时间，珍惜美好青春；其次，意识到每一个生命来到这个世界都是多么不容易，尊重自己和他人生命；最后，还要树立生命可贵的意识，敬畏万物的生命。

3. 生死能否超越？

既然生命是有限的，我们该如何度过我们的一生呢？这个问题也是古往今来，困扰人类的一个重大问题。雷锋曾经在日记中写道，"人的生命是有限的，可是，为人民服务是无限的，我要把有限的生命，投入到无限的为人民服务之中去"，这是雷锋超越生命有限性的思考。古往今来，很多思想家都在探索如何才能超越生死问题。

儒家超越生死的观点。儒家思想中对超越生死有很多的论述，主要有这样几种观点：一是通过延续子嗣超越死亡，认为只要有了后代，自己的生命也将随之在后代身上展现。二是重生哀死，比如《礼记》中说，"君子曰终，小人曰死"。儒家所提倡的君子之死，是要尽到责任、圆满道德，完成做人的使命后，安然而死，这叫作"终"，它与小人轻于鸿毛的死是不同的。三是"三不朽"，《左传》中说道，"太上有立德，其次有立功，其次有立言"，而做到这三点，这就是古人说的"死而不朽"。

西方超越死亡的观点。在西方，苏格拉底认为，"追求好的生活远过于生活"。康德认为，"劳动是享受生命的最好方式，无聊则是人生最可怕的负担"。费尔巴哈则强调，"尽管有死，也定要充分地度过一生"。这些哲学家们虽然对待生与死有不同的观点，但几乎都认为人虽然会死，但是我们要让生更加有意义。

宗教的超脱观点。生死问题几乎是所有宗教的中心问题，不同的宗教对人死后的状态有不同的描述。比如佛教认为，好人死后会去西方极乐世界；道教认为潜心修道的人，死后可以去东方长乐世界；基督教宣扬只要是信徒，死后就能去天堂。关于宗教，马克思曾经有一个耐人寻味的比喻，马克思把宗教比喻为人民的鸦片，表明宗教并不能真正解决人的归宿问题，从宗教中，人民得到的只是虚幻的慰藉而已。

马克思关于生命超越性的思想。那马克思主义是如何看待生命的有限性呢？马克思指出，"动物和它的生命活动是直接同一的。动物不把自己同自己的生命活动区别开来。它就是这种生命活动。人则使自己的生命活动本身变成自己的意志和意识的对象"[①]。举个简单的例子，你在动物园

---

① 《马克思恩格斯选集》（第1卷），人民出版社，2012年，第56页。

里看到动物，你看到的是什么样，它就是什么样；可是你看看你的同桌，你看他的样子不一定是他真实的样子，这只是他希望让同学们看到的样子，回到宿舍之后，他也许就会有另外的状态。这就说明，人不仅是自然存在物，还是一种有意识的社会存在物。人不仅有自然生命，而且人在自然生命的基础上，会理性地探寻他的精神生命和社会生命。

人的生命在于它的超越性。所以，人的生命并不是生命本身，而是有着超越生命本身的其他意义，人的生命在于它的超越性。1944 年，毛泽东在张思德的追悼会上说："张思德同志是为人民利益而死的，他的死是比泰山还要重的。"1947 年，毛泽东为刘胡兰亲笔题词："生的伟大，死的光荣。"①1964 年，焦裕禄因肝癌病逝，临终前他对组织说，"把我运回兰考，埋在沙堆上。活着我没有治好沙丘，死了也要看着你们把沙丘治好"。习近平总书记在《念奴娇·追思焦裕禄》中写道："百姓谁不爱好官？把泪焦桐成雨"，"为官一任，造福一方，遂了平生意"，真切表达了对焦裕禄的深情赞颂。他们的生命都是有限的，但是他们为中国革命和建设做出的贡献却远远超越了有限的生命。

案例：2020 年，很多人被一部名叫《八佰》的电影所感动，影片讲述了 1937 年淞沪会战期间，史称"八百壮士"的国民革命军第三战区 88 师 524 团的一个加强营，固守苏州河畔的四行仓库并阻击日军的故事。

电影里坚守四行仓库的士兵们，面对力量悬殊的敌军，他们十分清楚自己面临的是什么结果。然而，面对敌人的一次又一次猛烈进攻，他们没有退缩，因为他们看到了自己的价值，那就是唤起四万万民众团结抗日的决心，这就是他们坚守的意义，这些士兵认为这个意义已经超越了他们生命本身的价值。

正如青年马克思在中学毕业论文中写的，当我们"选择了最能为人类福利而劳动的职业"时，"我们的幸福将属于千百万人，我们的事业将默

---

① 《毛泽东选集》（第 3 卷），人民出版社，1991 年，第 1004 页。

默地，但是永恒发挥作用地存在下去，面对我们的骨灰，高尚的人们将洒下热泪"。

类似的事件，在新时代的中国依然很多。

案例：2018年，黄文秀主动申请到百坭村担任扶贫第一书记，她的父亲就告诉她："你入了党，一定要为党工作，人的生命价值用得好，高于一切。"黄文秀牺牲时只有30岁，可是她的生命价值却至高无上。

习近平总书记在2021年全国脱贫攻坚表彰大会的讲话中指出："在脱贫攻坚斗争中，1800多名同志将生命定格在了脱贫攻坚征程上，生动诠释了共产党人的初心使命。脱贫攻坚殉职人员的付出和贡献彪炳史册，党和人民不会忘记！共和国不会忘记！"①

这些年，一代又一代的青年人将自己的青春与祖国的发展紧密结合，为民族的复兴贡献了自己的力量，中国人民在面临各种灾难时所表现出来的那种大无畏精神，实际上就是对生命的超越。而我们也应该意识到，只有为同时代人的幸福而工作，我们才能感到自身生命的完美。

【问题二】辩证对待得与失

请同学们分析一组人物：屈原、曹植、陶渊明、谢灵运、骆宾王、陈子昂、王昌龄、孟浩然、王维、李白、杜甫、孟郊、贾岛、白居易、刘禹锡、韩愈、柳宗元、李商隐、杜牧、王安石、苏轼、陆游、辛弃疾、龚自珍。

实时互动3（随机提问）：这些人物有什么共性呢？

教师分析：这些人都是古代的人；都是古代的诗人；都是古代官场失意的诗人；都是古代官场失意却有佳作传世的诗人。

《易经》中说："无丧无得。"孔子说："其未得之也，患得之；既得之，患失之。"孟子说："生，我所欲也；义，亦我所欲也。二者不可得兼，舍生而取义者也。"庄子说："得而不喜，失而不忧，知分之无常也。"

再看看现代，"草帽书记"杨善洲似乎很傻。在位时，他手里有权，

---

① 习近平：《在全国脱贫攻坚总结表彰大会上的讲话》，《人民日报》，2021年2月26日。

却不为自己和子女谋半分利；退休后，"自讨苦吃"垦殖荒山 22 年，将政府奖励自己的十几万元捐了出来；病逝前，又把价值 3 亿多元的林场经营权无偿交给国家……生为守大义，死成千古贤。从这个角度看，他所得很丰厚、很珍贵、很长久。

日常生活中，我们经常听到这样的说法："让我想想"，"再琢磨琢磨"，"仔细合计合计"。这本身就表明，想想、琢磨、合计的背后存在着对得失问题的考虑，如果只有得没有失或只有失没有得，也就没有必要去想想、琢磨、合计。可以说，得失是人们生活中经常遇到、无法回避的一对矛盾，并随着时间、地点和条件的改变而变幻莫测。《淮南子》中"塞翁失马"的故事就充分说明了这一点。日常生活中，这样的例子也有很多，比如得到成熟人生，就会失去青春岁月；全身心投入工作而得到事业的成功，就有可能会失去家庭的天伦之乐；沉醉于书海报林、得到知识的沐浴，就会少一些与朋友聚会的消遣；迷恋于金钱而不择手段，也许能够得到荣华富贵，但也一定会失去道德、人格、尊严乃至自由。这些得失的选择和转换，始终与我们的生活相伴而行。

我们如何对待得与失呢？

第一，得与失都具有客观性和现实性。一是这种得与失具有客观性。无论是得还是失，都是一种客观结果。二是这种得与失具有现实性。无论是得还是失，都是一种现实中确实得到或失去的结果。

第二，得与失的主体与客体都具有多样性。一是，得与失的主体是人及其集合体，既可以是一个人，也可以是一个单位、团体、政党、阶层、民族、国家等。二是，得与失的客体，既可以是物质的，也可以是精神的；既可以是有形的，也可以是无形的；既可以是时间，也可以是空间。三是，得与失的本质是利益得失，不论是物质、精神，还是有形、无形，都与利益紧密相关，利益是衡量和选择得失的根本尺度。

第三，得与失是对立统一的关系。这是理解得失规律的关键。一方面，得与失是相互对立的，即得失具有各自质的规定性，得就是得，失就是失。或者说，得不是失，失也不是得。另一方面，得与失又是统一的，即得与失总是相互伴生、不可分离，互相转化、相辅相成。这是不以人的意志为转移的。

第四，得失评价具有主观性。由人们在得失评价与选择中的主观性造成的。虽然在通常情况下，社会对某个事物都有一定的主流价值认定，但不同的人由于需求和偏好等的不同，对同一事物的价值判断会有所不同，甚至截然相反。比如，在同一对得失关系中，有的人认为得大失小，有的人认为得小失大。

【问题三】正确对待苦与乐

人人都渴望快乐地生活，都在追求快乐而幸福的人生，但并不是每个人都能拥有它，每个人从出生到长大成人再到生命终结，其一生始终交织着痛苦与快乐。人们在追逐快乐和幸福的同时，却发现常常与痛苦不期而遇，战争、灾难、生存压力……总是伴随并困扰着人们。在追求快乐和幸福的过程中，痛苦总是不期而遇。也许不去追求快乐的时候，可能感受不到痛苦，反倒努力追求快乐时，结果却常常遭遇痛苦，痛苦是快乐的孪生姐妹。那么到底痛苦是如何产生的呢？人生一定要痛并快乐着吗？

痛苦产生的原因：人们之所以会产生痛苦，其根本原因在于人类个体之肉身与精神的冲突。人作为肉身的存在，其存在是有限性的，人活在世上总会有种种限制，比如生老病死的限制，社会条件的束缚，而人的肉身的有限性的最大特征就是人终有一死，这是任何自然物种都无法逃脱的宿命。然而，人又是无限性的动物，之所以说无限，是因为人的精神可以突破作为肉身的有限性的人的限制，去追求精神的自由。但是当人们去追求那精神上向往的快乐和幸福时，却往往会因为种种限制不能达到人们的期望而坠入痛苦。

实时互动4（智慧课堂）：既然如此，痛苦存在有何意义呢？

关键词提取：生活、生存、意义、乐趣、锻炼、可贵……

教师分析：一方面，痛苦是德性的一种体现。在一定意义上可以说有痛苦是一种实际存在的美德。如果是有道德的人，就能感觉到并尊重自己的生命，感觉到并尊重他人的生命，感觉到并尊重芸芸众生的生命。另一方面，痛苦是快乐生活不可或缺的一部分。人的生存是一种意义结构，缺失痛苦奠基的幸福大厦极易崩塌，人生意义往往来自对痛苦的深刻反思，痛定思痛能使人明白什么才是快乐和幸福，痛苦能使人洞察快乐和幸福的真相。冯友兰曾把人生境界依次划分为四个等级：自然境界、功利境界、道德境界和天地境界。从低级层次境界到高级层次境界是一个自我反思、自我选择、自我规制的痛苦过程，痛苦的形而上学意义在于使人成其为人，它有助于抵达成功彼岸。

虽然痛苦有其意义和价值，但毕竟没有人愿意天天生活在痛苦之中，如果不经历痛苦和磨难就能得到更多的快乐，这岂不是更值得追求的生活？然而，人真的可以摒除痛苦吗？快乐可以不用付出痛苦为代价吗？我们对痛苦应该有哪些认识呢？

第一，痛苦不可避免。从老庄的道家和佛教的基本观点来说，他们认为人们痛苦的根源在于对种种物质的渴望，因此，消除人们对物质的追求欲望，自然就能获得快乐，根除痛苦。然而，事情果真如此吗？其实，从前面有关痛苦原因的探索可以看到，人类痛苦的根本原因在于个体肉身的有限性和精神的无限性之间的矛盾。因此，要实现个体人的快乐，既非是克服人类的种种欲望，更非去满足人类的种种欲望，痛苦是不可避免的东西，故而不遭受痛苦是不可能的。既然痛苦不可避免，那么我们应该如何看待它呢？

第二，直面痛苦。所谓直面痛苦，就是正视痛苦是个体在追求幸福、快乐过程中无可逃避的事实，换言之，痛苦源自个体追求快乐这一事实。因此，只要是不放弃对快乐追求的个体，必须面临痛苦。之所以要直面痛苦，不仅因为痛苦是人类追求快乐的过程中必须面对的不可避免的事实，而且痛苦对于快乐本身有其更为重要的意义。一方面，只有经历过痛苦的人才能理解并配享有生命中真正的快乐。另一方面，痛苦与快乐是个体生命的一体两面，正是因为个体经历并体会过痛苦，快乐的体验对于个体来说才成为幸福体验。否则，对于一个从未体验过痛苦的个体来说，就算快乐降临在他身边，他也未必能感受到。换言之，快乐必须通过痛苦体验之对比才会成为快乐，"梅花香自苦寒来"，说的正是这个道理。

第三，追求更高境界的快乐。一方面，感官和肉体快乐对于人生快乐而言起着基础性的作用，它是一切快乐的起源和基础，如果这些最基本的快乐不能得到满足，就会因缺乏而产生痛苦，也就不会有其他的快乐，更不会达到生活幸福的根本目的。但过犹不及，肉体的快乐是浅薄的和不稳定的，只有精神的快乐才是持久的、稳定的和深刻的。人们面对诱惑的时候，应该采取审慎的态度，这种审慎的态度在于在快乐和痛苦之间把握一个度，维持一种平衡。另一方面，追求持久的审美快乐。一个不识字的人很难去享受一篇佳作所带来的快感，一个缺乏爱心的人很难体会到帮助别人所能获得的快乐。审美快乐必须是以个体拥有一定的技能和相关的素养为前提，当然，出于对更高层次的快乐和幸福生活的追求，人的自由而全面的发展所带来的完全自由自觉的劳动及由此而创造的审美快乐和幸福，则是我们乃至整个人类社会不懈追求的目标。

【问题四】正确看待逆与顺

2017 年 5 月 3 日，习近平在中国政法大学考察时说："青年在成长和奋斗中，会收获成功和喜悦，也会面临困难和压力。要正确对待一时的成败得失，处优而不养尊，受挫而不短志，使顺境逆境都成为人生的财富而不是人生的包袱。"

实时互动 5（智慧课堂）：如何理解"使顺境逆境都成为人生的财富而不是人生的包袱"？

总结分析：顺境与逆境是人生历程中两种不同的境遇。在顺境是优势，可以乘势快上，但是也得有忧患意识，决不能自满、冒进，更不能瞧不起他人；逆境时则应该涵养心境、积蓄力量，绝对不能自暴自弃、怨天尤人。

【问题五】正确看待荣与辱

实时互动 6（小组讨论）：树立正确的荣辱观对大学生的成长有何

意义？

总结分析：首先，树立正确的荣辱观有利于大学生形成正确的价值取向。当前社会飞速发展，一些负面思想和不良现象容易对未经世事的大学生产生误导，使部分大学生的价值取向发生扭曲，从而导致是非、美丑、善恶在他们的心目中逐渐模糊。树立正确的荣辱观实际上为大学生的生活、学习确立了目标，使其明确什么可以做、什么不能做，为大学生应该怎样做人、做什么样的人指明了方向。其次，树立正确的荣辱观有利于大学生汲取优秀的传统文化。荣辱观吸收了中华优秀传统文化的精华，不仅能够提升大学生的道德修养，还能提升其人文素养。最后，树立正确的辱观还有利于大学生养成良好的行为习惯。在大学生中进行社会主义荣辱观教育，可以改变大学生的各种陋习，使之养成良好的行为习惯，形成良好的校风、学风，激励他们刻苦学习、艰苦奋斗、不断创新、诚信进取，有效地促使大学生成人、成才。

八、课堂总结

1. 总结内容：对生死、苦乐、得失、逆顺、荣辱进行总结，对高尚的人生追求进行强调。

2. 调查反馈：针对本次课的学习，还有哪些疑问？（智慧课堂）

3. 引出新课：除了辩证对待人生矛盾，大学生还面临着各种错误人生观的误导，如何认识这些错误人生观呢？

九、作业安排

1. 请同学们观看电视剧《觉醒年代》，对比不同年代青年的人生境遇，从人生矛盾的角度，以小组为单位，谈谈当代青年该如何过好我们的人生。

2. 预习第一章第三节"反对错误的人生观"的内容。

十、课堂延伸

1. 毛泽东：《为人民服务》，《毛泽东选集》（第三卷），人民出版社，1991 年。

2. 史铁生：《日常生命观》，北京大学出版社，2015 年。

3. 冯友兰：《活出人生的意义》，中国友谊出版公司，2017 年。

4. 张懿、夏文斌：《马克思生命观形成与确立的历史考察》，《东南学术》，2019 年第 5 期。

5. 王邵军：《马克思劳动幸福观的哲学阐释》，《哲学研究》，2021 年第 12 期。

6. 江畅、潘从义：《习近平幸福观对中国古典幸福观的弘扬与超越》，《武汉大学学报（哲学社会科学版）》，2018 年第 4 期。

附件：

大学生人生观调查

1. 你对你的大学生活满意吗？

    A. 满意   B. 不满意   C. 比较满意

2. 你如何看待命运？

    A. 命运是上天注定的，不以人的意志为转移

    B. 命运是"说不清的东西"

    C. 命运就是一种机遇，由外界环境主导

3. 你认为上大学对你人生的作用有：

    A. 好找工作

    B. 家里人觉得有用，我觉得意义不大

    C. 没用，毕业可能还会给没上过大学的人打工

    D. 可以增长见识

    E. 可以认识更多朋友，扩大交际圈子

    F. 不知道有什么作用，大家都上，我自然也要上

    G. 其他

4. 你觉得你现在的生活累不累？

    A. 不累，很轻松

    B. 不累但挺充实

    C. 不知道累不累

    D. 挺累的

5. 你是否认为这个社会充满了无情的竞争？

    A. 是   B. 不是

6. 在学生生活中，你是否会感到有压力？

    A. 经常感到   B. 偶尔感到   C. 从未感到   D. 说不清楚

7. 如果你在日常生活中感到有压力，这种压力主要来自哪方面？

    A. 学习上   B. 就业方面   C. 经济上   D. 恋爱中

8. 你如何评价自己与宿舍同学的关系？

    A. 十分融洽   B. 还可以   C. 不太好

9. 当同学遇到困难的时候，你会不会帮助？

    A. 看情况，看自己能否提供帮助

    B. 看人，看这个人值不值我帮助

    C. 不会主动帮助

    D. 会主动帮助

10. 你是否害怕死亡？

    A. 经常会感到害怕

    B. 不害怕，但忌讳谈这个问题

    C. 不害怕，顺其自然，坦然面对

11. 你如何看待个别大学生自杀案例？

    A. 完全不理解，自杀是一种愚蠢且不负责任的行为

    B. 比较理解，但自己遇到困难不会选择自杀

    C. 十分理解，自己有时候也会有这样的想法

12. 当你得知自己的室友通过作弊的方式取得一个不错的成绩，你会：

    A. 很鄙视他，我要去揭发他

    B. 很羡慕他，但自己不会这么做

    C. 没什么大惊小怪的

    D. 我要向他请教方法

第四讲　领悟人生意义

一、教学理念

1. 通过先进的教学手段形成互动教学模式：大学生容易受到不良社会思潮的影响，拜金主义、享乐主义、极端个人主义在学生中时有存在，学生对于这些现象也有不同程度的认识，通过智慧课堂、小组讨论、现场问答等方式能够让学生充分表达自己的想法，通过多种形式的互动，将讨论的内容与知识点相统一，并且通过深入讨论还有利于学生对问题本质的探讨。

2. 通过最新的案例引发学生情感共鸣：虽然大学生中有错误人生观的存在，但并不是主流，大学生总体都是追求积极进步的，在教学中通过一些典型案例的讨论，学生能从理论上达成共识，从情感上形成反对错误人生观的态度。

二、学情分析

（一）提出问题，了解学情（智慧课堂）

1. 你觉得当前大学生群体中拜金主义现象突出吗？（选择题）

2. 你觉得当前大学生群体中拜金主义现象有哪些具体体现？（简答题）

3. 你将来想从事什么类型的工作？（简答题）

4. 你追求什么样的生活状态？（简答题）

（二）分析问题，总结学情

知识基础：在前面一节的课后作业中，学生通过观看《战"疫"故事》，对人生矛盾问题有了探讨，探讨中必然会涉及个人与社会的关系、如何看待金钱的问题等与本讲相关的问题，从讨论中可以看出学生对人生观问题的一些态度。除了课后讨论，通过平时对学生的观察，也能发现大学生中存在一些拜金主义、享乐主义、极端个人主义的现象，并且有部分学生对拜金主义和积极努力工作挣得金钱之间没有区分，还有部分学生对个人主义与极端个人主义无法区分。

学习能力：第一章的内容已基本结束，学生对于人生观的理论问题也已基本掌握，如何运用这些理论分析和解决现实问题是本章需要解决的问题。通过前面的学习及课后讨论也可以发现，大多数学生都具备运用所学理论分析问题的能力，并且逻辑性也逐渐提升。

学习态度：大一学生思想淳朴，对学习充满热情，并且"00后"大学生对于人生观问题是比较关心的，一方面他们对现实社会中一些不好的现象会表示不满，另一方面自己又极容易受到影响，所以这部分的内容比较能够引起他们情感的共鸣，也让他们在讨论的时候都比较积极。

三、教学目标

（一）知识目标

1. 能够说清楚拜金主义是什么。

2. 能够说清楚享乐主义是什么。

3. 能够说清楚极端个人主义是什么。

（二）能力目标

1.通过对拜金主义、享乐主义和极端个人主义内涵的理解，能够正确认识这些错误的人生观产生的原因和危害，对自己的人生观予以矫正或形成。

2.能够意识到生活中哪些人生观是错误的，以及为什么是错误的。

（三）情感目标

1.通过对错误人生观的辨析，能够对一些错误现象进行批判，并且理清自己的人生观，尤其是对待金钱、个人利益等方面的关系问题。

2.不断提升个人修养，追求高尚的人生。

四、教学内容分析

本讲是整个教学体系"感悟人生系列"之四：领悟人生矛盾。该系列是整个教学系列的第一个系列，围绕青年大学生成长中的人生问题展开设计，"领悟人生矛盾"是其中最后一个"悟"，也是人生观学习的最终落脚点。本讲涉及教材第一章第三节中"创造有意义的人生"的内容，也是本章重要问题之一，是人与社会的关系、人生价值评价等理论问题的具体运用。人生价值的大小并不是看一个人的金钱、消费及个人利益的得失，而是看他对社会的贡献。但是为什么会存在拜金主义、享乐主义和极端个人主义这些错误人生观呢？这些人生观为什么错误呢？这些都是本讲要回答的问题，而只有认清了这些错误的人生观，才能扫除追求有意义人生道路上的障碍。具体来说，本讲的主要内容有四个：反对拜金主义；反对享乐主义；反对极端个人主义；成就有意义的人生。

五、教学重、难点及化解策略

（一）教学重点及化解策略

本讲的重点内容有两个：

1. 拜金主义的表现与危害。

2. 极端个人主义的本质。

化解策略：

从现象到理论：拜金主义、享乐主义、极端个人主义在社会生活中都是一种客观现象，这种现象在大学生中也有不同程度的表现。所以，从现象入手能够让对问题的分析更加具有针对性，通过多样的案例分析，让学生从中发现拜金主义、极端个人主义的表现与危害，自觉抵制错误的人生观。

（二）教学难点及化解策略

本讲的难点内容有一个：

拜金主义的本质。

化解策略：

化抽象为具体：拜金主义现象在日常生活中并不少见，但是部分学生对于为什么反对拜金主义并没有客观正确的认识，所以需要通过从拜物教这个最原始的概念出发，帮助学生理解拜金主义的实质实际上是对物的崇拜，通过对物的崇拜所产生的危害的分析，再理解拜金主义的危害就更加容易。

六、教学方法

本讲在教学方法上主要运用案例分析法、小组研讨法和理论讲授法，通过对一些具有争议性问题的讨论和冲突性现象的比较，实现讲道理的目的。

小组研讨法：对一些具有现实意义的问题，尤其是一些典型社会现象，通过讨论的方式各抒己见，从讨论中产生对同一问题的不同看法。

理论讲授法：对错误人生观的内涵、表现及相关概念的区分等问题，教师可在对学生存在的理论盲区充分理解的基础上，对理论问题进行层层剥离和分析，让学生在逻辑分析中加深对理论的认识和理解。

案例分析法：对于错误人生观的表现和危害，需要通过一些案例，尤其是同学们身边的或者熟悉的案例加以说明，从而让学生感受到一旦形成错误的人生观则会有很严重的不良后果。

七、教学过程详案

【课程导入】

理论：2021 年 11 月 11 日，中国共产党第十九届六中全会通过了《中共中央关于党的百年奋斗重大成就和历史经验的决议》，《决议》指出："改革开放以后，党坚持物质文明和精神文明两手抓、两手硬，推动社会主义文化繁荣发展，振奋了民族精神，凝聚了民族力量。同时，拜金主义、享乐主义、极端个人主义和历史虚无主义等错误思潮不时出现，网络舆论乱象丛生，一些领导干部政治立场模糊、缺乏斗争精神，严重影响人们思想和社会舆论环境。"

实时互动 1（智慧课堂）：你认为拜金主义、享乐主义、极端个人主义在社会中有哪些具体表现？

关键词提取：物质、腐败、贪污、攀比、自私、极端、享受……

引出问题：伴随着经济的发展，一方面，人们在物质层面的需求越来越高，这就让一些人将对物质的追求作为人生的目的；另一方面，受到西方社会思潮的影响，拜金主义、享乐主义、极端个人主义也不同程度地对我们的生活产生影响。那么，具体有哪些表现？有何危害？又该如何反对呢？

【问题一】反对拜金主义

案例：金钱的诱惑在我们生活中随处可见，这些年，一些商家为了让销售的食品看上去更加高端，开始给食物"镀金"，金箔蛋糕、金箔冰激凌、金箔牛排、金箔寿司……原本普通的食品，一旦披上了金箔外衣，立刻身价百倍，甚至以天价销售。

实时互动2（智慧课堂）：你怎么样看待这种现象呢？

关键词提取：奢靡之风、拜金、虚荣、吃不起、看不懂……

教师分析：所以我们不禁要问，买这些食物真的是为了吃吗？有网友留言说，买了此类产品"吃之前一定会拍照，然后在网上分享，感觉很有面子"。这就是很多同学说的拜金、虚荣。所以，市场监管总局、国家卫生健康委、海关总署三部门联合叫停金箔类食品。人民网也发表文章："舌尖上的拜'金'主义该停止了"。这里的拜金，一语双关，既指实体的金，也指奢靡的生活。那么拜金主义究竟是什么？有什么危害？我们该如何反对拜金主义呢？接下来，让我们带着这些问题一起来探讨拜金主义的问题。

1.拜金主义是什么？

反对拜金主义，首先我们需要弄清楚拜金主义是什么，有哪些表现。

拜金主义内涵。拜金主义就是货币拜物教的通俗表述。拜物教是原始社会最早的宗教信仰形式之一。在神灵观念产生前，一些原始部落会把某些特定物体当作具有超自然能力的活物进行膜拜，好像这些物体真的具有神力一样。货币拜物教就是将货币视为具有魔力或法力无边的神予以崇拜的观念和思想体系。

拜金主义产生。这种拜金主义是什么时候产生的呢？实际上，金钱崇拜在古代就存在。西晋时代的鲁褒写了一篇《钱神论》，讽刺当时社会对金钱的崇拜。但是，封建社会是建立在自然经济基础之上的宗法等级社会，自给自足的自然经济决定了历朝历代的统治者都把农业当作立国之本，重农抑商。同时，宗法等级社会决定了封建统治者是以自己手中的特权和义利伦理观念来维护自己的统治，导致商业观念受到抑制。所以，我国封建社会虽然有拜金思想，但是缺乏泛滥的环境，没有形成拜金主义思潮。而16世纪的西欧，发达的商品经济逐步成为占统治地位的经济形式，再后来发展为市场经济，市场经济的本质就在于人的关系的"物化"，也就是人的关系通过商品、货币关系表现出来。在这个时候，拜金主义获得泛滥的沃土。有学者指出，资本主义和拜金主义恰如一对孪生姐妹，或者说拜金主义是附着在资本主义身上去不掉的毒瘤。

拜金主义的表现。拜金主义有哪些具体的表现呢？马克思曾经有一段很精辟的论述，马克思说："在资产阶级看来，世界上没有一样东西不是为了金钱而存在的，连他们本身也不例外，因为他们活着就是为了赚钱，除了发财的快感，他们不知道还有别的幸福，除了金钱的损失，也不知道还有别的痛苦。"①这种对于金钱的崇拜从经济领域渗透到人的生活领域。

实时互动3（随机提问）：有人认为，"40岁之前身价没有4000万就是人生耻辱"。在现实生活中，一些人把拥有财富的多少作为评价人生价值的标准，这是拜金主义的什么表现？

教师分析：视金钱唯一，也就是把金钱作为衡量人生价值的唯一标准。

实时互动4（随机提问）：大家都读过马克·吐温的小说《百万英镑》，小说中原本穷困潦倒的办事员因为一张无法兑现的支票，竟然真的成了富翁，还赢得一位漂亮小姐的芳心，这表达了拜金主义的什么思想？

教师分析：金钱万能，也就是认为拥有金钱就可以拥有一切。

实时互动5（随机提问）：某综艺节目里，某拜金女语惊四座，"宁愿坐在宝马车里哭，也不愿坐在自行车上笑"，把追求金钱看的比获得人生幸福更加重要。这是什么思想呢？

教师分析：金钱至上，把追逐和获取金钱作为人生的目的和生活的全部意义。

---

① 《马克思恩格斯文集》（第1卷），人民出版社，2009年，第476页。

2.拜金主义有何危害？从前面的分析中，我们发现，金钱的功能本来应该只是局限于商品流通领域，可是拜金主义作为一种人生观和价值观，最大特点是把金钱和货币在商品交换中的职能泛化，成为人们一切社会交往活动的媒介。这样会有什么危害呢？

对个人的危害。一是消解人生意义。拜金主义认为人服务于金钱，获得金钱比生命体验更重要，人沦为金钱的奴隶。二是弱化人际关系。人与人的关系是丰富多样的，可是拜金主义通过物和物的关系代替了其他一些关系，对一个人的评价往往通过对这个人所拥有的物的评价反映出来。

案例：在电视剧《三十而已》中，女主人公为了加入一个太太圈，特意买了一个很昂贵的包，但是在第一次太太聚会中，她发现自己的包还是太便宜，所以藏到身后，站在C位的那位太太的包是最贵的，表明她是最有钱的。

三是抹杀人的情感。当人的各种社会关系被金钱关系所掩盖，人与人之间的尊严和情感也被金钱所淹没，可能做出一些违背人性的事情。

案例：2016年的杭州保姆纵火案就是如此，一个保姆因为欠了赌债无法偿还，就试图上演一出"放火—救火—索要赏金"的戏码，结果导致火势无法控制，4条鲜活的生命命丧火海。

为了金钱，兄弟不和、夫妻反目、朋友背信弃义等类似的事件偶有发生，这些都是拜金主义对个人所产生的危害。

对社会的危害。拜金主义对社会的危害更加不容忽视。在经济领域，拜金主义会导致商家为了追求金钱不择手段、诚信丧失，从而导致经济秩序陷入混乱。在政治领域，拜金主义会引发权钱交易、行贿受贿、贪赃枉法，如果不及时纠正就会危害群众的利益、丧失群众的信任。在文化领域，若为了获得金钱而去迎合低级趣味、庸俗浮夸，会导致整个社会丧失精神支柱。在社会领域，若利益成为社会交往的标准，将导致道德滑坡、人性冷漠。在生态领域，拜金主义会导致人们急功近利，只关注眼前的利益，忽视长远利益，造成环境严重恶化，最终危害人类自身。

3.如何反对拜金主义。所以，我们反对拜金主义，并不是反对金钱，而是反对金钱唯一、金钱万能、金钱至上的观点。那么，我们该如何做呢？

通过前面的探讨，我们明白，金钱只是工具和手段，追求有意义的幸福生活才是我们的目的。但有趣的是，有些人经常搞不清楚目的和手段的区别，以牺牲目的来换取手段，比如那位拜金女说的"宁愿坐在宝马车里哭，也不愿坐在自行车上笑"，宝马车可以是有些人获得幸福的一种手段，可是拜金女却把坐上宝马车当成了目的，至于是否幸福反而不重要了。所以，反对拜金主义首先就是要正视金钱的作用。金钱可以让我们获得好的物质生活，物质上的富有还可以帮助个人和家庭得到更多的幸福，所以，通过合法的合乎道德的途径获得报酬，提升自己的生活，追求更好的生活，这都是人之常情。但是，获得金钱不能以牺牲幸福为手段，更不能违反基本的法律和道德的规范。

这是不是意味着，只要我通过合法的、合乎道德的途径挣钱就可以肆意挥霍呢？比如有些人认为，人生意义体现为一种消费的质和量，消费得越多，人生就越幸福。同学们认同这种观点吗？其实这就是一种典型的消费主义观点。消费主义宣扬通过物质的占有和消耗来达到心理上的满足和感官上的享受，把消费当作人生的终极目标和人生最大的幸福。这种观点在大学生群体中也有一些表现。比如校园贷，在公布的反面案例中，一些自控能力差的学生将获得的贷款资金用于个人的超前消费和攀比消费，一旦不能按时偿还，最后利息越滚越多，最终债台高筑，导致他们走上犯罪道路或被逼上绝路，酿成人生悲剧。大学生要从思想上抵制拜金主义，就需要理性对待消费，树立健康的消费观。

对个人而言，反对拜金主义还应该提升精神境界。

案例：在2021年全国脱贫攻坚总结表彰大会上，习近平总书记弯腰为97岁的全国脱贫攻坚楷模夏森颁发荣誉证书。夏森老人退休前是中国社会科学院原外事局一名普通的研究员，她于1937年奔赴延安、投身革命，1938年加入中国共产党。老人一生艰苦朴素，却累计捐出200多万元用于改善贫困乡村学校的教学条件，累积资助180多名贫困大学生圆了"大学梦"。

所以，金钱确实很重要，但是我们应该思考的是如何用，用在何处，才最有意义，夏森老人用行动告诉了我们答案。所以，从个人层面来说，反对拜金主义就是个人要自觉，自觉正视金钱的作用，自觉理性对待消费，自觉提升精神境界。

反对拜金主义，也离不开社会的引导。电影《小时代》上映后，《人民日报》发文批评电影中的拜金主义；针对短视频平台、社交网站上有不少所谓的"白富美"晒出美照，展现自己的精致生活，《人民日报》发文"'名媛阔少'的虚荣拜金戏，该收场了"！还有前面提到的对舌尖上的拜"金"主义的批评。这些都是主流媒体从社会层面做出的引导，告诉我们什么是错误的金钱观。

仅仅是引导还不够，有关部门还需要对一些容易出现问题的领域进行监管。

案例：2022年2月9日，上海市市场监督管理局就发布了一则《商业广告代言活动合规指引》，明确提出将"宣扬拜金主义、'娘炮''耽美'"等不良文化的行为列入广告代言活动负面清单。

对于产生严重危害的还需要坚决惩处。前面我们说到拜金主义对政治领域的危害，我们党深刻认识到这一点，从2012年12月至2021年5月，在党中央的坚强领导下，纪检监察机关共立案审查调查省部级以上领导干部392人、厅局级干部2.2万人、县处级干部17余万人、乡科级干部61.6万人；查处落实八项规定精神不力的"四风"问题62.65万起。这些被查处的党员干部，很多都是因为禁不住金钱和享乐主义生活的诱惑，利用权力的便利性进行权钱交易，贪婪的大门一旦打开，其后将一发不可收拾，直到他们自我麻木，最终走向了人民的对立面。所以，从社会层面来说，反对拜金主义就应加强引导、监管和惩处的力度。

围绕反对拜金主义，我们探讨了反对拜金主义究竟是反对什么，也就是拜金主义的表现，我们反对的是金钱唯一、金钱万能、金钱至上的观点。接着分析了为什么要反对拜金主义，也就是拜金主义对个人和社会的危害。最后，我们从个人和社会两个层面分析了如何反对拜金主义，从个人层面来说，就是要自觉正视金钱作用、理性对待消费、提升精神境界；从社会层面，则是要加强引导、监管和惩处的力度。

习近平总书记指出，新时代中国青年要"自觉抵制拜金主义、享乐主义、极端个人主义、历史虚无主义等错误思想，追求更有高度、更有境界、更有品位的人生，让清风正气、蓬勃朝气遍布全社会"[①]。

无论是个人成长还是社会发展，我们都应该抵御金钱的诱惑，树立正确的金钱观，将个人的成长与社会的需要、民族的复兴紧密结合，避免陷入拜金主义的陷阱之中无法自拔。

【问题二】享乐主义及其危害

实时互动6（小组讨论）：快乐等于幸福吗？为什么？

教师分析：乐即快乐，不同的学者及他们的理论对此持有不同的观点。在伊壁鸠鲁看来，快乐就是指"身体的无痛苦和灵魂的无侵扰"，同时，他把快乐看作是幸福生活的开始和目的，但他并没有把快乐和享乐视为一物，他提倡的是一种有节制的快乐，并且不排斥德性。以边沁和穆勒为代表的功利主义者们在继承伊壁鸠鲁学派关于"幸福等于个体生活快乐"立场的同时，更是把德性从快乐和幸福中剥离出来，在他们眼里，脱离了德性的快乐即是指个体感觉器官对外部环境刺激所产生的愉悦的感受。因此，在功利主义者那里，幸福就等同于最大化的快乐。这种认识显然是片面的，快乐不等于幸福，快乐是一种个体感觉器官对外部环境刺激所产生的愉悦的感受，但是幸福除了有这种快乐的感受之外，还有一个条件，就是意义，不同的人能从不同的事情中找到意义。我们在追求幸福的过程中，不仅仅要发现快乐，更要追求这种快乐背后所蕴含的意义，如果我们的快乐是毫无意义的，那么就要警惕了。幸福是快乐和意义的结合，真正幸福的人，能够在自己觉得有意义的生活方式里享受它的点点滴滴。

---

① 习近平：《在纪念五四运动100周年大会上的讲话》，人民出版社，2019年，第12页。

近年来，习近平总书记多次论述"幸福都是奋斗出来的""奋斗本身就是一种幸福""新时代是奋斗者的时代"等重要观点，这是新时代的"奋斗幸福观"，是马克思主义幸福观的最新表达。青年是国家的未来、民族的希望，"奋斗幸福观"归根结底要落实在青年人那里。

第一，"奋斗幸福观"是人类的幸福观。马克思在1835年，就是在他17岁高中毕业的时候，写下一篇很著名的文章《青年在选择职业时的考虑》，里面有这样一段话："如果我们选择了最能为人类福利而劳动的职业，那么，重担就不能把我们压倒，因为这是为大家而献身；那时我们所感到的就不是可怜的、有限的、自私的乐趣，我们的幸福将属于千百万人，我们的事业将默默地、但是永恒发挥作用地存在下去，而面对我们的骨灰，高尚的人们将洒下热泪。"可见，"奋斗幸福观"是一种牺牲精神，它属于为千百万人的幸福而奋斗。

第二，"奋斗幸福观"是无产阶级及其政党的幸福观。毛泽东有一句名言："艰苦奋斗是我们的政治本色。"这不仅是一种作风、一种精神，同时还是无产阶级的特殊品格。艰苦奋斗是共产党能够战胜一切敌人的特殊本领。毛泽东曾经满怀深情地回忆，红军过草地的时候有50天没有粮食吃，吃的是树皮、草根，还要坚持行军打仗，只有共产党领导的军队能够做到。艰苦奋斗还是共产党人磨炼革命意志的有效途径。所以，毛泽东说，"人是要有一点精神的"。

第三，"奋斗幸福观"是中国特色社会主义建设者的幸福观。"奋斗幸福观"对于我们今天正确看待中国的发展、破解当前发展难题、正确把握时代大趋势都具有重大的价值。一方面，中国特色社会主义是干出来的，是奋斗出来的。今天我们成为世界第二大经济体、第一大工业国、第一大货物贸易进出口国，这是扎扎实实奋斗出来的。另一方面，我们今天要解决的主要矛盾是人民日益增长的美好生活需要和不平衡不充分的发展之间的矛盾，解决这个矛盾只能靠艰苦奋斗。

【问题三】极端个人主义及其危害

实时互动 7（智慧课堂）：个人主义与极端个人主义的界限？

教师分析：个人主义是一种道德的、政治的、社会的哲学，认为个人利益应是决定行为的最主要因素，强调个人的自由和个人的重要性，以及"自我独立的美德""个人独立"。极端个人主义是一种极其浓厚、强烈的个人主义，它把个人主义的种种特点扩展到了极致。其本质特点表现在以下几个方面：一是事无巨细，在一切方面都把个人的私利、目的摆在第一位。二是只顾自己私利，不管他人的、社会的利益。

八、课堂总结

1. 总结内容：本讲围绕错误人生观问题，首先从概念入手，分析了拜金主义、享乐主义和极端个人主义的含义和危害，回答了为什么要反对错误的人生观的问题，最后落脚到追求有意义的人生。

2. 调查反馈：针对本次课的学习，还有哪些疑问？（智慧课堂）

3. 引出新课：感悟人生不是目的，目的是确立高尚的人生追求并积极实现人生价值，在这一过程中，必然出现理想与现实的矛盾，该如何对待成长中的理想问题呢？

九、作业安排

1. 观看《张富清：初心自慷慨》，对比一些文艺作品中的拜金主义现象，讨论文艺作品中传递的价值观念是否会对观众产生影响。

2. 同龄人中，有没有你学习的榜样，请简单介绍他的事迹，并思考大学生应该如何追求有意义的人生。

3. 预习第二章第一节中的"理想信念的内涵及重要性"的内容。

十、课堂延伸

1.中央党校采访实录编辑室:《习近平的七年知青岁月》,中共中央党校出版社,2017年。

2.习近平:《在北京大学师生座谈会上的讲话》,人民出版社,2018年。

3.《习近平与大学生朋友们》编写组:《习近平与大学生朋友们》,中国青年出版社,2020年。

4.〔美〕迈克尔·桑德尔著,邓正来译:《金钱不能买什么》,中信出版社,2012年。

5.〔美〕琳内·特威斯特、特蕾莎·巴克著,艾琦译:《金钱的灵魂:让你从内在真正富起来》,华夏出版社,2019年。

第五讲　理想信念：青春之"钙"

一、教学理念

1.通过先进的教学手段形成以学生为主体的教学模式：不少大学生进入大学之后都会经历一段迷茫期，根本原因是理想信念的缺失，人生没有方向。所以，本讲直接面对大学生成长的痛点问题。要消除痛点，就需要找到问题的根源。通过智慧课堂的运用，学生可以针对同一个问题表达不同的看法，同样是对未来生活的憧憬，可以看到有些学生立志高远，有些学生只关注个人的安逸生活，甚至有些学生感到迷茫。如何针对这些问题对症下药，就需要教师引导学生剖析问题、分析原因，找到解决办法。

2.通过最新的案例和理论引发学生提升情感认同：理想信念教育的最终目的是推动学生产生对马克思主义的信仰、对中国特色社会主义的信念、对实现中华民族伟大复兴中国梦的信心。从根本上说就是情感认同的问题，情感认同也是转化为理想而奋斗实践行为的必要环节。所以，通过历史与现实的案例及最新的理论，通过理论魅力和现实感染力共同作用，提升大学生的情感认同。

二、学情分析

（一）提出问题，了解学情（智慧课堂）

1. 你未来期望从事什么工作？（简答题）

2. 你期望的生活状态是什么样的？

3. 你觉得人是不是一定要有理想？（选择题）

4. 你觉得理想的确立对一个人的发展影响大吗？（选择题）

5. 你希望自己在大学时期入党吗？（选择题）

（二）分析问题，总结学情

知识基础：在理论学习理想信念之前，学生对于理想、梦想等已有朴素的感性认识。但大部分学生对理想和信念的内涵并不了解，对于理想、梦想、幻想、空想等概念并没有清楚地区分，最关键的是对理想信念在个人成长发展中的重要意义并没有清晰地认识。比如很多同学都知道理想信念是共产党人的精神之"钙"，却并没有意识到理想信念同样也是大学生的精神之"钙"。

学习能力：经过第一章的学习，学生已比较熟悉该课程的学习模式及学科特点，也具备一定的辩证理性思维。针对本讲的内容，能够从理想的感性认识出发，去反思自己的过去和现在的理想，发现问题，从而树立新的理想或更加坚定原有的理想。

学习态度：大一学生思想淳朴，对学习充满热情，他们对于理想问题是比较关心的，一方面他们对未来充满美好期待，另一方面自己又极容易受到现实的影响，对理想产生错误的认识，所以这部分的内容比较能够引起他们情感的共鸣。

三、教学目标

（一）知识目标

1. 能够大致表述出理想的内涵与特征。
2. 能够大致表述出信念的内涵与特征。
3. 理解理想信念的重要意义。

（二）能力目标

1. 通过本讲的学习，对于已经有明确理想的学生来说，能够正确分析自己已有的理想是否是科学的。
2. 对于没有理想的同学来说，能够及时地确立自己的理想。
3. 对于想放弃理想的学生来说，能够正视理想与现实之间的差距，积极追求自己的理想。

（三）情感目标

通过本讲的学习，能够确立崇高的理想信念，将自己的青春与社会的发展紧密结合，并且通过坚定理想信念，丰富精神追求。

四、教学内容分析

本讲是整个教学体系"筑梦青春系列"之一：理想信念：青春之"钙"。本系列是在前面一系列的基础上，围绕青年大学生成长中的理想问题展开设计，其所选择的三个问题也具有一定的逻辑层次性，从最基础的理想信念，到更高一层的信仰；从理论的提升到实践的经历。本讲涉及教材第二章第一节的内容，既是现实问题，也是理论问题。一方面，大一新生经历了高中的压力，忽然进入大学之后，很多人不能很快适应大学生活，其中一个方面就是理想与现实之间的差距，所以如何认识理想信念、如何拉近二者的差距，是本讲需要解决的问题；另一方面，理想信念问题也是后面理解马克思主义信仰、中国特色社会主义信念和中华民族伟大复兴中国梦信心的理论基础，所以，本讲还有启下的作用。具体来说，本讲的主要内容有以下三个方面：理想的内涵与特征；信念的内涵与特征；理想信念的重要意义。

五、教学重、难点及化解策略

（一）教学重点及化解策略

本讲的重点内容有两个：

1. 理想的内涵与特征。

2. 理想信念的重要意义。

化解策略：

化复杂为简单：对于本讲的两个重点问题，都是通过化复杂为简单的方式，将一个大的问题分拆为若干小问题，通过多样化的方式各个击破。

（二）教学难点及化解策略

本讲的难点内容有一个：

如何理解理想信念是精神之"钙"。

化解策略：

从具体到抽象：虽然我们对理想信念是精神之"钙"的提法并不陌生，但是究竟为什么，本讲从具体到抽象，从"钙"的性质和重要性出发，分析精神之"钙"的特征与重要性，让学生从对比中对抽象的概念产生形象的认识。

六、教学方法

本讲在教学方法上主要运用案例分析法、小组研讨法和理论讲授法，通过对一些具有争议性问题的讨论和一些具有冲突性现象的比较，实现讲道理的目的。

小组研讨法：学生主体作用的发挥体现在根据教师所设定的案例，在合作中找出问题的答案，实现举一反三的教学目的。本讲中运用智慧课堂互动，让学生参与到开放性讨论之中；通过小组合作学习，探讨《理想照耀中国》中其他故事所体现的理想信念的意义。

理论讲授法：对理想信念的内涵及重要意义中的一些关键理论问题，教师可在对学生存在的理论盲区充分理解的基础上，对理论问题进行层层剥离和分析，让学生在逻辑分析中加深对理论的认识和理解。

案例分析法：教师要把握好案例是否具有针对性、是否具有典型性、是否具有现实性。本讲的案例主要来自影视剧《理想照耀中国》，结合教学内容，选择具有代表性的场景和故事来讲解理想信念的重要意义。

七、教学过程详案

【课程导入】

实时互动1（智慧课堂）：请大家在智慧课堂上描述一下你想象的二十年后的工作和生活状态。

学生回答：有人说自己儿女双全，有人说自己财务自由了，有人说希望自己可以做自己喜欢的事情，有人说可以不用工作，有人说已经在环游世界了，有人说自己嫁给了明星，有人说自己成了一名律师，有人说希望这个世界没有贫穷，有人说希望我们的国家更加强大……

教师分析：同学们对未来的描述都很丰富，大家对未来的希望涉及生活、工作、社会等多个方面，那么这些对未来的希望都能称为理想吗？要回答这个问题，我们首先需要对理想的含义与特征有一个深入的理解。

【问题一】理想的内涵与特征

1. 理想的内涵。

所谓理想，是人们在实践中形成的、有可能实现的、对未来社会和自身发展目标的向往与追求，是人们的世界观、人生观和价值观在奋斗目标上的集中体现。对理想的认识需要把握以下三个要点。

首先，理想是人类的本质。人对理想的追求源于人的意识本身具有一种指向未来的观念的能力，这正是人的自觉生活区别于动物本能活动的一个重要标志。所以，恩格斯说："人离开狭义的动物越远，就越是有意识地自己创造自己的历史，未能预见的作用、未能控制的力量对这一历史的影响就越小，历史的结果和预定的目的就更加符合。"[①] 恩格斯在这里提出的"预定的目的"就是个人或者人类社会所建构并以观念的形式存在于人的头脑中的理想，其最基本的特征就是指向未来，"预定目的"的实现过程就是有意识的人类自己创造自己历史的过程。

其次，理想是人们价值追求的体现，是人对自身和社会需要的自觉意识。人总是会意识到自身的需要，总是力求满足自身的需要，并总以需要的对象为理想的内容。马克思说："人们奋斗所争取的一切，都同他们的利益相关。"而利益反映的就是人们的需要，没有需要的驱动和满足需要的激励，人就不可能产生理想，也就不会有实现理想的实践，所以理想产生的前提就是人改变外部世界和满足自身需要的价值追求。作为价值追求来说，不仅有物质利益方面的价值追求，也有精神方面的价值追求。

最后，理想就是人生的奋斗目标，是一个人的政治立场、人生观和世界观在奋斗目标上的集中表现。理想展示了人生的方向和道路，是人们对未来的向往、追求，以及对理论的真实性和实践行为的正确性的确认。其

---

① 《马克思恩格斯选集》（第3卷），人民出版社，2012年，第859页。

内容是多方面的，可分为生活理想、职业理想、道德理想和社会理想。生活理想是人们对物质生活和精神生活的向往与追求，是人们最基本的理想；职业理想是人们对个人未来的前途和职业的期盼，是大学生最为关切并经常思考的问题；道德理想则是人们对完善人格的设想与追求；社会理想是人们对未来社会制度和政治结构的预见、向往与追求。

2. 理想的特征。

第一，理想具有客观性和超越性。理想的客观必然性就是理想作为一种想象，正确地反映客观实际，正确地反映现实与未来的关系，合乎事物变化和发展的规律，就是我们常说的，理想源于现实，理想是在现实中产生的。理想是对客观现实的自觉反映，因此，理想不仅表现为主观的外在形式，更有着客观的物质内容，是主观和客观的统一。不仅理想的产生具有客观性，理想的实现也具有客观性，因为无论是哪种理想，若脱离了客观的物质世界，就失去了理想实现的客观条件。

理想之所以吸引人并且能够推动人前进，就是因为理想不仅源于现实，而且是高于现实、超越现实的。同学们对未来生活的期待大多数不是现实生活的重复，而是在现在基础上的超越，我们理想的生活一定是更美好的生活，也只有更美好的生活才值得憧憬和期待。在这种超越现实的理想的指引下，我们才会努力，为理想去奋斗。

案例："杂交水稻之父"袁隆平有两个梦想：一个"禾下乘凉梦"，一个杂交水稻"覆盖全球梦"。即便已是90岁高龄，他还在为梦想而奋斗，他的杂交水稻高产攻关示范项目，2000年亩产700千克、2004年800千克、2012年900千克，2014年1026.7千克。2020年11月2日，湖南省衡阳市衡南县清竹村，袁隆平团队研发的杂交水稻双季亩产突破1500千克大关，一次次创造了水稻亩产的世界纪录。这就是理想的客观性和超越性。

第二，理想具有社会性和实践性。理想是人类特有的一种精神现象，具有鲜明的社会性。理想的社会性是指理想不是离开社会的孤立的个人的随意想象，而是由社会制约并决定的想象。理想的产生取决于特定的社会环境。一定的社会政治、经济、文化环境，决定人们的理想的形成。作为社会实践的产物，理想是处在特定历史条件下的人们对社会实践活动理性认识的结晶。离开了实践，任何理想的产生都是不可思议的。理想的实现，同样也离不开实践。人们只有在改造客观世界和主观世界的过程中才能以实践为桥梁，化理想为现实。离开实践，理想不会产生；没有实践，理想也不会实现。

第三，理想具有时代性和阶级性。理想作为一种社会意识，既不是人们头脑里固有的，也不是天上掉下来的，而是社会存在于人们头脑中的反映，它总是同一定时代的生产力发展水平相联系，是一定社会历史条件和经济政治关系的产物。

案例：诗人流沙河有一首诗就叫作《理想》，诗中写道："饥寒的年代里，理想是温饱；温饱的年代里，理想是文明。离乱的年代里，理想是安定；安定的年代里，理想是繁荣。"

所以，任何一种理想都是与当时特定的时代背景密切相关的。"00后"的理想与"80后"的理想不同，而"80后"的理想与"60后"的理想也不相同，这是因为我们在形成自己的理想时，总是以我们自身的生活环境、时代背景作为参考，具有时代的特殊性。

在阶级社会，理想具有鲜明的阶级性。在阶级社会中，由于不同阶级的社会地位和经济利益的不同，追求的目标也就各不相同，所以，他们形成的理想也各不相同。理想由人们的阶级地位和阶级利益决定，人们的理想在阶级社会中必然具有阶级的烙印。费尔巴哈说，住在皇宫里的人，与住在茅屋里的人想的不一样。在封建社会，农民的理想就是能够实现温饱，而地主阶级的理想却不可能是实现温饱。同样，工人阶级的理想和资本家的理想也不可能相同。这就是理想的阶级性。

通过对理想特征的分析，我们就能发现不是所有关于未来的想象都能够称为理想。

3. 理想、幻想、空想。

实时互动2（课堂讨论）：说到理想，还有两个词与理想关系密切，一个是空想，一个是幻想，那么这三个词有什么区别呢？

教师分析：理解这三个词的不同含义实际上也有助于我们更好地理解理想的内涵与特征。前面我们对理想进行了具体的分析，即理想是建立在现实基础上的合乎理性、合乎规律、有实现可能性的想象。

什么是幻想呢？幻想是对客观的更高超越，与现实有很大的差距，尚不具备实现的条件，但并非没有实现的可能性。比如，有同学想嫁给自己的偶像明星，这就是一种幻想，因为到现在为止他们还没有真正见过面，所以一切都是她的幻想，但也并不是没有实现的可能，只是目前还不具备实现的条件。幻想要变成现实需要一定的客观条件，也需要一定的主观条件，比如人类曾经幻想登上月球，随着人类科学技术的发展，这一幻想已经成功变成了现实。

案例：2020 年 11 月 28 日 20 时 58 分，"嫦娥五号"探测器经过约 112 小时奔月飞行，在距月面约 400 千米处成功实施 3000 牛发动机点火，约 17 分钟后，发动机正常关机。根据实时遥测数据监视判断，"嫦娥五号"探测器近月制动正常，顺利进入环月轨道。2020 年 12 月 17 日，"嫦娥五号"返回器带着 1731 克月球样品在内蒙古成功着陆。

这也意味着，中国人距离实现古人所说的"嫦娥奔月"已经不远了。

空想与幻想不一样，如果说幻想尚有实现的可能，那么空想的内容就是在幻想的基础上纯粹主观的东西，是缺乏客观根据的随心所欲的想象，并没有或没有能力使未来的憧憬变为现实的可能，因此是不可能实现的。比如大家熟知的空想社会主义，空想社会主义没能揭示资本主义灭亡的历史和经济根源，而是从人道的原则出发，幻想通过向资产阶级呼吁放弃自有财产的方法来实现社会主义，显然是无法实现的。

三者的共同点都是一种对于未来的想象。不同点就在于理想是源于现实，并且通过个人实践是可能实现的；幻想虽然可能实现，但是尚不具备实现的条件，所以是很难实现的；而空想就完全是主观的想象，毫无可能实现。

【问题二】信念的内涵与特征

1. 信念的内涵。

信念同理想一样，也是人类特有的精神现象。信念是人们在一定认识基础上确立的，对某种思想或事物坚信不疑并身体力行的精神状态。关于信念的含义，需要把握以下几点。

其一，信念是以理性为基础的。理性能够帮助人们按照事物发展的客观规律形成正确的认识，从而形成科学的信念，反之，则会形成错误的信念。其二，信念是以知识为条件。科学的知识有助于形成科学的信念，没有知识的信念是盲目的。其三，信念是以"情、意"为要素的。信念是人的主观认识、情感和意志的综合体。其四，信念是以事实为界定的。正确的信念是建立在对客观事物正确认识的基础上的。正确的信念也是经得住实践检验的。

2. 信念的特征。

执着性：信念一旦形成，就不会轻易改变，所以信念最突出的特征就是执着性。信念因此执着而为信念，坚定的信念使人们具有强大的精神定力，不为利益所动，不为诱惑所扰，不为困难所惧。当一个人抱有坚定的信念时，他就会全身心投入到为实现目标而努力奋斗的事业中去。

案例：南非首位黑人总统曼德拉一生致力于废除南非的种族隔离制度，为抗争不公平的种族隔离奉献了全部力量。尽管曼德拉被关押长达27年，但他消除南非种族隔离制度的信念从未动摇。曼德拉说："在我过去的生活中，我已经把自己献给了非洲人民的斗争事业……我希望为这个理想而生活，并努力把它变为现实。如果需要，我愿意为了这个理想而牺牲自己的生命。"

正是有了废除种族隔离制度、实现人人平等的执着信念，曼德拉才无惧困难、无畏牺牲，为自己的理想目标奋斗一生。这就是信念执着性的体现。

多样性：由于人的信念会受到环境、思想等因素的影响，因此信念存在多样性。一方面，不同人由于社会环境、思想观念、利益需要、人生经历和性格特征等方面的差异，会形成不同的信念；另一方面，同一个人也会形成不同类型和层次的信念，并由此构成其信念体系。在信念体系中，高层次的信念决定低层次的信念，而信仰就是最高层次的信念。

在现代汉语中，理想与信念经常一起出现，二者有什么联系和区别呢？理想一般负责的是关于未来奋斗目标的想象，具有指向性和目标性。而信念则是当前人内心确信和秉持的观念，具有践行性和执着性。理想信念是中国式新概念，它既不同于理想，也不同于信念，既注重对未来奋斗目标的追求，又注重现实生活中人们应秉持的信念支撑。

【问题三】为何说理想信念是精神之"钙"

案例：影视片段《理想照耀中国》。影片中，红军炊事班班长老钱为了在积雪覆盖的雪山点燃篝火，一次次将自己棉衣里的棉花拽出来点火，最后将棉花扯光，永远长眠于雪山。这个炊事班的故事反映的是1935年红军先头部队翻越夹金山的一个场景，虽然是电影，但却是当年红军长征牺牲与奉献的真实再现。

实时互动3（智慧课堂）：在这么寒冷、饥饿的情况下，红军战士们是靠着什么翻越雪山的呢？

关键词提取：不怕苦、勇敢、坚强、新中国、社会主义、胜利……

教师分析：有同学说到了红军战士不怕苦、勇敢坚强，这些当然是原因。还有同学说到了新中国、社会主义、胜利，对当时的红军战士来说，这些都是一种理想信念，正是靠着这种坚定的理想信念，红军战士们克服重重困难，翻雪山、过草地，走完二万五千里长征。

案例：1999年，美国时代生活出版公司出版了《人类1000年》，选出了影响人类千年历史进程的100个大事件。红军长征成为其中重大事件之一。这是为什么呢？我们先来看一些事实和数据：长征途中，中央红军共进行了380余次战斗，攻占700多座县城，牺牲的营级以上干部多达430余人，平均年龄不到30岁，共击溃国民党军数百个团，其间共经过14

个省，翻越 18 座大山，跨过 24 条大河，走过荒草地，翻过大雪山，行程约二万五千里。

有人说，长征的胜利是中国共产党人理想的胜利，是中国共产党人信念的胜利。党的十八大以来，习近平总书记反复强调理想信念就是共产党人精神上的"钙"，没有理想信念，理想信念不坚定，精神上就会"缺钙"。习近平总书记为什么把理想信念比喻为人的精神上的"钙"？

1. 钙是什么？钙是一种人体必需的矿物质，是骨骼、牙齿的主要成分，人体中 99% 的钙都储存在骨头中，使骨头保持一定的强度和硬度，从某种程度来说，钙就是骨骼的"支撑者"，是维持人体正常生命活动的重要元素。钙虽是人体重要元素，但容易随时间而流失。特别是随着年龄增长，当钙摄入不足时，骨骼中的钙就会释放到血液里，导致骨密度越来越低，骨质越来越疏松，稍不注意就会引发骨折。

2. 精神上的"钙"。如果说钙是骨骼的支撑者，那么"精神上的钙"则是精神的"支撑者"，对维持人的精神健康和长远发展具有不可替代的重要意义。将理想信念比喻为精神之"钙"，生动地表明了理想信念的价值意蕴。

3. 中国共产党的精神之"钙"。中国共产党人因信仰马克思主义而凝聚在一起，因此对于共产党人来说，精神之"钙"不是别的，就是指对马克思主义的信仰、对中国特色社会主义的信念、对实现中华民族伟大复兴中国梦的信心。坚定的理想信念，不仅是共产党人安身立命之根本，更是事关马克思主义政党、社会主义国家精神动力和前途命运的根本性问题。精神之"钙"这一比喻将理想信念这种抽象的概念与人们日常生活中所熟知的生命元素钙联系起来，生动凸显了理想信念在共产党人精神家园建设中的极端重要性。

【问题四】精神上"缺钙"会如何

前面我们说到，身体缺钙可能会导致骨折，那精神"缺钙"会如何呢？

1. 历史的教训。首先，我们看一个历史事件。1917 年，俄国十月革命胜利，此时，苏共拥有 35 万党员；1945 年，苏联战胜德国，此时苏共拥有 554 万党员；1991 年，苏联解体，此时苏共有 2000 万党员。从一个几十万的小党发展为 2000 万的大党，为什么最后却走向了失败呢？虽然苏联解体的原因是多方面的，但是放弃马克思主义理论指导、放弃共产主义信仰，是亡党亡国的最根本原因。一个政党理想信念坚定，就能拥有无比强大的力量；理想信念淡薄，就会成为松散的利益团体或乌合之众，最终走向解散。

2. 现实的情况。一些领导干部最终走到了人民的对立面，究其根本原因就是理想信念缺失，精神"缺钙"。这就是"精神软骨病"，早期患者，奉献精神减弱，无法从工作中获得快乐，干不出成绩。随着"病情"发展，可能染上形式主义、官僚主义和奢靡之风等"流行病"，招致群众厌恶。晚期患者，免疫系统遭到破坏，面对利益诱惑、困难挫折时，丧失抵抗能力，蜕变、堕落、腐败，最后党组织不得不用手术拔除毒瘤。所以，有理想信念的人，哪怕生命受到威胁，依然不改前进的脚步；没有理想信念的人，特别容易在复杂的环境中迷失方向，稍微有压力就退缩逃避，遇到糖衣炮弹就缴械投降。

3. 大学生的实际。前面我们强调一个政党不能丧失理想信念，一个共产党员也不能丧失理想信念。青年大学生如果没有理想信念会如何呢？

案例：2004 年，云南"马加爵案"震惊全国，其在被捕之后在狱中感叹："我觉得没有理想是最大的失败，这几年没有什么追求，就是很失败"，"平时，我与周围的人，浑浑噩噩过日子。学习不怎么努力，也没有想过为社会国家做什么贡献。想到的、关心的都只是自己的那点心事"。

实时互动 4（随机提问）：你觉得马加爵走上毁灭之路的原因是什么？

教师分析：虽然马加爵走上毁灭之路有着多方面的原因，但是如他自己所说，进入大学之后缺乏理想信念，没有追求，整天浑浑噩噩过日子，是悲剧发生的一个重要根源。反过来说，如果马加爵在大学里树立了远大理想和崇高信念，并为之奋斗，他就不会把同学之间的小矛盾看得那么重要，最终酿成悲剧。很多大学生刑事案件都是如此。虽然"00 后"青年大学生整体上是积极上进的，但是拜金主义、享乐主义、极端个人主义、佛系、躺平等现象在大学校园中依然存在，根本原因还是因为精神上懈怠了，没有树立崇高的理想信念，这样的人生如果任其发展，最终只能是一生庸庸碌碌，甚至走上错误的人生道路。

【问题五】精神上"补钙"有何用

所以，任何时代，青年人都必须自觉"补钙"，树立崇高的理想信念。那么"补钙"有何用呢？也就是理想信念有何用呢？

1. 理想信念昭示奋斗目标。

案例：1969 至 1975 年，习近平在陕西省延川县梁家河村度过了自己的青春，七年中，青年习近平同乡亲们一起挑粪拉煤，一起拦河打坝，一起建沼气池，一起吃玉米团子……面对困难，年轻的习近平没有退缩，而是选择了面对困难、解决困难。那么是什么让他能够战胜困难呢？习近平总书记曾在一篇文章中回忆道："15 岁来到黄土地时，我迷惘、彷徨；22 岁离开黄土地时，我已经有着坚定的人生目标，充满自信。作为一个人民公仆，陕北高原是我的根，因为这里培养出了我不变的信念：要为人民做实事！"

面对艰苦的生活环境，是为人民做实事的理想信念，让青年习近平更加坚定了自己的人生方向。所以，理想信念能够昭示奋斗目标。

同学们现在的年龄，正是习近平总书记当年在梁家河的年龄，18 岁的你们是否也有过迷茫、彷徨？如何改善这种状况呢？从红军战士的身上，从青年习近平的身上，我们看到，有理想信念的人，人生就会有坚定的方向，有什么样的理想信念，就会用合适的方式去改造自然和社会，塑造成就自身。青年时代树立的理想信念，决定了我们最终将成为一个什么样的人。而只有树立起崇高的理想信念，才能在遇到困难时不迷茫、不彷徨，坚定前进的方向。所以，我们常说理想信念就是人生的"灯塔"，有理想，人生就有了方向。

2.理想信念催生前进动力。

案例：在影视剧《理想照耀中国》中，炊事班有一位只有十几岁的小战士，行军途中，他将自己的口粮分给其他战士，谎称自己的饭盒里装着糖，饿不着。他牺牲后，战士们打开他的饭盒，看到的却是石头。

在小战士的心中，看似几块糖是他前进的动力，实际上真正推动他前行的是对革命最终胜利的坚定信念。一百年来，一代代青年汇聚在理想信念的旗帜下，用拼搏奋斗诠释青春誓言。这就是理想信念的力量，有理想信念的人，不仅能够确立明确的人生方向，还能催生前进的动力。

案例：2023年，是"90后"青年陈杨参与航天强国建设的第10年。2017年3月，中国航天科工集团独立自主研制的首颗卫星"天鲲一号"成功发射。陈杨参与了"天鲲一号"系统总体和飞行轨道设计工作。"天鲲一号"卫星飞行任务多样，对地观测、平台考核、新技术试验等都对飞行轨道提出了不同要求。为了给"天鲲一号"规划出一条最优轨道，陈杨每天沉浸在数字的海洋中，针对不同环境进行仿真计算，确保了卫星在轨任务的顺利实施。经过"天鲲一号"卫星的打磨，陈杨快速成长，在工作中提出了"天鲲二号"卫星研制任务。与之不同的是，这一次他被委以型号任务总技术负责人的重任。

案例分析：十年的时间，陈杨从一名航天新人成长为型号任务总技术负责人，这与他从小就萌生的航天理想密不可分。陈杨的爷爷是中国航天科工二院的首批职工，陈杨记得，1999年国庆阅兵时，一家人围坐在电视机前一同看着"红旗七号"驶过天安门广场，听着父辈介绍"红旗七号"背后的研发故事，一个航天梦便在自己心中生根发芽。从那时起，陈杨就立志加入航天这个大家庭，将自身所学与建设航天强国相融合，并且不断提高自己。

3.理想信念提供精神支柱。

案例：三年困难时期，全国粮食短缺，许多人吃不饱饭。邓稼先和众多科研人员都有低血糖病，时常头晕眼花，站不起身来，当时最有效的缓解办法就是在嘴里含上一小块冰糖。正是在这种艰苦环境下，邓稼先带领着科学家们研制出了我国第一颗原子弹。

我们看到，虽然那时物质极度匮乏，但是人们的精神却极度饱满。这些科研工作者因为树立了让"新中国拥有自己的核武器"的理想信念，所以他们克服各种困难。从他们身上，我们看到，理想信念可以为我们提供精神支柱。党的十八大以来，习近平总书记反复强调树立崇高的理想信念对青年个体，对国家，对民族都具有至关重要的意义。对于共产党员干部来说，有了坚定的理想信念，就有了面对各种考验的精神支撑，对于广大青年学生来说，有了理想信念，人生就有牢固的基础。

案例：长津湖战役中，中国人民志愿军第9兵团3个军，在艰难困苦的条件下，与武器装备世界一流、战功显赫的美军第10军，于1950年11月27日至12月24日在朝鲜长津湖地区进行了直接较量，创造了抗美援朝战争中全歼美军一个整团的纪录，迫使美军王牌部队经历了有史以来"路程最长的退却"。这次战役，收复了三八线以北的东部广大地区。志愿军在东西两线同时大捷，一举扭转了战场态势，成为朝鲜战争的拐点，为最终到来的停战谈判奠定了胜利基础。真的战争远比电影呈现出来的还要更残酷。那么，是什么支撑着这些年轻的战士呢？还是理想信念。

4. 理想信念提高精神境界。

案例：邓稼先先生去世前与杨振宁先生有一张合影，从合影中我们可以清楚地看到，照片上的邓稼先，嘴角还有些许血痕。邓稼先的病是核事业研究的高强射线导致的不治之症，他当初手捧核弹头走出放射区时就已经做好了心理准备。

从邓稼先的事迹中我们看到了一种高尚的理想所转变成为积极乐观、为国奉献的伟大精神。理想信念是人的精神世界的核心，有理想信念的人不仅能够充实地过好当下的生活，而且理想信念还引导人们追求更高的人生目标，并在追求和实现理想的过程中提升精神境界，塑造高尚的人格。

回顾党的百年光辉历程，支撑我们从一个胜利走向另一个胜利的就是"革命理想高于天"的精神力量。革命年代，这是抛头颅、洒热血的壮烈情怀；建设年代，这是艰苦奋斗、激情燃烧的奉献精神；改革年代，这是敢为人先、搏击潮头的昂扬干劲；新时代，这是自信自强、守正创新的坚定不移。所以，青年大学生只有树立崇高的理想信念，精神上才不缺"钙"，才能更加坚定自己选择的道路，能够有勇气面对各种困难和挑战，才能与历史同向、与祖国同行、与人民同在。

2022 年 5 月 10 日，习近平总书记在庆祝中国共产主义青年团成立 100 周年大会上勉励青年团员，"火热的青春，需要坚定的理想信念。我们党用'共产主义'为团命名，就是希望党的青年组织永远站在理想信念的高地上，用党的科学理论武装青年，用党的初心使命感召青年，用党的光辉旗帜指引青年，用党的优良作风塑造青年"。

八、课堂总结

1. 总结内容：理想的内涵与特征；信念的内涵与特征；理想信念的重要意义。通过学习，理解了为什么说理想信念是精神之"钙"。

2. 调查反馈：针对本次课的学习，还有哪些疑问？（智慧课堂）

3. 引出新课：坚定的理想信念必须建立在马克思主义的坚定信仰上，那么关于马克思主义信仰，你有哪些了解？两个世纪过去了，人类社会发生了巨大而深刻的变化，为什么马克思主义依然闪烁着耀眼的真理光芒？

九、作业安排

1. 观看微视频《梁家河篇》，收听音频《青年的理想信念关乎国家未来》，联系自身实际，思考理想信念对大学生成长成才的重要意义（小组讨论）。

2. 预习第二章第二节中的"为什么要信仰马克思主义"的内容。

十、课堂延伸

1. 习近平：《在北京大学师生座谈会上的讲话》，《人民日报》，2018 年 5 月 3 日。

2. 刘建军：《信仰书简：与当代大学生谈理想信念》，中国青年出版社，2012 年。

3. 中国延安干部学院：《红色延安的故事（理想信念篇）》，党建读物出版社，2016 年。

4. 吕林：《中国共产党人的理想信念》，中国社会科学出版社，2019 年。

第六讲　崇高信仰：青春之魂

一、教学理念

1.通过先进的教学手段形成以学生为主体的教学模式：信仰问题是一个很多大学生渴望了解但又模糊不清的概念，所以，本讲直接面对大学生成长中的思想困惑问题。通过智慧课堂的运用，学生可以充分表达自己对信仰的认识程度，而通过小组探讨则可以加深对马克思主义信仰的理解。

2.通过全方位式教学情景的设置提升学生的情感：本讲教学的最终目的是要帮助学生科学认识马克思主义，进而增强对马克思主义的信仰，这不是一节课可以完成的任务，所以需要借助多种资源，让学生在课程结束之后，依然能够有意识了解马克思主义。

二、学情分析

（一）提出问题，了解学情（智慧课堂）

1.你会选择大学时入党吗？（选择题）

2.你觉得共产主义会实现吗？（选择题）

3.你觉得人是不是一定要有信仰？（选择题）

4.你觉得有信仰的人与没有信仰的人对待生活有何区别？（简答题）

5.你觉得共产主义的实现与自己有关系吗？（简答题）

（二）分析问题，总结学情

知识基础：通过前面理想信念部分的学习，基本可以发现大一学生对理论的掌握只是停留在对知识了解的程度，高中阶段如果选修文科，理论认识会更加系统有深度一些。但是学生对马克思主义信仰、共产主义理论基本还停留在感性认知的基础之上，甚至个别学生对马克思主义、共产主义存在片面的认识。比如有一些学生认为共产主义实现需要很长时间，跟自己的关系不大，有一些学生对选择马克思主义信仰带有功利化的倾向，等等，这些都反映出学生对这个问题有一些片面甚至是错误的认识。

学习能力：经过前一段时间的学习，对于本课程的理论性与现实性有了初步的了解，学生对于理论问题的探讨也更加积极，并且具有一定的理论分析能力，对于理论的接受能力也逐渐提升。在第二章的学习中，这一部分的理论性比较强，学生的接受程度也会出现一些差异。

学习态度：大一学生思想淳朴，对学习充满热情，但对于信仰问题，很多学生觉得很抽象或者觉得与自己无关。这就需要教师在内容选择方面要能够吸引学生，并且通过案例设置进行德育引导。

三、教学目标

（一）知识目标

1.能够清楚表述马克思主义的特征。

2.能够大致说出马克思主义信仰与宗教信仰的区别。

3.能够简单回击一些关于共产主义远大理想的错误观点。

（二）能力目标

1. 帮助大学生甄别不同信仰的本质，确定共产主义远大理想。

2. 能够对一些关于共产主义远大理想的错误认识予以回应。

（三）情感目标

1. 帮助大学生树立马克思主义信仰。

2. 激发大学生为服务人民，为奉献社会贡献自己的力量。

四、教学内容分析

本讲是整个教学体系"筑梦青春系列"之二：崇高信仰：青春之魂。在"青春之钙"的基础上，大学生还需要提升精神的需求，将崇高信仰比喻为青春之魂，表明崇高信仰在青春成长中的关键作用。本讲涉及教材第二章第二节中的内容，在学习完理想信念之后，从理论的角度来说，自然要上升到一个更高的境界，即信仰。而马克思主义信仰作为我们立党立国的根本指导思想，选择马克思主义道路是近代以来中国历史发展的必然结果，是中国人民长期探索的历史选择，也是马克思主义严密的科学体系、鲜明的阶级立场和巨大的实践指导作用决定的。具体来说，本讲的主要内容有以下三个方面：信仰马克思主义的原因；大学生坚定马克思主义信仰的着力点；对共产主义远大理想有正确的认识。

五、教学重、难点及化解策略

（一）教学重点及化解策略

本讲的重点内容有两个：

1. 信仰马克思主义的原因。

2.关于共产主义远大理想的正确认识。

化解策略：

1.化整为零、各个击破：要回答信仰马克思主义的原因是什么，实际上就是回答马克思主义本身的理论特点，这个理论特点正是马克思主义与其他信仰、其他理论相比的突出优势。所以，对这一问题采取化整为零、各个击破的策略，通过逐一分析马克思主义理论特点来回答信仰马克思主义的原因，让学生在对特征的探索中，逐步发现马克思主义的伟大之处。

2.回应错误观点、得出正确结论：关于共产主义远大理想的认识，这个问题本身是比较枯燥的，但又是本讲的重点问题之一，要吸引学生的兴趣就必须转变思路。针对这个问题，教师应该先提出问题，将各种错误的认识摆在学生面前，通过让学生对错误观点的回应，通过引导学生对错误观点的批判，再得出正确的结论。

（二）教学难点及化解策略

本讲的难点内容有两个：

1.马克思主义信仰与宗教信仰有什么本质的区别。

2.如何正确回应"共产主义渺茫论"。

化解策略：

1.化抽象为形象：关于马克思主义信仰与宗教信仰的区别，是很多大学生都曾有过的疑惑。如果仅仅是从理论的角度来分析，学生会觉得十分枯燥，并且也不太容易理解，所以本讲在分析这一问题时，采用化抽象为形象的策略，分析马克思为什么要把宗教比喻为鸦片，来帮助学生理解这一问题。

2.由知识到问题：在教材话语中，关于共产主义，首先是帮助学生认识共产主义是现实运动和长远目标的统一，这个问题本身理论性较强，所以需要将知识转变为问题，引导学生正确回应"共产主义渺茫论"，从而认识共产主义是现实运动和长远目标的统一。

六、教学方法

本讲在教学方法上主要运用理论阐释法、比较分析法和互动教学法，通过对一些具有争议性问题的讨论和一些具有相似性观点的比较，以达到预定的教学目标。

理论分析法：对于一些存在争议性的问题，引发学生的思考，让学生产生了解真实情况的愿望，推动学生去探究问题的答案。比如，为什么会有一些对共产主义的错误认识，这就需要进行理论探究。

比较分析法：通过教师对学生存在理论盲区的理解，对理论问题重新进行比较和分析，让学生在比较中加深对理论的认识和理解。比如，针对学生可能清楚马克思主义信仰与宗教信仰是不同的，但是究竟有何不同，则需要通过比较得出。

互动教学法：对重要理论问题，尤其是存在观点争议时，通过讨论的方式各抒己见，加深理解和认识。比如，针对共产主义理想是否能够实现的问题，需要学生进行讨论，梳理出学生认为无法实现的原因是什么，教师再对这些困惑进行分析。

七、教学过程详案

【课程导入】

案例：2022年，在庆祝中国共产党成立101周年之际，人民网向我们展示了一批老一辈党员科学家的入党申请书，其中有大家非常熟悉的钱学森、钱三强、竺可桢、童第周等。钱学森在他的入党申请书中写道，"回国近三年来受到党的教育，使我体会到党的伟大，党为实现共产主义社会这一目标的伟大，我愿为这一目标奋斗并忠诚于党的事业"。钱三强在转正申请书中写道，"有党的领导，一切事情都可以做得更好，更符合人民利益"。

实时互动1（智慧课堂）：从老一辈科学家的笔触和话语中，你有何感受，这些科学家为什么都选择加入中国共产党呢？

教师分析：很多同学说到了马克思主义、社会主义、新中国，说得最多的回答是"信仰"。的确，从这些科学家的入党申请书中，我们感悟到他们对党的赤胆忠心和对科学的执着追求。而从他们的人生经历中，我们也看到，加入中国共产党，就像点亮了信仰的明灯，使他们找到了前进的方向、明确了奋斗的目标。

【问题一】信仰的内涵和类型

1. 信仰的内涵。

如果说理想关乎人的未来发展目标，那么，信仰则是关乎人的终极价值。有人说，中国的门卫大爷是世界上最具有生命关怀和终极意识的职业，因为他们每天都在反复追问：你是谁？你找谁？你到哪里去？其实，人活着无非也就是这些问题：为什么活，以及怎么活。"为什么活"是目的和意义，"怎么活"是方式和路径。信仰的出现就是人类为了回答自身的困惑，为何而活，又因何而在。所谓信仰，就是对某种主张、主义、宗教极度相信和尊敬，并用来作为自己行动的榜样或指南。

实时互动2（智慧课堂）：请问你的信仰是什么？ A.基督教；B.佛教；C.道教；D.马克思主义；E.伊斯兰教；F.无信仰；G.其他。

教师分析：同学们选择了自己的信仰，有一些同学选择了无信仰，还有其他，那究竟什么是信仰呢？一般来说，信仰可分为两种类型：一种是对虚幻的世界、不切实际的观念、荒谬的理论的盲目相信与狂热崇拜；另一种是在社会实践活动中，对以事物发展规律的正确认识为基础的思想见解或理论主张的坚信不疑、身体力行。

2. 信仰的类型。

哪些可以成为信仰呢？一般来说，信仰可分为两种类型：一种是对虚幻的世界、不切实际的观念、荒谬的理论的盲目相信与狂热崇拜；另一种是在社会实践活动中，对以事物发展规律的正确认识为基础的思想见解或理论主张的坚信不疑、身体力行。信仰关乎人生全部的目标和最后归宿，也是人生发展的动力和精神支柱。很显然，马克思主义就是属于第二种。既然如此，这个目标就不能太低，因为太低就很容易实现，想不通时会无助，想透彻了会无聊，无路可走很麻烦，一眼到头也无趣。所以"信仰"一定既要"信"，又要"仰"，"信"则坚定不移，"仰"则很难到达。

3. 科学与信仰的关系。

在人类社会发展进程中，科学的作用是相当明显的，社会的每一个进步都渗透着科学的功劳，正是科学把人类从苦难的生产力落后的处境中解放出来，从这个意义上讲科学是人类的"救世主"。但是，我们还可以看到科学研究的成果是中性的，其给人类带来的是福还是祸，是由掌握它们的人来决定的，科学成果既可造福于人类，又可给人类带来灾难。另外，科学发展是否能解决人性和道德问题？随着科学的迅速发展，人的道德水准并没有相应地提高。还有，不管科学发达到什么程度，不可能说整个世界已经清楚认识了，没有认识清楚的部分总要靠近似的推理和模糊的猜测。更重要的是，人活着就会对未来充满憧憬与向往，而这种憧憬与向往对每一个民族、地区、家庭、个人都是不同的，我们不能要求人们像对科学那样规范人们的信仰与追求。显而易见，科学是无法代替信仰的，信仰除了赋予我们光明和力量外，还赋予我们爱和希望。与此同时，信仰也无法代替科学，从而使我们认识大自然，或使我们发现各种规律或使我们认识自我。

【问题二】为何信仰马克思主义

案例：20世纪末，在进入新千年时，英国广播公司网上评选千年最伟大思想家风云人物，评选结果依次是马克思、爱因斯坦、牛顿、达尔文，马克思位居榜首。2005年，英国广播公司第四频道调查3万听众，征询"古今最伟大哲学家"，马克思再次位居第一。

马克思之所以被评选为千年伟人，是因为他创立了马克思主义理论体系。那么，马克思主义理论究竟有何独特之处呢？

1. 马克思主义具有科学性。马克思主义理论，以历史事实和科学事实为依据，揭示了事物的本质、内在联系及发展规律，揭示了自然界、人类社会、人类思维发展的普遍规律，并且以实践为检验标准。所以，马克思主义是科学的理论。因为，一般来说，事实、规律、实践，是任何一门科学的本质要素。这些要素，马克思主义理论都具备。

列宁指出，"马克思学说具有无限力量，就是因为它正确"①。在马克思主义指导下，俄国人民取得了十月社会主义革命的胜利。邓小平也指出，"我坚信，世界上赞成马克思主义的人会越来越多起来的，因为马克思主义是科学。它运用历史唯物主义揭示了人类社会发展的规律"②。美国学者海尔布隆纳认为，人类社会至今仍生活在马克思所阐明的发展规律之中。尽管时代在变化，但是马克思主义基本原理是科学的真理不会变。正如习近平总书记在《在纪念马克思诞辰 200 周年大会上的讲话》中总结的："马克思主义是科学的理论，创造性地揭示了人类社会发展规律。"③

2. 马克思主义具有人民性。说到信仰，很多学生疑惑的是，马克思主义所设想的未来共产主义社会太遥远了，这跟宗教有什么区别呢？

实时互动 3（随机提问）：关于宗教，马克思有一个耐人寻味的比喻，大家知道是什么吗？

教师分析：马克思说"宗教是人民的鸦片"。马克思为何把宗教比作鸦片呢？在 19 世纪的欧洲，鸦片作为一种廉价的药品出现在大众视野中。作为药品，鸦片具有镇痛作用，能够广泛运用于疾病的治疗。但是，鸦片所发挥的镇痛作用并不能消除病患，只能缓解疼痛，长期服用还会有危险。马克思以鸦片比喻宗教，一方面肯定了宗教在缓解人的精神痛苦方面发挥了一定的作用，另一方面也表明，宗教通过麻痹人的思想和意识能暂时缓解人的痛苦，但长期下去是危险的。所以，马克思号召无产阶级不应该沉

① 《列宁专题文集·论马克思主义》，人民出版社，2009 年，第 67-68 页。

② 《邓小平文选》（第 3 卷），人民出版社，1993 年，第 382 页。

③ 习近平：《在纪念马克思诞辰 200 周年大会上的讲话》，《人民日报》，2018 年 5 月 5 日。

浸在宗教塑造的"想象的幸福"之中，而是应该追求"现实的幸福"，鼓励无产阶级为了现实的利益而斗争。这就表明，马克思主义理论不仅是科学的，还是人民的理论，第一次创立了人民实现自身解放的思想体系。

3. 马克思主义具有实践性。马克思主义理论的科学性和人民性都是通过实践性体现出来的。

案例：2008年国际金融危机爆发，时任德国财政部长的施泰因布吕克公开说，他正在阅读《资本论》，这位在金融危机中焦头烂额、寝食不安的财政部长已然成了马克思的"粉丝"，这一年，《资本论》重新进入德国大学的课堂。英国《泰晤士报》也报道，金融危机使西方人突然重视马克思的《资本论》了，《资本论》开始全球畅销。

实时互动4（随机提问）：为什么一旦遇到经济危机，《资本论》就会畅销呢？

教师分析：这是因为《资本论》中揭示的资本主义的根本矛盾和问题至今依然存在，马克思对于资本主义危机和灾难的分析至今不可替代，马克思主义对于现实问题的关注一直到今天依然发挥着重要的作用。也就是说马克思主义可以用来解决现实问题。170多年来，正是在马克思主义指导下，十月革命取得胜利，一大批社会主义国家建立，中国特色社会主义事业的成功更是以无可辩驳的事实证明了马克思主义是认识世界和改造世界的强大思想武器。所以，马克思的墓碑上刻着马克思的一句名言："哲学家们只是用不同的方式解释世界，而问题在于改变世界。"

4. 马克思主义具有开放性。

案例：我们都知道，《共产党宣言》是马克思主义诞生的标志性文献，自问世以来，在全世界已经用200多种语言文字出版，是世界上发行量最大的人文社会科学著作。2014年，《习近平谈治国理政》多语种版本在海外发行，8年来，马克思主义中国化的最新成果受到国际社会的持续广泛关注。

无论是《共产党宣言》在全球的广泛传播，还是《习近平谈治国理政》在海外的热销，其实都表明了马克思主义是开放的理论。自从马克思主义进入中国后，马克思主义同中国国情和时代特征相结合，先后产生了毛泽东思想、邓小平理论、"三个代表"重要思想、科学发展观、习近平新时代中国特色社会主义思想。马克思主义的开放性表现在，马克思主义不但不排斥，而且最能够吸收、提炼人类创造的一切文明成果，并将其运用以推动社会历史的进步。说到这里，我们就明白为何那么多科学家都不约而同选择了马克思主义信仰，为何今天的青年人依然要信仰马克思主义。

【问题三】如何坚定马克思主义信仰

选择信仰不能盲目，首先要真学，一方面系统学习马克思主义经典理论，另一方面学习中国化马克思主义，在当前尤其是要全面学习习近平新时代中国特色社会主义思想，只有真学才能真懂。真懂就是透过理论表面，弄懂、弄通贯穿理论中的立场、观点和方法，掌握科学理论的思想精髓。只有真懂，才能真信。真信不但要对马克思主义产生"信"，还要对马克思主义有"仰"。真学、真懂、真信的落脚点是真用，就是运用马克思主义的立场、观点和方法分析并解决中国的社会现实问题，全心全意为人民谋利益。

真学、真懂、真信、真用，这一过程深刻体现在了中国特色社会主义事业发展中。我们以中国的减贫脱贫事业为例。

真学：作为一个人口规模较大的发展中国家，中国在减贫脱贫方面取得历史性成就，主要原因在于坚持以马克思主义反贫困思想为指导。马克思主义反贫困思想的核心在于建立社会主义公有制，从根本上消除贫困的根源。

真懂：在此基础上，结合中国实际，创造性地确立了具有中国特色的社会主义扶贫机制，发挥了中国脱贫的制度优势。这是从真学到真懂的过程。

真信：正是因为我们坚定信仰马克思主义，遵循社会主义本质要求，发挥社会主义制度优势，才能打赢脱贫攻坚战、全面建成小康社会。新中国成立70多年来，我国立足于社会主义公有制的制度基础，探索农民脱贫致富，依托大规模扶贫开发，坚持科学发展，实现精准扶贫，创造了世界性的减贫奇迹，使 8 亿左右的绝对贫困人口先后摆脱了贫困，用铁一般的事实向世人展示了公有制的减贫优势，彰显了马克思主义的时代价值。

真用：在脱贫攻坚工作中，数百万党员干部将最美的年华无私奉献给了脱贫事业，涌现出许多感人肺腑的先进事迹，这就是信仰马克思主义的真实体现，也就是真用。这些扶贫干部中，有 35 年坚守太行山的"新愚公"李保国，有献身教育扶贫、点燃大山女孩希望的张桂梅，有用实干兑现"水过不去、拿命来铺"誓言的黄大发，有回乡奉献、谱写新时代青春之歌的黄文秀，有"砸锅卖铁也要让老百姓住上新房"的黄诗燕，等等。广大党员干部舍小家为大家，他们爬过最高的山，走过最险的路，去过最偏远的村寨，住过最穷的人家，哪里有需要，哪里就有他们战斗的身影。在脱贫攻坚斗争中，1800 多名同志将生命定格在了脱贫攻坚征程上，生动地诠释了共产党人的初心和使命。他们用行为告诉我们，青年人为何以及如何信仰马克思主义。

从老一辈科学家的入党申请书入手，我们分析了马克思主义信仰之所以吸引他们的原因，是因为马克思主义是科学性、人民性、实践性、开放性的理论。所以，我们应该真学、真懂、真信、真用马克思主义，既要学习马克思主义理论，更要将马克思主义理论与中国的现实相结合，解决中国的现实问题。在解决中国的实际问题中，践行马克思主义，才是真正的信仰马克思主义。

习近平总书记在《在庆祝中国共产主义青年团成立 100 周年大会上的重要讲话》中要求共青团"要从政治上着眼、从思想上入手、从青年特点出发，帮助他们早立志、立大志，从内心深处厚植对党的信赖、对中国特色社会主义的信心、对马克思主义的信仰"。

青年大学生群体是共青团的主要力量，新时代的青年大学生应该谨遵总书记的教诲，将青春与祖国的发展、时代的使命、人民的需求相结合，在思想上信仰马克思主义，在实践中践行马克思主义。

【问题四】对世人一些关于共产主义错误观点的回应

说到马克思主义信仰，我们一定会说到共产主义远大理想。目前世人关于共产主义远大理想有很多错误的认识，比如认为"共产主义是渺茫的幻想""共产主义没有经过实践检验""共产主义离现实太遥远，无法实现""共产主义理想与当代人无关"，等等，我们有不少同学受到了这些错误认识的影响，对共产主义远大理想缺乏正确的认识，从而导致很多人对共产主义社会的实现缺乏信心。下面，我们将通过对三种错误观点的回应来认识共产主义远大理想。

1. 观点一：有人说，"共产主义理想与现实之间有很大的差距，太渺茫了，是无法实现的"。

实时互动5（智慧课堂）：你是否认同这种观点？为什么？

教师分析：绝大多数同学都认为这种观点是错误的。这种观点的错误表现在两个方面：其一就在于这是对共产主义的错误解读，这种观点将共产主义解读为一种"人间天堂"，所以自然就认为共产主义的实现是渺茫的。马克思、恩格斯在《德意志意识形态》中说过："共产主义对我们来说，不是应当确立的状况，不是现实应当与之相适应的理想。我们称为共产主义的是那种消灭现存状况的现实的运动。"也就是说被我们称为共产主义的，不仅仅是一种理想，同时也是一种运动。这就意味着共产主义不是在某个时刻就会突然到来，共产主义本质上是一种运动。作为一种社会理想，它要实现的是一种更加公平、更加自由、更加合理的社会。而作为一种运动，就是从现实的人出发，不断满足人的现实利益需求，推进人的全面发展；消灭现存不合理的状况，推动社会发展进步的历史过程和现实运动。在这个意义上可以说，资产阶级对工人的每一次让步，资本主义国家的每一次政策调整，都是朝向共产主义的运动，中国特色社会主义建设不断取得举世瞩目的成就，同样是朝向共产主义的运动。其二，就是对共产主义的提出没有正确的认识，共产主义理想并不是马克思、恩格斯主观想象出来的，而是马克思用社会形态的范式和社会形态更替的逻辑对人类过去的历史分析之后提出来的，是建立在科学的基础之上。共产主义没什么特殊的，它不过是社会基本矛盾运动的必然结果，是资本主义基本矛盾运动的必然结果，是人类社会形态演进规律的必然结果。共产主义理想的实现是合乎历史规律的，有其必然性的一面。

通过这两个方面的分析，我们可以肯定，共产主义社会虽然与现实之间有着很大的差距，但是共产主义作为一种运动，是不断朝着更加理想的社会发展的过程，同时共产主义不是凭空的想象，而是人类历史发展的必然。因为，共产主义理想的实现是合乎历史规律的。

2. 观点二：有人认为，当前世界，社会主义国家屈指可数，所以要实现全人类的解放基本是不可能的。

实时互动6（智慧课堂）：你是否认同这种观点？为什么？

教师分析：实际上，从1848年《共产党宣言》诞生，对于共产主义的质疑和诋毁就没有停止过，但是从《共产党宣言》发表到1917年第一个社会主义国家建立。从第二次世界大战后一大批社会主义国家勃然兴起到20世纪80年代末90年代初东欧剧变、苏联解体，再到新时代中国特色社会主义焕发出前所未有的生机和活力，社会主义和共产主义理想与实践不仅没有像西方某些人所预言的那样进入历史博物馆，反而在长期的艰辛探索中展现出更加光明的前景。究竟是为什么呢？

这需要我们正确理解马克思所说的"两个必然"和"两个决不会"的关系。所谓"两个必然"，是马克思、恩格斯在《共产党宣言》中论证的"资产阶级的灭亡和无产阶级的胜利是同样不可避免的"这一重要结论。马克思、恩格斯运用历史唯物主义的基本原理，通过对资产阶级和无产阶级的产生、发展及其相互斗争过程的分析，深刻揭示了资本主义必然灭亡和社会主义必然胜利的历史发展趋势。"两个必然"的思想既不是出自痛恨资本主义的道德义愤，也不是源于向往未来共产主义的善良愿望，而是基于对资本主义经济运动规律的科学认识。

同学们肯定会有疑问，怎么170多年过去了，资本主义还没有灭亡呢？

这里我们就需要了解马克思说的"两个决不会"，"两个决不会"是指马克思在 1859 年写的《〈政治经济学批判〉序言》中提出的"无论哪一个社会形态，在它所能容纳的全部生产力发挥出来以前，是决不会灭亡的；而新的更高的生产关系，在它的物质存在条件在旧社会的胎胞里成熟以前，是决不会出现的"。

"两个必然"揭示了历史发展的总趋势，论证了社会主义代替资本主义的历史必然性，是不可抗拒的历史规律；而"两个决不会"的思想强调的是实现"两个必然"的客观条件，是对"两个必然"思想的补充和发展。我们既要坚信"两个必然"，坚定对社会主义和共产主义的理想信念，同时又要坚信"两个决不会"，充分认识社会主义代替资本主义是一个长期的、艰巨的和曲折的历史过程，必须有充分的思想准备，为社会主义和共产主义事业进行长期的、艰苦的奋斗。

在全世界实现共产主义，首先取决于社会主义国家的巩固和发展，取决于这些国家所经历的社会主义建设的历史进程。社会主义是共产主义的初级阶段，社会主义社会本身又包括由低级到高级的漫长发展阶段，我们目前正处于社会主义的阶段，只有在一切条件具备之后，社会主义社会才可能向共产主义社会过渡。共产主义只有建立在社会主义社会充分发展和高度发达的基础上才能实现。社会财富的充分涌流，人们精神境界的不断提高，共产主义新人的培养和成长，都需要经历漫长的历史时期。历史经验教训告诉我们，对社会主义历史阶段的长期性估计不足，超越阶段企图"跑步进入共产主义"，会造成严重的后果。此外，在社会主义时期，还存在遭受严重挫折和资本主义复辟的可能性。

因此，实现共产主义是一个漫长、艰辛的历史过程。

3. 观点三：有人认为，即便共产主义可以实现，也是十分遥远的事情，那么是与当代人无关的。

实时互动 7（智慧课堂）：你是否认同这种观点？为什么？

教师分析：这种观点肯定是错误的，共产主义远大理想跟我们当代人有关，这种关系是通过共产主义远大理想与中国特色社会主义共同理想的关系体现出来。这对关系具有丰富的理论内涵，需要我们从不同的角度与层面去认识和把握。大体上，我们可以从时间、层次和范围三个维度加以考察。

从时间上看，远大理想与共同理想的关系是最终理想与阶段性理想的关系。共产主义远大理想是我们的最终理想，它的实现需要许多代人的接续奋斗，在这个接续奋斗的过程中，会有一些阶段性的理想。只有通过实现一个又一个的阶段性理想，才能最终实现共产主义远大理想。如果说最终理想只有一个，那么阶段性理想则可以有许多个，而究竟会有多少个以及会有怎样的阶段性理想，则取决于理想追求的历史起点的高低、奋斗过程的长短及社会条件的影响。中国特色社会主义共同理想，就是我们在追求和实现共产主义远大理想过程中的一个阶段性理想，是当前正在着力追求的阶段性理想或近期理想。每一个阶段性理想的实现其实就意味着我们距离共产主义远大理想又靠近了一步。

从层次上看，远大理想与共同理想的关系是最高纲领与最低纲领的关系。中国共产党的最高理想和最终目标是实现共产主义，这也是我们党的最高行动纲领。但追求党的理想和实行党的纲领，必须从中国当下的实际出发，从实现最近的目标开始。我们党早在新民主主义革命时期，就区分了最高纲领与最低纲领，并阐明了二者的关系。1923年7月16—23日，中国共产党第二次全国代表大会在上海举行。会议指出党的最低纲领，即党在民主革命阶段的纲领是：消除内乱，打倒军阀，建立国内和平；推翻国际帝国主义的压迫，达到中华民族完全独立；统一中国为真正的民主共和国。党的最高纲领是：在最低纲领实现之后，建立劳农专政的政治，铲除私有财产制度，渐次达到共产主义。尽管随着新中国的成立和发展，特别是随着改革开放以来中国特色社会主义取得伟大成就，我们当下所处的历史起点不同了，站在了新的历史起点上，但最高纲领与最低纲领的区分仍然是正确的。我们的最高理想和最高纲领没有变，而且也不会变，但在当前，坚定中国特色社会主义共同理想，进一步推进中国特色社会主义事业向前发展，就是我们党的最低纲领在当前的要求。

从范围上来看，远大理想与共同理想的关系也是全人类理想与全体中国人民理想的关系。中国特色社会主义共同理想，主要是面向中国人民和中华民族成员的，它的主体和对象都是全体中华儿女；共产主义远大理想是实现全人类的解放，它的主体和对象都是全人类。从这个意义上讲，中国特色社会主义共同理想，是全体中国人的共同理想，无疑具有"共同"性，但与全人类相比，又体现了"中国特色"。共产主义远大理想也是"共同理想"，是面向全人类的更大的共同理想。中国人民当然要树立远大理想，但这个理想不只属于中国人民，而是属于全人类。中国特色社会主义共同理想具有中国特色和民族特色，但是并没有否定理想的共同原则，而是把共同原则与国情民情相结合，使社会主义和共产主义理想展现出更丰富的色彩。

所以，共产主义远大理想并不是与我们无关，而是与我们每个人息息相关的。实现共产主义需要处理好与共同理想之间的关系。罗马不是一天建成的，共产主义也不是"飞来峰"，不完成现阶段的历史任务，也难以向未来的理想社会迈进。当前对于我们广大青年来说，走好新时代的长征路，首先要自觉做共产主义远大理想和中国特色社会主义共同理想的坚定信仰者、忠诚践行者。

八、课堂总结

1. 总结内容：中国革命的最终胜利依靠的是马克思主义信仰，中国建设和发展的最终实现也必须依靠马克思主义信仰。尽管当前社会存在一些"马克思主义信仰无用论""马克思主义信仰过时论"等消极观点，但这并不代表人类社会发展的主流。

2. 调查反馈：针对本次课程的学习，还有哪些疑问？（智慧课堂）

3. 引出新课：青年大学生树立远大理想和崇高马克思主义信仰，最终是要落实在追求理想的实践中，那青年大学生该如何把自己对理想的追求与时代的发展相结合呢？

九、作业安排

1. 请大家阅读《我心永向党：家书里的百年信仰》，选择一封家书，结合今天所学的内容，以小组为单位，谈一谈信仰对个人成长、社会发展和民族复兴的重要意义。

2. 阅读《中共中央关于党的百年奋斗重大成就和历史经验的决议》和《在庆祝中国共产主义青年团成立 100 周年大会上的讲话》，思考青年大学生如何树立共产主义远大理想。

十、课堂延伸

1. 习近平：《中共中央关于党的百年奋斗重大成就和历史经验的决议》，人民出版社，2021 年。

2. 习近平：《在纪念马克思诞辰 200 周年大会上的讲话》，人民出版社，2018 年。

3. 中华人民共和国国务院新闻办公室：《新时代的中国青年》，人民出版社，2022 年。

4. 陈先达：《马克思主义信仰十讲》，人民出版社，2018 年。

5. 杨沫：《青春之歌》，人民文学出版社，2009 年。

第七讲　中国梦：青春之翼

一、教学理念

1.通过先进的教学手段形成以学生为主体的教学模式：通过前面的学习，学生对理想信念、马克思主义信仰有了一定程度的认识，接下来重点关注践行，首先就是化解学生生活中遇到的理想与现实的矛盾、个人理想与社会理想的关系等问题。学生通过多样化的参与方式，对个人的认识、情感的态度、价值的分析等都可以发表看法，与同学的互动探讨、与教师的问题分析等都有助于更加深入理解知识、解决问题、升华认识。

2.利用好"大思政课"，用中国特色社会主义事业伟大成就激发学生情感认同：理想信念教育的最终目的是推动学生产生对马克思主义的信仰、对中国特色社会主义的信念、对实现中华民族伟大复兴中国梦的信心。所以，通过中国航天等重要案例，激发学生的爱国热情、报国之志，以及为实现中国梦而奋斗的情怀。

二、学情分析

（一）提出问题，了解学情（智慧课堂）

1. 你认为理想与现实之间是什么关系？（简答题）

2. 你认为那些最终实现理想的人主要靠的是什么？（简答题）

3. 你认为社会理想的实现与个人有多大程度的关系？（简答题）

4. 你如何看待大学生"躺平"现象？（简答题）

（二）分析问题，总结学情

知识基础：经过前面的学习，学生对理想信念的内涵、意义有了比较全面的认识，对于马克思主义信仰、中国特色社会主义共同理想也有了一定的了解，下一步就是如何将理想转化为现实的问题。但是在这一问题中，学生会呈现出不同的认识，有部分学生认为个人理想与社会理想之间并没有必然联系，有部分学生将理想与现实之间的差距认为是无法逾越的，等等，这些都是在实现理想问题上需要进行引导的认识。

学习能力：学生对于本课程的理论性与现实性有了初步的了解，同时对于本课程所关注的问题也有一定程度的认识。大一学生一般对理论问题的探讨都是比较积极的，对问题的理解和分析能力也比较强。

学习态度：这一节段从内容本身来说没有难度，部分学生会觉得内容简单，所以需要教师通过情感吸引并引导学生。

三、教学目标

（一）知识目标

1. 能简单表述理想与现实之间的辩证关系。

2. 能简单表述个人理想与社会理想之间的关系。

（二）能力目标

1.通过对如何实现理想的学习，能够正确对待理想与现实的关系，理性看待理想实现过程中的困难。

2.帮助大学生重视理想，树立正确的理想以及实现理想的态度。

（三）情感目标

1.帮助大学生树立崇高的理想，将个人的理想与国家的发展相结合。

2.将理论认识付诸日常生活和学习中，不怕困难，敢于追求理想。

四、教学内容分析

本讲是整个教学体系"筑梦青春系列"之三：中国梦：青春之翼。在"青春之钙"和"青春之魂"的基础上，大学生最终是需要将理想变为现实，用信仰为实践指明方向，而要实现这一点实际上就是将梦想变为现实。新时代的大学生，只有将个人梦与国家梦有机统一，才能在追梦的道路上少走一些弯路，所以"中国梦"如同青春的翅膀，带领着青年大学生追求自己的理想。本讲涉及教材第二章第三节的内容，理想信念是一个思想认识问题，更是一个实践问题。对于青年大学生来说，确立理想不难，难的是如何将理想转化为现实。本讲在前面理论基础上，要讲清楚理想如何转化为现实的问题。具体来说，本讲的主要内容有以下三个方面：理想与现实之间的辩证关系；个人理想与社会理想之间的关系；青年大学生应该立志高远、立志做大事，并且付诸行动。

五、教学重、难点及化解策略

（一）教学重点及化解策略

本讲的重点内容有两个：

1. 理想与现实的辩证关系。

2. 个人理想与社会理想的关系。

化解策略：

1. 化繁为简、逐步剖析：正确认识理想与现实的辩证关系最终要落脚到实现理想，所以针对理想与现实的关系，可以采取将这一问题简化为几个有着一定逻辑关系的小问题，"理想与现实对立吗""实现理想容易吗""如何实现理想"，对上一个问题的回答自然引出下一个问题，逐步剖析，最后得出理想与现实的辩证关系。

2. 深入探讨、观点交锋：个人理想与社会理想的关系，是大学生在日常生活中经常遇到的问题，对于这一问题，学生们可能会存在不同层次的看法，所以让学生在讨论中亮出自己的观点，并对此进行阐释，既能够丰富教学方式，又能够增强教育效果。

（二）教学难点及化解策略

本讲的难点内容有一个：

理想与现实的对立与统一。

化解策略：

从特殊到一般：理想与现实的矛盾是一对常见的矛盾，要帮助学生理解二者的对立统一，如果仅仅是从理论逻辑的角度出发，会比较枯燥而不太容易被接受。从特殊的案例入手，从学生们普遍关注的重大事件入手，通过分析特殊案例中二者的关系，再得出一般的结论，更加具有说服力。

六、教学方法

本讲在教学方法上主要运用理论阐释法、案例分析法和互动教学法，通过对一些具有争议性问题的讨论和一些具有相似性观点的比较，以达到预定的教学目标。

理论阐释法：对于一些存在争议性的问题，引发学生的思考，让学生产生了解真实情况的愿望，推动学生去探究问题的答案。比如，什么是理想与现实的矛盾的客观性就需要进行理论探究。

案例分析法：在讲述理想与现实的矛盾以及如何应对这种矛盾时，主要列举中国航天事业发展中的理想与现实矛盾来进行分析。中国航天事业发展早期的美好理想与艰难现实之间的矛盾冲突是很大的，而通过分析航天人如何对待理想与现实的矛盾冲突，得出关于实现理想的正确态度。

互动教学法：对重要理论问题，尤其是存在观点争议时，通过讨论的方式各抒己见，加深理解和认识。讨论分为线上和线下两种讨论方式，线上讨论主要是针对一些简单的问题，需要学生做出快速反应，线下则是对一些有理论深度的问题进行详细的探讨。

七、教学过程详案

【课程导入】

案例：对于中国人来说，有一个梦想延续千年，那就是"飞天梦"。2022年6月5日，"神舟十四号"载人飞船顺利发射升空，三位航天员将在为期六个月的时间内全面完成天宫空间站建造，建成国家太空实验室。从过去的"嫦娥奔月"到如今的航天员飞天，中国人的"飞天梦"终于成为现实。有网友总结道，"神舟"飞天，"嫦娥"揽月，"天宫"遨游，把古老的神话与梦想变成了现实，这是属于中国航天的浪漫。

实时互动 1（智慧课堂）：中国的飞天梦从梦想变为现实，我们从中可以发现理想与现实之间有什么关系呢？

关键词提取：差距、对立、实现、超越、社会、发展……

教师分析：同学们说的这些关键词也就是我们今天要讨论的主要问题。理想与现实之间究竟是什么关系，面对理想与现实之间的巨大差距，究竟如何超越现实，实现理想呢？对于广大青年学生来说，我们又该如何将个人梦与民族复兴梦相结合呢？

【问题一】超越现实，实现理想

1.正确认识理想与现实的辩证关系是实现理想的前提。

1957 年，苏联发射了世界上第一颗人造地球卫星"伴侣一号"。1958 年，美国成功发射"探险者一号"人造卫星。而此时的中国呢？1956 年，我国建立国防部第五研究院，也就是说，我国的航天事业刚刚起步。当我们看到理想与现实的巨大差距时，往往会出现这样两种情况：一是认为理想很完美，现实太让人失望，于是就会产生各种抱怨，用理想否定现实；二是认为现实就是现实，理想太渺茫，于是选择放弃理想。

理想与现实的对立。理想与现实之间的对立有三个表现：理想不等于现实，理想是在人脑中以观念的形式存在的主观预想；而现实是客观实际。理想是真善美的完美体现；现实却有好有坏，是不完美的。理想放眼未来，现实关注当下。如果我们只看到理想与现实的对立，很可能会产生前面说的两种错误认识。那么，理想与现实之间是不是只有对立呢？

理想与现实的统一。面对理想与现实的巨大差距，我们看看老一辈航天科研人员是怎么做的。

案例：闵桂荣，我国第一颗人造卫星的参研者，负责东方红卫星的热控制技术，在此之前，闵桂荣没有学过温控专业，当时我国的高校也没有这个专业。不仅如此，闵桂荣团队的平均年龄不到 25 岁，他们的航天知识几乎都为零。很难想象，他们是从参观天文馆入手，参与制造首颗卫星。闵桂荣和他的同事们白手起家，依靠自力更生，走出了一条具有中国特色的卫星研制之路，让世界为之震惊。

从他们的身上，我们可以看到，理想与现实之间不仅仅是对立的，同时也是统一的。

一方面，现实中包含着理想的因素，孕育着理想的发展，所有的理想都是在现实中产生的。正是因为我们科技发展落后、与发达国家有巨大差距的现实，才促使我们产生了发展航天事业的伟大理想。另一方面，理想中也包含着现实，既包含着现实中必然发展的因素，又包含着由理想转化为现实的条件。我国第一颗人造卫星发射成功，就是这些科研工作者们充满理想，并且立足现实，通过个人、集体和国家的共同努力，最终实现的理想。

辩证看待理想与现实的矛盾。所以，理想与现实之间是对立统一的关系，要实现理想就必须看到二者的辩证关系。既不要用理想否定现实，也不要因为现实不如意就放弃理想。二者的辩证关系实际上就是哲学中"应然"与"实然"的矛盾，假设二者是一致的，那么理想的存在也就毫无意义了。正是因为理想与现实之间有差距，才促使我们超越现实，追求美好的理想。

2. 确立坚定的信念是实现理想的必要条件。

既然理想与现实之间的差距是客观存在的，那么我们实现理想一定要具有坚定的信念，这是实现理想的必要条件。中国人从仰望太空到漫步太空，背后凝聚了几代中国航天人的坚定信念。这种坚定信念就是我们在实现理想的过程中一定要有战胜各种艰难险阻的信心和坚韧不拔的毅力。

理想实现的艰巨性。说起中国航天，大家首先想到的一定是钱学森同志，这位享誉世界的科学家，对我国航天事业的发展做出了奠基性的贡献。

案例：中国航天的起步是从弹道导弹，具体地说是从引进苏联 P-2 短程弹道导弹开始的，它的仿制型号就是"东风 1 号"导弹。在此基础上，突破从仿制到独立研发的难关，研制"东风 2 号"导弹，就成为建设我国导弹体系中必不可少的环节，也是我国导弹技术发展的一次飞跃。但要实现这种飞跃，谈何容易。1962 年，"东风 2 号"从酒泉发射场发射升空，导弹升空后很快失控，坠毁在戈壁中，炸出了一个直径 30 米的大坑，所有参试人员都傻了。第二天，钱学森带领技术人员奔赴发射基地，带领大家勘查现场、收集残骸，分析故障原因。面对士气低落的队伍，钱学森说："我在美国，每写一篇重要的论文，成稿没几页，可是底稿却装了满满一柜子，科学试验如果能够次次成功，那又何必试验呢？"经过三个月的分析研究，钱学森领导的故障分析小组对事故原因进行了全面总结。随后，经过改进的"东风2号"导弹发射成功，为我国航天事业的发展奠定了坚实的基础。

理想的超越性决定了理想实现本身就不可能是件容易的事情，一定会遇到各种阻碍和困难，只有克服阻碍、战胜困难，才能实现自己的理想和追求。所以，实现理想具有艰巨性。要超越现实、实现理想，就要有战胜困难的信念。正是因为无数像钱学森一样的老一辈科学家坚定信念、排除万难，才推动了中国航天事业的发展。

理想实践的曲折性。经过几十年的艰难发展，今天，当我们看到先进的中国空间站时，一种自豪感油然而生，可是我们很多人不知道，我们原本有机会更早实现"飞天梦"，只不过中间遭遇了很多曲折。

案例：1993年国际空间站完成设计，开始实施。有国家建议邀请中国参与国际空间站，但是却遭到美国的反对，美国认为太空空间站技术有军事用途，反对中国加入。而事实上，1992年我国政府就制定了载人航天工程"三步走"的发展战略，所以，中国的航天事业一开始走的就是独立自主的道路。从1992年到2021年，中国航天用了30年的时间，建成了自己的空间站，这30年并不是一帆风顺的。1996年在西昌发射国际708通信卫星，火箭点火升空22秒后发生爆炸，造成6人死亡，50多人受伤，这是中国航天史上最大的挫折。

除了这样大的事故之外，我国发展航天事业还遇到很多大大小小的失败。但是，这些失败并没有阻碍中国航天人前进的脚步，反而成为我们提高要求的动力。所以，要实现理想，就必然要接受理想实现过程中的曲折性，并且能够不放弃，最终才能实现理想。

理想实现的长期性。如今，我国的航天技术在很多领域处于世界领先水平。

案例：2019年1月3日，"嫦娥四号"探测器在月球背面成功着陆，并通过"鹊桥"中继星传回了世界第一张近距离拍摄的月背影像图。"嫦娥四号"在月球背面成功着陆之后，美国宇航局第一时间发来贺电，向中国表示祝贺，还称"嫦娥四号"成功登陆月球背面是人类历史上的首次，是一项"令人印象深刻的成就"。

"嫦娥四号"之所以会被历史铭记的背后，反映了中国航天长期以来的艰难探索，从1958年我国决定要自主研发卫星开始，中国用了60多年的时间去赶超世界上的其他国家，如今，我们终于与他们站在了同一起跑线，这是几代中国航天人长期努力的结果。所以，实现理想一定要做好长期准备，理想实现的长期性是对人们耐心和信心的考验。纵观人类社会的发展，任何一个伟大理想的实现都不是轻而易举的，都会遇到各种各样的困难和曲折，充满艰险和坎坷。对于同学们来说，我们树立远大的理想，也需要对实现理想的艰巨性、曲折性和长期性做好心理准备，有战胜各种艰难险阻的坚定信念和坚韧毅力。

3. 艰苦奋斗的实践是实现理想的重要路径。仅仅有坚定的信念还不够，实现理想最终靠的是我们艰苦奋斗的实践活动。

提到"艰苦奋斗"，大家很自然会想到老一辈航天人员，在极端艰苦的条件下，推动航天事业的发展。他们在物资匮乏的年代，一切都是从零开始。这些科研工作者不仅科研条件简陋，生活也十分艰苦，可是他们靠着自力更生、艰苦奋斗，创造了中国航天事业里程碑式的奇迹和壮举。正如习近平总书记给参与"东方红一号"任务的老科学家的回信中所说的，"当年，你们发愤图强、埋头苦干，创造了令全国各族人民自豪的非凡成就，彰显了中华民族自强不息的伟大精神"。

如今我国的航天人虽然在工作环境和科研设备方面与过去有了天壤之别，但是航天人艰苦奋斗的精神却传承了下来。

2022年，习近平总书记给中国航天科技集团空间站建造青年团队的回信中勉励广大航天青年，说"建设航天强国要靠一代代人接续奋斗。希望广大航天青年弘扬'两弹一星'精神、载人航天精神，勇于创新突破，在逐梦太空的征途上发出青春的夺目光彩，为我国航天科技实现高水平自立自强再立新功"。

其实，何止是航天事业发展需要艰苦奋斗。

实时互动2（随机提问）：那么在新时代，艰苦奋斗有哪些体现呢？

教师分析：在新时代，各行各业的青年在继续弘扬艰苦奋斗的精神。随着时代的发展，物质生活条件改善了、社会观念变化了，但是这些只是赋予艰苦奋斗新的时代内涵和实践要求，艰苦奋斗的精神是永远不会过时的。这个时代的艰苦奋斗，是运动员在赛场上，为了实现既定的目标，奋勇争先的进取意识；是边防战上为了守卫每一寸国土，不畏艰险的责任意识；是无数青年志愿者在疫情防控、脱贫攻坚中体现出来的敢于担当的奉献意识；是无数青年工人奋战在生产一线、建设一线，吃苦耐劳的崇高品质。

同学们也都有自己远大的人生理想，要实现理想一定要正确处理理想与现实之间的矛盾，既不要用理想否定现实，也不要用现实否定理想，而是坚定理想信念，在艰苦奋斗的实践中实现理想。习近平总书记曾说，"人类的美好理想，都不可能唾手可得，都离不开筚路蓝缕、手胼足胝的艰苦奋斗"。过去，我们的前辈靠着艰苦奋斗，将无数的梦想变成现实；未来，我们自然也要沿着前辈的足迹，继续发扬艰苦奋斗的作风，将更多的理想转变为现实。

【问题二】个人理想与社会理想的统一

案例：中国青年志愿者研究生支教团由共青团中央、教育部共同组织实施，从1998年开始组建，1999年开始派遣，采取自愿报名、公开招募、定期轮换的"志愿＋接力"方式，每年在全国部分重点高校中招募一定数量具备保送研究生资格、有奉献精神、身心健康的应届本科毕业生或在读研究生，到中西部贫困地区中小学开展为期一年的支教志愿服务，同时开展力所能及的扶贫服务。从2011年7月开始，支教团已并入团中央、教育部、财政部、人力资源和社会保障部共同实施的大学生志愿服务西部计划的基础教育专项实施，享受西部计划有关待遇政策。

实时互动3（智慧课堂）：根据案例分析，个人理想与社会理想之间的关系是什么？

教师分析：我们都理解个人为什么需要理想，但是很少去想一个社会为什么也要有共同理想。大家都读过《桃花源记》，里面有这样一段话："土地平旷，屋舍俨然，有良田美池桑竹之属。阡陌交通，鸡犬相闻。其中往来种作，男女衣着，悉如外人。黄发垂髫，并怡然自乐。"这是一千多年前魏晋文人陶渊明所作，里面表达了当时的人对于美好生活的期待。那么，时隔一千多年，我们心中的美好社会又是什么样的呢？和平、美丽、环境优美……其实这些就是我们心中的理想社会。从人类产生开始，人类从来就没有停止过对理想社会的追求。从空想社会主义到科学社会主义，从中国到西方，人类社会从未放弃过对未来美好生活的向往。从中国古代的大同社会到中国特色社会主义共同理想，人类从来没有中断去思考一个社会应该怎么样才是符合更多人的利益。这其实就是个人理想与社会理想之间的关系。

那么个人理想与社会理想之间究竟是什么关系呢？主要有以下两点：

一方面，个人理想以社会理想为指引。任何人的个人理想都是在社会中才能实现，正确的个人理想不是以个人主观愿望随意确定的，从根本上说它是由正确的社会理想确定的。同时，个人理想的实现，必须以社会理想的实现为前提和基础。因此，在整个理想体系中，社会理想是最根本、最重要的，个人理想从属于社会理想。

另一方面，社会理想是个人理想的凝练和升华。社会是个人的联合体，社会理想不是凭空产生的，也不是由外在力量强加的，而是建立在众人的个人理想基础之上的。社会理想归根到底要靠全体社会成员的共同努力才能实现。

实时互动4（课堂讨论）：从大学生个人发展的角度来分析个人理想与社会理想之间关系的现实表现。

教师分析：从大学生自身的生活来说，大学生的求学、就业都与社会的发展有着密切的联系。随着我国经济的快速发展，我国政府和高校建立了多种多样的资助方式，帮助经济困难的学生。此外，现在很多学生可以通过申请国家公派留学生项目留学海外，从本科生到硕士到博士，不同阶段都有相应的项目。如果国家积贫积弱，就不会有这么多钱投入教育，普通学生就没有那么多机会了。而对于在海外工作的人来说，国家的强弱会让人有更加深刻的体会。无论是电影《战狼2》，还是华为的孟晚舟女士回国事件，其实向我们展现了一个强大的国家对这个国家的公民来说也是一种至高无上的荣誉。

个人理想与社会理想的关系就意味着，大学生对自己未来生活的追求和向往不能脱离当代中国的社会现实。其一，大学生要将个人理想与中国特色社会主义共同理想相结合。在当前的中国，我们每个人的个人理想只有与整个社会的共同理想相一致，个人理想的实现才有保障，而共同理想的实现也才有了更加坚实的群众基础。相反，如果我们的个人理想与社会共同理想相违背，那个人理想的实现就没有保障，甚至个人理想本身也是错误的。再者，大学生要立志做大事。"得其大者可以兼其小。"只有把人生理想融入国家和民族的事业中，才能最终成就一番事业。

2013年5月2日，在给北京大学考古文博学院2009级本科团支部全体同学的回信中，习近平总书记肯定了同学们立志为实现中华民族伟大复兴的中国梦而奋斗的理想和追求，勉励当代青年"珍惜韶华、奋发有为，勇做走在时代前面的奋进者、开拓者、奉献者，努力使自己成为祖国建设的有用之才、栋梁之材，为实现中国梦奉献智慧和力量"。

【问题三】评判社会好坏的标准

实时互动5（智慧课堂）：你认为评判社会好坏的标准是什么？

教师分析：当我们说到一个社会是好的社会时，一定离不开这几点：经济繁荣、政治民主、环境优美、人民幸福……实际上在诸多的理想社会模式中，经济发展和政治民主这两点要素是最为基本的。

经济繁荣发展是各个国家都期望的，但是如何发展经济，实现经济繁荣，显然每个国家都有不同的态度。在我国，也曾出现过"宁要社会主义的草，不要资本主义的苗"的思想。对于"什么是社会主义"也存在片面的认识，认为私营经济和市场经济都是资本主义特有的现象。对于生产关系与生产力的关系出现过认识错误。后来，邓小平打破思想的束缚，提出了市场经济没有姓"资"姓"社"之分，推动了改革开放和社会主义市场经济的发展。生产力是经济发展的重要指标，马克思曾明确指出，生产关系要适应生产力的发展，当生产关系适应生产力发展的时候就能促进生产力的发展，当生产关系不适应生产力发展的时候就会阻碍生产力的发展。可见，生产关系的建设和改变，必须立足国情。伴随着中国经济的高速发展，我们又意识到，以经济建设为中心不能以牺牲环境为代价，要提倡绿色 GDP，走可持续发展的道路，提出"绿水青山就是金山银山"。当前，中西方对于什么样的经济制度更加能够发展生产力依然颇具争议，尤其是在私有制程度和国家调控力度等方面难以达成共识。虽然都希望繁荣经济，但是究竟如何实现经济繁荣，是不是为了经济繁荣就可以不惜一切代价？在这个问题上，显然中国做得很好，我们要繁荣经济，但是繁荣经济最终是为了人民的美好生活，所以，牺牲人民的生命、环境等为代价去片面追求发展的思路显然是不可取的。

其次是政治民主。民主本身并不是个坏东西，但是很多人却错误地认为，西方的选举民主才是真正的民主，西方社会甚至用"威权主义"来评价中国。但实际情况是，中国的经济却在各种国外势力的诋毁中实现了几十年的高速发展，中国在脱贫攻坚和疫情防控中取得了让世界为之惊叹的成效。所以，不可把西方民主制度当作解决一切问题的良药，西方民主也不是衡量政治制度好坏的标准。

既然不同国家对于经济发展和政治民主的态度不一样，那么我们如何判断一个社会好不好呢？从改革开放开始，特别是中东欧剧变、苏联解体之后，唱衰中国的舆论在国际上不绝于耳，各式各样的"中国崩溃论"从来没有中断过。但是，中国非但没有崩溃，反而综合国力与日俱增，人民生活水平不断提高，"风景这边独好"。所以，社会好还是不好，终究还是要看是不是符合人民的根本利益，是不是能够让人民过上幸福的生活。2012年，刚刚履新中共中央总书记的习近平同中外记者见面时就说，"人民对美好生活的向往，就是我们的奋斗目标"。在千余字的演讲中，19次提到"人民"。五年后，党的十九大，面对中外记者，习近平总书记的演讲同样聚焦于人民，"全面建成小康社会，一个不能少；共同富裕路上，一个不能掉队"。"以人民为中心"既是对马克思主义人本思想的继承，同时也是对中国传统文化中大同社会的时代解读。

八、课堂总结

1. 总结内容：理想看上去很美，但要实现绝不是件容易的事情，需要大学生正确对待理想与现实之间的辩证关系，同时要将个人理想与社会理想结合起来，将美好的青春融入中国梦的伟大实践中。

2. 调查反馈：针对本次课的学习，还有哪些疑问？（智慧课堂）

3. 引出新课：在实现中国梦的过程中，必须弘扬中国精神，可是曾经有西方学者认为中国没有精神，我们如何认识中国精神并弘扬中国精神呢？

九、作业安排

1. 请大家收听音频《在实现中国梦的生动实践中放飞青春梦想》，分小组讨论，思考大学生该如何面对理想与现实之间的矛盾。

2. 阅读《在庆祝中国共产主义青年团成立100周年大会上的讲话》，思考青年大学生如何将个人青春与祖国发展相统一。

十、课堂延伸

1.《中共中央关于党的百年奋斗重大成就和历史经验的决议》，人民出版社，2021年。

2. 习近平：《在庆祝中国共产主义青年团成立100周年大会上的讲话》，人民出版社，2022年。

3. 毛泽东：《青年运动的方向》，《毛泽东选集》（第2卷），人民出版社，1991年。

4. 邓小平：《一靠理想二靠纪律才能团结起来》，《邓小平文选》（第3卷），人民出版社，1993年。

5.《中国精神》编创组：《中国精神：中国共产党人的奋斗故事》，中共中央党校出版社，2020年。

第八讲　社会主义核心价值观"VC"之密

一、教学理念

1.以多样化的教学手段推动教学方式的创新。目前，新媒体技术在课堂教学中的运用主要是实时互动平台的运用，通过互动平台的数据分析功能，能够让教师更加精准地发现学生的问题。传统课堂中的探讨则能够直接、深入地对一些重点问题进行讨论，增加对问题的深入认识。

2.以大思政课格局引发学生的济世情怀。社会主义核心价值观不仅仅是一个理论问题，也是一个现实问题，中国特色社会主义事业的发展需要社会主义核心价值观的理论支撑，同样社会主义发展的成就也离不开社会主义核心价值观的确立，在课堂中充分运用各种现实案例，更加能够激发学生的济世情怀。

二、学情分析

（一）提出问题，了解学情（智慧课堂）

1.你认为自由是属于西方资本主义的价值观念吗？（选择题）

2.你是否认同社会主义核心价值观中的内容？（选择题）

3.你认为一个国家是不是一定需要核心价值观？（选择题）

4.你觉得如果一个国家没有核心价值观会如何？（简答题）

（二）分析问题，总结学情

知识基础：大一学生，无论在高中阶段选修文科还是理科，对社会主义核心价值观的掌握还只是停留在对知识了解的程度，对社会主义核心价值观的内在逻辑性认识不足，对提出社会主义核心价值观的重要意义还没有深刻认识。同时，很多学生对于社会主义核心价值观中的自由、平等、民主等价值观念与西方社会倡导的价值观之间的区别缺乏客观全面的认识，甚至有一些学生错误认为，这是对西方价值观念的照搬。这些深层次的问题都需要在教学中重点关注。

学习能力：经过一段时间的学习，学生对于本课程的理论性与现实性有了初步的了解，同时对于本课程所关注的问题也有了比较全面的认识，学生对于理论问题的探讨也更加积极，但是对理论问题的认识能力还需要继续提升。

学习态度：大一学生思想淳朴，对学习也充满热情，但是对于以前选修文科的学生而言，这部分的内容可能在中学阶段学习过，所以会有一种不屑，需要通过内容吸引学生，通过情感引导学生。

三、教学目标

（一）知识目标

1.能够大致清楚价值观、核心价值观、社会主义核心价值观的内涵。

2.能够清楚表述社会主义核心价值观的内容，以及内容之间的内在逻辑关系。

3.对社会主义核心价值观有何意义有大致了解。

（二）能力目标

1.通过对社会主义核心价值观的学习，能够对社会主义核心价值观内容有深刻的理解，而非停留于表面。

2.能够认识社会主义核心价值内部的逻辑结构，并且能够用社会主义核心价值观指导生活实践。

（三）情感目标

1.帮助大学生将社会主义核心价值观与自己的生活、学习相结合。

2.帮助大学生深化对社会主义核心价值观的认同，并将这种认同从理论转化为实践。

四、教学内容分析

本讲是整个教学体系"精神'VC'系列"之一：社会主义核心价值观"VC"之密。"VC"是人体必需的一种维生素，但是人体自身无法合成，将社会主义核心价值观比喻为人体重要元素"VC"，一是因为核心价值观对于一个国家的发展确实至关重要；另一方面字母"V"代表了核心价值观"Core values"，字母"C"则是代表了"C位"，表明社会主义核心价值观在整个教学体系中的核心位置，是贯穿于整个教学内容的，因此第四章在整个课程中具有承上启下的作用。而本讲"社会主义核心价值观'VC'之密"则是解密社会主义核心价值观，涉及教材第四章第一节的内容。这部分内容的学习就是要帮助学生认清究竟什么是社会主义核心价值观，社会主义核心价值观有哪些内容，以及社会主义核心价值观的价值有哪些。具体来说，本讲的主要内容有以下三个方面：价值观、核心价值观与社会主义核心价值观的概念；社会主义核心价值观的基本内容；社会主义核心价值观的重要意义。

五、教学重、难点及化解策略

（一）教学重点及化解策略

本讲的重点内容有两个：

1. 社会主义核心价值观的内容是什么？

2. 社会主义核心价值观的意义是什么？

化解策略：

1. 从部分到整体：学生对社会主义核心价值观的内容并不陌生，所以如果仅仅只是对核心价值观的 12 个词进行逐个分析，可能会让这部分的内容变得很枯燥，但是这个问题又是本讲的重点问题之一，为了化解这一矛盾，本讲采取从部分到整体的策略，对社会主义核心价值观中学生疑问比较大、社会质疑比较多的概念进行重点剖析，最后再回到社会主义核心价值观的整体内在逻辑的解析。

2. 从具体到抽象：大学生学习社会主义核心价值观重点是要弄清楚为什么，这是大学生践行社会主义核心价值观的前提，但是意义问题一般也是比较抽象的，对于很多学生来说感觉会比较空。因此，探讨意义问题也需要从具体出发，通过具体的案例分析来帮助学生理解抽象的意义。

（二）教学难点及化解策略

本讲的难点内容有一个：

社会主义核心价值观和社会主义核心价值体系之间的关系。

化解策略：

化繁为简、抓住关键：这个问题是很多学生困惑的问题，学生的困惑点在于为什么有了社会主义核心价值体系还需要社会主义核心价值观，二者之间究竟是什么关系。二者的关系问题是一个非常重大的理论问题，需要从发展历程、理论基础、相互关系等多个角度予以回答，显然对于课堂教学来说是不现实的。所以，针对这一矛盾，本讲采取化繁为简的策略，重点对二者的联系，尤其是从理论承接的角度分析二者的关系。

六、教学方法

本讲在教学方法上主要运用案例讨论法和理论讲授法，通过对一些具有争议性问题的讨论和一些具有冲突性现象的比较，实现讲道理的目的。

互动教学法：对重要理论问题，尤其是存在观点争议时，通过讨论的方式各抒己见，加深理解和认识。

理论讲授法：通过教师对学生存在理论盲区的理解，对理论问题进行层层剥离和分析，让学生在逻辑分析中加深对理论的认识和理解。

案例讨论法：对于社会主义核心价值观的重要意义，需要通过一些案例，尤其是中西方的案例对比加以说明，从而让学生感受到我国价值观的优越性。

七、教学过程详案

【课程导入】

2020 年新冠肺炎疫情暴发之后，美国民众不满政府颁布的居家令，多地民众举行抗议示威，造成大规模聚集和对抗。而在中国，哪里有疫情，哪里就有白衣执甲的医护人员，民众积极配合居家观察，主动参与抗"疫"志愿服务。

实时互动 1（智慧课堂）：面对疫情来袭，为什么中美两国出现如此大的差异呢？

关键词提取：自由、人权、民主、集体主义、利己、利他、团结、以人为本……

教师分析：不少同学都是从价值观的层面找原因，他们看问题很准确。

习近平总书记曾说："我们生而为中国人，最根本的是我们有中国人的独特精神世界，有百姓日用而不觉的价值观。"而面对疫情，中美两国从民众到政府表现的不同，背后实际上就折射出我们价值观念的不同。

【问题一】为什么需要核心价值观

实时互动2（随机提问）：价值观在哪些方面会影响我们？

教师分析：价值观对个人的影响是全面而且深刻的，那么社会呢？如果一个民族、一个国家没有共同的核心价值观，莫衷一是，这个民族、这个国家就无法前进。

习近平总书记指出，"人类社会发展的历史表明，对一个民族、一个国家来说，最持久、最深层次的力量是全社会共同认同的价值追求"。

什么是核心价值观呢？核心价值观是一定社会形态、社会性质的集中体现，在一个社会的思想观念体系中处于主导地位，体现着社会制度的阶级属性、社会运行的基本原则和社会发展的基本方向。核心价值观，承载着一个民族、一个国家的精神追求，体现着一个社会评判是非曲直的价值标准。

那么，从一个国家的角度来说，核心价值观为何重要呢？

1. 核心价值观是立国之必需。

从国家管理的层面来看，每个国家都有它的立国价值，换句话说，任何一个社会、任何一个国家都必须有一套核心价值体系来维系社会秩序的正常运转，不同的只是表述方式和具体内容而已。"有没有"是首要问题，"准不准""精当与不精当"则是后一个问题。首先必须有，这是一个在精神上、价值上立国的大问题。就像一个家庭必须有共同的生活理念，否则这个家庭会解体，一个国家也必须有共同的"国家理念"，否则这个国家民族就会魂无定所、行无归依。在这一点上，古今中外概莫能外。

中国共产党作为一个成熟大党，清醒、自觉地认识到了这个问题。我们党明确提出培育和践行社会主义核心价值观，本质上就是要巩固、强化全党全国各族人民团结奋斗的共同思想基础。共同的思想基础，是一个党、一个国家、一个民族赖以存在和发展的根本前提，相当于一个社会方向盘、国家稳定器，是立国之必需。否则的话，就会产生"道不同，不相为谋"的大麻烦。没有共同的思想基础，政党会瓦解、国家会分裂、民族会解体，所以是"立国价值"。西方大思想家、哲学家黑格尔也有一个类似的观点，他说：国家不是建立在物质上，而是建立在精神上、思想上的。如果一个国家在精神上垮掉了，这个国家也就垮掉了。黑格尔的观点虽然属于历史唯心论，但却从另一个角度告诉我们这种立国价值的极端重要性。

2. 关系国家安全。

从20世纪80年代甚至更早开始，政治安全问题已经引起越来越多国家的高度重视。而意识形态安全则是一个国家政治安全的核心，是国家安全体系中非常重要的内容。当一个国家的意识形态安全遭到侵害或破坏，这个国家的安全将不再可能真正存在，甚至会失去真正意义上的国家独立。意识形态安全对于维护国家政治稳定、保障经济社会发展具有极其重要的作用。在经济全球化背景下，维护意识形态安全已经成为主权国家，特别是多民族大国不能回避的一个严峻课题。

案例：1987年，苏联领导人戈尔巴乔夫撰写了《改革与新思维》，戈尔巴乔夫在书里声称他的新思维，就是"政治立场应当摆脱意识形态的狭隘偏见"，"争取国家间关系非意识形态化"，等等。1989年，世界知识出版社出版了由美国前总统尼克松撰写的《1999，不战而胜》，美国试图通过意识形态入侵来战胜苏联。在这场意识形态之战中，戈尔巴乔夫这方因为"城头变换大王旗"，造成严重的思想混乱，最后一败涂地。

3. 关系综合国力。

在当代国际竞争中，一个国家的强弱，不仅取决于军事力量、经济力量或某一单方面的力量，更主要的取决于综合国力。综合国力是指一个主权国家赖以生存与发展所拥有的全部实力及国际影响力的合力。

综合国力的内涵非常丰富，它的构成要素中既包含自然的，也包含社会的；既包含物质的，也包含精神的；既包含实力，也包含潜力，以及由潜力转化为实力的机制，是一个国家政治、经济、科技、文化、教育、国防、外交、资源等要素有机关联、相互作用的综合体。国际上还有一种简单的划分方法，认为综合国力既包括经济、军事等硬实力，又包括文化软实力。

党的十七大明确提出，"文化软实力是综合国力的重要组成部分"。中国古语说，"一时之强弱在力，千古之胜负在理"。古人讲"无用之用，是为大用""不战而屈人之兵""上兵伐谋""攻心为上""天时不如地利，地利不如人和"等，讲的都是软实力的重要性。我们党以前虽然没有使用"软实力"这个概念，但是，以往我们所强调的"以科学的理论武装人，以正确的舆论引导人，以高尚的精神塑造人，以优秀的作品鼓舞人"、社会主义精神文明建设、中国特色社会主义文化建设、加强思想道德建设、思想政治教育、党的思想政治建设、科教兴国、弘扬优秀的传统文化、加强社会主义核心价值体系建设、建设社会主义文化强国等，其实都是在加强文化软实力建设。

立国之必需、关系国家安全、关系综合国力——这些讲的都是"为什么"，旨在帮助学生透彻理解党和国家高度重视社会主义核心价值观问题的背后究竟是为什么，从思想深处理解并认同。

【问题二】社会主义核心价值观的内容及内在逻辑

实时互动3（智慧课堂）：如果你碰到老人摔倒扶不扶？如果被人讹怎么办？

教师分析：从这个问题本身来说，实际上是一个开放性问题，助人为乐是中华民族的传统美德，美德提倡我们遇到老人摔倒应该要扶，但是因为种种现实问题，很多人不敢扶或者不愿意扶，这其中实际上就有价值观的影响。个人的诚信与友善、社会的正义与法治、国家的文明与和谐三个层面都会影响个体的判断和行为选择。所以，关于这个问题，社会主义核心价值观实际上给我们指明了方向，告诉我们应该怎么选择才是对的。

实时互动4（随机提问）：我国社会主义核心价值观中也有自由、民主、法治，这是对西方价值观的照搬吗？

教师分析：一方面，西方价值观中的民主、自由、平等、公正、法治是人类文明的产物，不是资本主义的专属；另一方面，我国社会主义核心价值观中的自由、民主、法治不是对西方价值观的照搬，我们的自由是"消灭私有制、消灭阶级压迫和阶级剥削的自由"，我们的民主是"全过程人民民主"，我们的法治是"中国特色社会主义法治"。

【问题三】社会主义核心价值观的意义

1. 对社会发展有何意义？

理论的角度。人类社会的每一次进步，实际上都伴随着文化的进步，价值观也更加的先进。在文艺复兴时期，个性自由的价值观在反对中世纪的宗教神学方面发挥了重大作用；启蒙运动和法国大革命时期提出的自由、平等、博爱的价值理念，使资本主义价值观具有更加广泛的世界影响。社会主义运动以马克思主义理论为指导，提出在生产力高度发展和生产资料公有制的基础上，建立人人平等、公平正义的社会，无疑是迄今为止人类最先进、最广泛的价值追求。人类社会的发展伴随着理论的发展和进步，所以，从理论的角度来看，社会主义核心价值观是推动我国社会继续向前发展的价值引领。

历史的角度。一个社会如果没有核心价值观会怎么样呢？同学们可能会觉得这个问题很抽象，那么我们来看一个具体的例子。1917年，俄国十月革命胜利，此时，苏共拥有35万党员；1945年，苏联战胜德国，此时苏共拥有554万党员；1991年，苏联解体，此时苏共有2000万党员。大家想想，这样一个大党为何导致苏联的解体呢？美国的和平演变、军备竞赛，没错，这些都是原因，而且是外因，并且外因方面大家还忽略了一点，那就是西方国家的价值入侵。1945年，美国中央情报局官员杜勒斯在众议院会议上谈瓦解苏联的目的、任务和手段，杜勒斯说，"人的脑子，人的意识，是会变的。只要把（他们的）脑子弄乱，我们就能不知不觉地改变他们的价值观念，并迫使他们相信一种经过偷换的价值观念"。价值观的入侵，导致无产阶级丧失了意识形态领域的主导地位，导致形形色色错误的乃至反动的理论泛滥成灾。除了外因之外，有没有内因？当然有，体制僵化、放弃马克思主义也就是路线错误，还有吗？戈尔巴乔夫在他的《改革与新思维》里声称他的新思维，就是"政治立场应当摆脱意识形态的狭隘偏见"，"争取国家间关系非意识形态化"等。在这场意识形态之战中，戈尔巴乔夫这方因为"城头变换大王旗"，造成严重的价值混乱，最后一败涂地。这也告诉我们，社会要发展，一定要有自己的核心价值观。而社会主义的发展，一定要坚持马克思主义的指导，坚定共产主义理想信念，践行社会主义核心价值观。

现实的角度。在现实生活中，核心价值观的意义也体现得十分明显。

案例：2022年5月18日，光明网转发了一篇标题为"建议限制外地人免费隔离，武汉回复获点赞"的文章。文章是在上海解封之后，针对有人提出了限制外地人免费隔离的政策，武汉官方回复是，武汉人要有感恩之心，要有大胸怀，大家都是手足同胞。

在全国各地疫情防控形势都很严峻的情况下，是什么原因让武汉政府做出免费隔离政策？原因可能有很多，但其中也包含了价值观的引领。我们是社会主义国家，这就意味着，我们不仅要不断完善经济、政治、文化、社会和生态文明等各方面的制度，同时还要不断探索社会主义在精神和价值方面的本质规定性。社会主义核心价值观明确了中国特色社会主义事业到底追求什么、反对什么。明确中国特色社会主义要朝着什么方向走、不能朝什么方向走。社会主义核心价值观用简洁明了的词语告诉我们"贫穷不是社会主义，发展太慢也不是社会主义""平均主义不是社会主义，两极分化也不是社会主义""没有民主就没有社会主义，就没有社会主义现代化""物质贫乏不是社会主义，精神空虚也不是社会主义"。因此，无论是从理论本身的先进性、历史的教训，还是从现实需求的角度，我们发现社会主义核心价值观就是坚持和发展中国特色社会主义的价值遵循。

2. 提高国家文化软实力的迫切要求。

实时互动5（随机提问）：2021年全球电影排行榜，其中前十名中7部都是美国电影。美国影片在宣传什么价值观呢？

教师分析：从《蜘蛛侠》《超人》再到《2012》，"救世主们"一次次让美国扮演拯救世界的角色，让观众在不知不觉中认同美国具有拯救并主导世界的天然能力。这就是软实力的力量。美国哈佛大学肯尼迪政治学院院长约瑟夫·奈于20世纪80年代首先提出"软实力"概念。软实力是相对于经济、军事等硬实力而言的，是国家综合国力的重要组成部分，特指一个国家依靠政治制度的吸引力、文化价值的感召力和国民形象的亲和力等释放出来的无形影响力。习近平总书记曾指出，提高国家文化软实力，关系"两个一百年"奋斗目标和中华民族伟大复兴中国梦的实现。而文化软实力的竞争，本质上是不同文化所代表的核心价值观的竞争。所以，越来越多的国家把提升文化软实力作为国家战略。对于我国而言，培育践行社会主义核心价值观就显得更加重要。

首先，有利于增进国际社会对中国的理解。

2014年，习近平总书记在中法建交50周年纪念大会上说："拿破仑说过，中国是一头沉睡的狮子，当这头睡狮醒来时，世界都会为之发抖。中国这头狮子已经醒了，但这是一只和平的、可亲的、文明的狮子。"

如果说"东方睡狮"的比喻代表了近代中国的主要形象，那么习近平总书记现在提出的"和平的、可亲的、文明的狮子"的比喻，既树立了新的国家形象认知，又诠释了中国坚持走和平发展道路的价值主张。这些价值理念都在社会主义核心价值观中有深刻体现。

其次，有利于增强社会主义意识形态的竞争力。改革开放四十多年，中国在世界上逐渐展示出了"社会主义国家""发展中国家""改革开放国家"等国家形象。然而，一些西方媒体却置事实不顾，屡屡抛出"中国威胁论"等不当言论，妄图"妖魔化中国"。"中国威胁论"实质上是某些西方国家企图制约中国崛起的政治手段之一。面对"中国威胁论"的攻击，在国际上有力传播中国的核心价值观念，能够更好地塑造负责任的大国形象，有利于增强社会主义意识形态的竞争力，掌握话语权，为我国发展创造良好的国际舆论环境。

有利于增强中国人的文化自信心。党的十九届四中全会明确提出"坚持以社会主义核心价值观引领文化建设制度"，就是把社会主义核心价值观体现到国民教育、精神文明创建、文化产品创作生产全过程。具体到文化产品领域，就是文化产品要弘扬主流价值观。从国际竞争的角度来说，社会主义核心价值观是提高国家文化软实力的迫切要求。

　　案例：这些年，我们有一大批优秀的影视作品走出国门，受到外国观众的喜欢，一名长期收看中国电视剧的泰国观众在接受采访时说，"除了电视剧情吸引观众外，我们从现代剧中可以看到当代中国的快速发展变化"。不仅是影视作品出口，近年来，中外媒体机构加强合作，拍摄了一批高质量的作品，比如中印合拍电影《功夫瑜伽》，中美合拍电影《我们诞生在中国》，中国与捷克合拍动画片《熊猫与小鼹鼠》，中国与新西兰等国合拍纪录片《大太平洋》等，这些优秀作品不仅受到了国内外观众的欢迎和肯定，也为其他国家了解中国发挥了积极作用，增强了中国人的文化自信。

　　3. 对民族团结有何意义？

　　形成共识。当前，中国社会的发展面临着经济转型、体制改革和利益调整，再加上经济全球化的影响，社会思想领域日趋多元、多样、多变，各种思潮此起彼伏，各种观念相互碰撞，所有这些表现出来的是具体利益、观念观点之争，但是折射出的却是价值观的分歧。而要消除多元价值观带来的思想混乱，就需要寻找到大家普遍认同的"最大公约数"，社会主义核心价值的产生就是在这个拥有14多亿人口、56个民族的大国中形成的"最大公约数"，能够最广泛地形成价值共识。

　　凝聚人心。社会主义核心价值观中每一个词，都是反映了我国人民对美好生活的期盼。

　　案例：党的十八大以来，党中央、国务院以前所未有的力度推进脱贫攻坚。经过八年接续奋斗，我国农村贫困人口全部脱贫，绝对贫困得以消除，区域性整体贫困得到解决，脱贫攻坚战取得全面胜利。全国832个贫困县全部摘帽，近1亿农村贫困人口实现脱贫，960多万贫困人口实现易地搬迁。

　　脱贫攻坚能够最终取得胜利，充分体现了社会主义核心价值观中"富强"这一价值追求。而一个社会只有具备核心价值观，才会具有强大的凝聚力和向心力。

　　这些年，我们在乡村振兴、脱贫攻坚、法治中国建设等方面所取得的一系列成果，无不体现了社会主义核心价值观的先进理念，同时也证明了社会主义核心价值观让我国人民产生了一股团结奋斗的强大精神力量。党的十八大以来，习近平总书记反复强调社会主义核心价值观有"两个关乎"：关乎国家前途命运；关乎人民幸福安康。

　　习近平总书记曾指出"核心价值观承载着一个民族、一个国家的精神追求，是最持久、最深层的力量。广大青年要从现在做起，从自己做起，勤学、修德、明辨、笃实，使社会主义核心价值观成为自己的基本遵循，并身体力行大力将其推广到全社会去，努力在实现中国梦的伟大实践中创造自己的精彩人生"。

八、课堂总结

　　1. 总结内容：本次课围绕社会主义核心价值观，从三个方面探讨了社会主义核心价值观是什么及为什么的重要问题，对本节的重要内容——社会主义核心价值观的意义再次进行强调总结。

　　2. 调查反馈：针对本次课的学习，还有哪些困惑？（智慧课堂）

　　3. 引出新课：弘扬和践行社会主义核心价值观，还需要对社会主义核心价值观的优势有基本的了解。

九、作业安排

　　1. 阅读《中国的民主》白皮书，思考不同社会意识形态下价值观的不同内涵。

2.阅读《新时代的中国青年》白皮书，思考新时代中国青年在传播中国价值观念方面可以做什么。

3.以小组为单位拍摄一段3分钟的微视频，要求能够反映社会主义核心价值观的内涵或者对社会主义核心价值观的理解。

十、课堂延伸

1.习近平：《培育和弘扬社会主义核心价值观》，《习近平谈治国理政》（第一卷），外文出版社，2018年。

2.习近平：《青年要自觉践行社会主义核心价值观》，《习近平谈治国理政》（第一卷），外文出版社，2018年。

3.《关于培育和践行社会主义核心价值观的意见》，人民出版社，2013年。

4.习近平：《正确认识和把握我国发展重大理论和实践问题》，《求是》，2022年，第10期。

5.习近平：《关于坚持和发展中国特色社会主义的几个问题》，《求是》，2019年，第7期。

6.宇文利：《中国人的价值观》，中国人民大学出版社，2012年。

第九讲　社会主义核心价值观"VC"之质

一、教学理念

1.以多样化的教学手段推动教学方式的创新。本课程全程使用智慧课堂平台辅助教学，在本讲中，智慧课堂平台的运用能够帮助教师快速了解学生对问题、现象的看法，及时了解对知识点掌握的程度。同时，小组研讨式教学也能够帮助学生尽快进入角色，快速对一些重点问题进行深入讨论，增加对问题的深入认识。

2.以大思政课格局引发学生的价值自信。本章的落脚点是价值观践行，但是第二节"社会主义核心价值观的显著特征"却是践行的关键环节。这部分的内容决定了学生能够树立价值观自信，能够产生践行的意愿。所以要充分运用现实对比、理论剖析等方式，让学生在大思政氛围中感受社会主义核心价值观的优势。

二、学情分析

（一）提出问题，了解学情（智慧课堂）

1. 你认为是否存在"普世价值"？（选择题）

2. 你认为社会主义核心价值观是真实可信的吗？（选择题）

3. 你认为一个国家核心价值观确立的依据是什么？（简答题）

（二）分析问题，总结学情

知识基础：在前面一节中，学生对核心价值观的内容和重要意义已经有了一定的认识。但是不少学生受到西方价值观的影响，对于社会主义核心价值观的先进性只是有一些感性的认识，不能系统深入理解社会主义核心价值观自信的来源。比如有学生认为存在"普世价值"，甚至认为"普世价值"就是"自由、平等、人权"等；在以往的课堂教学中，针对这一问题做出的调查，选择认为存在"普世价值"的学生几乎超过50%，所以这个问题是需要讲清楚的。另外，"普世价值"与全人类共同价值之间的本质区别是什么？为什么社会主义核心价值观是真实可信的？这些问题也都是学生的困惑所在。

学习能力：大一学生通过前面的学习，逐渐形成了对理论问题分析的能力，但是还需要通过教师的引导形成对理论的更加深入的认识。从已有的课堂情况来看，学生都很关注现实问题，但是大多数学生对理论问题的思考往往停留在表层，思考停留在表层与渴望深层次理解之间的矛盾需要通过教师的引导进行化解。

学习态度：大一学生思想淳朴，对学习也充满热情，但是对于以前选修文科的学生而言，这部分的内容可能在中学阶段学习过，所以会有一种不屑，需要教师通过内容吸引学生，通过情感引导学生。

三、教学目标

（一）知识目标

1.掌握社会主义核心价值观的价值理念。

2.清楚理解社会主义核心价值观的价值立场。

3.对社会主义核心价值观的真实性有清晰认识。

4.认识"普世价值"的虚伪性。

5.清楚"全人类共同价值"与"普世价值"的不同。

（二）能力目标

1.在掌握知识的基础上，能够对中西方不同价值的本质进行比较。

2.能够通过社会现象探索背后的价值观差异。

（三）情感目标

1.树立社会主义核心价值观自信。

2.对西方价值观的渗透保持清醒的认识。

四、教学内容分析

本讲是整个教学体系"精神'VC'系列"之二：社会主义核心价值观"VC"之质，即对社会主义核心价值观本质特性的分析，该节段涉及教材第四章第二节的内容。第四章在整个课程中具有承上启下的作用，在整个课程中贯穿始终。而本讲在整个第四章中也具有承上启下的作用。一方面是承上，在上一节分析了社会主义核心价值观的内容和意义之后，对社会主义核心价值观的显著特点进行分析；另一方面是启下，通过对显著特点的分析，让学生感受社会主义核心价值观的优势，才能进入到下一个践行问题。具体来说，本讲的主要内容有以下四个方面：社会主义核心价值观的价值理念；社会主义核心价值观的价值立场；社会主义核心价值观的道义力量；正确认识"普世价值"。

五、教学重、难点及化解策略

（一）教学重点及化解策略

本讲的重点内容有两个：

1. 社会主义核心价值观的价值理念。

2. 社会主义核心价值观的价值立场。

化解策略：

1. 关注现实、升华认识：社会主义核心价值观的价值理念是要通过对理论来源的梳理来说明社会主义核心价值观理念的先进性，但是这样做很可能会导致学生的排斥心理，无法将这一重要问题讲清楚。针对这一问题，本讲从最新发生的现实问题入手，让学生思考导致差异的原因，自己探索理念的差异。

2. 从特殊到一般：价值立场本身是一个抽象的问题，但是该问题聚焦于人民性，所以又体现出具体性。要讲清楚社会主义核心价值观的人民性立场，实际上有许多的案例支撑，但是为了让案例更加有感染力，就不能面面俱到，所以针对这一问题，采取从特殊到一般的策略，通过国外媒体对中国的质疑和网友的回应以及相关的拓展，来彰显社会主义核心价值观的人民性立场。

（二）教学难点及化解策略

本讲的难点内容有一个：

正确认识"普世价值"。

化解策略：

直面问题、理据结合："普世价值"问题是一个容易让学生有错误认识的问题，在以往的课堂调查中，几乎有一半的学生都认为存在"普世价值"，若不对这一问题有清楚的认识，学生就容易受到西方意识形态的影响。所以，这个问题不仅要回应，而且要理直气壮地直面问题，通过理论和现实的对比，揭示"普世价值"的本质和危害。

六、教学方法

本讲在教学方法上主要运用案例比较法、理论讲授法和小组讨论法，尤其是通过中西方价值观的比较，凸显社会主义核心价值观的特征。

案例分析法：对于社会主义核心价值观的显著特征，需要通过一些案例，尤其是中西方的案例对比加以说明，从而让学生感受到社会主义核心价值观的优越性。

理论讲授法：通过教师对学生存在理论盲区的理解，对理论问题进行层层剥离和分析，让学生在逻辑分析中加深对理论的认识和理解。比如，针对"普世价值"的问题，不少学生没有正确的认识，需要教师从理论上进行阐释。

小组讨论法：对一些可能存在争议的问题，通过组织讨论的方式让学生各抒己见，再将小组讨论的结果进行分享，教师对学生的观念进行归纳和总结，形成对问题的系统性认识。

七、教学过程详案

【课程导入】

习近平总书记指出："当今世界，要说哪个政党、哪个国家、哪个民族能够自信的话，那中国共产党、中华人民共和国、中华民族是最有理由自信的。"

引出：现在的我们讲价值观自信，为什么自信呢？凭什么自信呢？

【问题一】社会主义核心价值观的价值理念

案例：美国得克萨斯州南部尤瓦尔迪市当地时间 2022 年 5 月 24 日发生枪击事件，造成 21 人死亡，其中包括 19 名儿童。不少枪击案遇害孩子的家长疾呼美国政府加强控枪，可是美国政府迟迟无法实施。

实时互动 1（随机提问）：号称"人权卫士"的美国，为什么民众最基本的生命权都无法保障？

教师分析：价值观是对一个社会的经济制度、政治制度和文化传统的反映。不同社会会根据自己的政治、经济制度及文化传统，选择合适的价值观。

1. 社会主义核心价值观体现出社会主义的本质属性。

社会主义核心价值观彰显了社会主义制度的创造力和强大生命力。价值观是人类在认识、改造自然和社会的过程中产生并发挥作用的。不同民族、不同国家，由于其自然条件和发展历程不同，产生和形成的核心价值观也各有特点。建设富强、民主、文明、和谐、美丽的社会主义现代化强国，实现中华民族伟大复兴，是鸦片战争以来中国人民最伟大的梦想，是中华民族的最高利益和根本利益，是近代以来中国社会发展的必然选择，也是历史和人民的选择，凝聚着全国各族人民的奋斗和实践。社会主义核心价值观生成于中国特色社会主义建设实践，同当今中国最鲜明的时代主题相适应，是当代中国精神的集中体现，是中国特色社会主义本质规定的价值表达。从价值观的层面，清晰地展现了我们所推进的中国特色社会主义建设的基本特征和根本追求。

中国特色社会主义伟大实践彰显着价值观自信。从 1978 年到 2019 年，全国居民人均可支配收入由 171 元增加到 30733 元，中等收入群体持续扩大。2020 年 11 月 23 日，中国最后一批贫困县成功脱贫摘帽，谱写了人类反贫困史上的辉煌篇章。事实充分证明，中国特色社会主义在推动国家经济社会发展进步的同时，有力保证了人民生活水平提高，不断增进人民福祉，让中国人民朝着共同富裕的目标稳步前进。中国特色社会主义建设，以无可辩驳的生动事实，展示着社会主义核心价值观的生机和活力。改革开放以来，我们坚持走中国特色社会主义道路，取得了举世瞩目的巨大成就。相比较之下，有些国家沿袭反映资本主义核心价值观的西方模式，被动学习、邯郸学步，不仅没有出现所谓的民主盛景、发展盛景、繁荣盛景，反而党派纷争、社会动荡、民不聊生，连基本的国家稳定都难以维系，老百姓连基本的生存都无法维系。相反，中国改革开放以来探索出的中国特色社会主义道路，却让中国创造了人类发展史上的奇迹。中国特色社会主义建设的成功经验，是对社会主义核心价值观正确性、可信性的检验。中国特色社会主义建设的生动实践，彰显出社会主义核心价值观强大的生命力、吸引力和感召力。

2. 社会主义核心价值观扎根于中华优秀传统文化。

习近平总书记指出，"在几千年的历史流变中，中华民族从来不是一帆风顺的，遇到了无数艰难困苦，但我们都挺过来、走过来了，其中一个很重要的原因就是世世代代的中华儿女培育和发展了独具特色、博大精深的中华文化，为中华民族克服困难、生生不息提供了强大精神支撑"。

历史已经证明，中华民族是一个有非凡创造力的民族。早在商周之际，我们的祖先就有了礼制的创设，是之谓"周礼"，"经国家，定社稷，序民人，利后嗣者也"。两千多年以前，我们就有了诸子百家的盛况，随后是秦朝统一、两汉雄风、大唐盛世，再到两宋时期的文化繁荣……所以，习近平总书记说："站立在960万平方公里的广袤土地上，吸吮着中华民族漫长奋斗积累的文化养分，拥有13亿中国人民聚合的磅礴之力，我们走自己的路，具有无比广阔的舞台，具有无比深厚的历史底蕴，具有无比强大的前进定力。中国人民应该有这个信心，每一个中国人都应该有这个信心。"

中华优秀传统文化是涵养社会主义核心价值观的重要源泉。历史底蕴是每一个"我"之所以成为"我"而非"非我"的关键。任何一个"我"、任何一种价值观都不可能凭空产生，都不是突然从天上掉下来的，总有其特定的历史底色和精神脉络。牢固的核心价值观都有其固有的根本。社会主义核心价值观不是无源之水、无本之木。深深地植根于中华优秀传统文化，是社会主义核心价值观历史底蕴的集中体现。中华优秀传统文化是涵养社会主义核心价值观的重要源泉，是中华民族的精神命脉。

我们必须立足中华优秀传统文化培育和弘扬社会主义核心价值观。既然中华优秀传统文化是社会主义核心价值观的重要来源，那么我们在弘扬社会主义核心价值观的过程中就必须立足中华优秀传统文化。

不忘本来才能开辟未来，善于继承才能更好创新。社会主义核心价值观是对中华优秀传统文化的继承和升华，它把涉及国家、社会、公民的价值要求融为一体，赋予中华优秀传统文化以新的时代内涵。

习近平总书记说，"历史是一面镜子，从历史中，我们能够更好看清世界、参透生活、认识自己；历史也是一位智者，同历史对话，我们能够更好认识过去、把握当下、面向未来"。

今天，培育和弘扬社会主义核心价值观，必须从中华优秀传统文化中吸取丰富营养，深入中华民族历久弥新的精神世界，把长期以来我们民族形成的积极向上向善的思想文化充分继承和弘扬起来。

比如，中国人的"和谐"价值，这是最具中国传统文化特色的价值术语，也是当今世界和整个人类文明最需要的。中国人自上古时期的阴阳五行说就开始探讨和谐，西周史伯已经明确提出"和实生物，同则不继"，后来孔子讲的"和而不同"更是家喻户晓。印度诗人哲学家泰戈尔说："一个民族必须展示自身之中最上乘的东西，那就是这个民族的财富——高洁的灵魂。"和谐，就是中国人灵魂中最高洁的东西。当今世界，人类太需要和谐了，人与自然的和谐、人与自我心灵的和谐、人与人的和谐、国与国的和谐，等等，用习近平总书记的话说就是"人类命运共同体"。

3.社会主义核心价值观吸纳世界文明有益成果。

社会主义核心价值观不仅批判继承了中华优秀传统文化，同时也以自信的气度借鉴并吸收包括资本主义文明成果在内的一切文明成果，形成了具有国际视野和中国气派的价值观。但我们需要明确的是，民主、自由、平等、公正、法治从来不是资本主义专属，而是人类几千年文明成果的积淀和升华，反映了人类认识世界、改造世界的公共成果和基本规律。社会主义核心价值观不仅理直气壮地谈这些概念，更是从中国经验和实践的高度为民主、自由、平等、公正等价值理念赋予社会主义性质。社会主义核心价值观借鉴并吸收一切文明成果，在吸收人类优秀价值理念的基础上，社会主义核心价值观代表了人类社会前进的方向和价值理想。

【问题二】社会主义核心价值观的价值立场

实时互动2（智慧课堂）：2022年8月重庆发生山火，除了消防员，当地民众也都纷纷自发加入灭火队伍中，一周就将原本无法控制的大火扑灭。与此形成对比的是，美国加州的大火却烧了三个月，你觉得为什么会出现如此差异？

教师分析：人民就是江山，江山就是人民，无论在什么年代，人民群众的汪洋大海，都是战胜一切艰难险阻的伟力所在。人民的"小推车"，推出了淮海战役的胜利；人民的"小木船"，划出了渡江战役的胜利；人民的"小铁锹"，掀起了新中国的建设热潮；人民的"小摩托"，筑起了新时代的防火长城。每个时代都有年轻人，每个时代都有站出来的可靠年轻人，这就是社会主义核心价值观人民性的真实体现。社会主义核心价值观的人民性，体现在它所代表的最广大人民的根本利益，反映着最广大人民的价值诉求，引导着最广大人民为实现美好社会理想而奋斗。

马克思、恩格斯在《共产党宣言》中庄严指出，"过去的一切运动都是少数人的，或者为少数人谋利益的运动。无产阶级的运动是绝大多数人的，为绝大多数人谋利益的独立的运动"。马克思主义最根本的政治立场，就是始终站在广大劳动人民的立场上，以广大劳动人民的解放为旨归，竭尽全力为人民求福利、谋利益。2012年，刚刚就任中共中央总书记的习近平同志在中外记者见面会上就说："人民对美好生活的向往，就是我们的奋斗目标。"与此相应，社会主义核心价值观以马克思主义为理论基础，以社会主义运动为实践根据，它的根本立场就是坚持以人民为中心的立场。

【问题三】正确认识"普世价值"

说到价值观，我们经常听到一个词："普世价值"。从 2008 年起，我国学术界和互联网舆论就开始围绕"普世价值"话题展开激烈争论，其中一个关键问题就是：是否存在"普世价值"？

实时互动 3（智慧课堂）：同学们认为存在"普世价值"吗？

教师分析：将近半数的同学都认为"普世价值"是存在的。那么你认为的"普世价值"是什么呢？自由、平等、和谐、道德，这些就是"普世价值"吗？

"普世价值"听上去既抽象又玄妙，那么什么是"普世价值"呢？如果只是从字面上理解，"普世价值"就是普遍使用、永恒存在，打破了所有民族、种族、阶级、国家的限制，超越了一切文明、宗教、信仰的差异，并且不会因时代的变迁、社会形态的更替而有任何改变的一种价值。有没有这样的价值观呢？

"普世价值"在理论上具有欺骗性。不难看出，"普世价值"是建立在抽象的"人性论"基础之上的，它将人看作抽象符号，是无差别的个体，认为人类生活在不同时期、不同阶段、不同国家，但依然拥有共同的精神需求和利益诉求，有着共同面临的问题，因此，从共同"人性"的角度，应该存在一种凌驾于历史和民族特性之上的共同价值。在学习第一章的时候，我们就了解到"人的本质不是单个人所固有的抽象物，在其现实性上，它是一切社会关系的总和"。既然不存在抽象的人性，就没有普世价值，而所谓的"普世价值"，特指资本主义价值观，维护的是资产阶级的利益，推行的是资产阶级背后的经济政治文化制度，其目的就是为了维护和谋取自身的最大利益。所以，"普世价值"在理论上就具有欺骗性。

马克思指出："人们按照自己的物质生产率建立相应的社会关系，正是这些人又按照自己的社会关系创造了相应的原理、观念和范畴。"[1]

---

[1]　《马克思恩格斯选集》（第 1 卷），人民出版社，2012 年，第 222 页。

不同的时代、不同的民族、不同阶级都是根据自己的物质生产形成自己的价值观念，比如标志着美国独立的《独立宣言》。《独立宣言》强调"天赋人权"，是在向"君权神授"的旧制度开战，为此宣称人人生而平等。可是这里所说的"平等"是极不彻底的，因为它只适用于白人男性，而不适用于黑人和女性。对于奴隶制，美国国父们也显得束手无策，因为如果他们坚持废除的话，联邦必定无法建立起来。于是，奴隶制作为南方与北方的妥协在当时被保留了下来。所以，价值观本身是具体的、历史的、发展的。世界上没有放之四海而皆准的价值观。

"普世价值"在实践上具有虚伪性。资本主义打着"普世价值"的旗号，宣传自己的价值观，他们实际上又是如何做的呢？

案例：美国号称"自由国度""民主之邦""人权卫士"，却经常践踏自由、民主、平等、公正、法治。从一百年前的屠杀美洲原住民，到这几年警察暴力执法黑人事件，完全就是对自由、民主的亵渎。还有著名的棱镜门事件，美国国家安全局可以监听所有的私人化信息，不仅没有保护公民的自由和人权，而且毫无顾忌地侵犯公民隐私和言论自由。2010 年以来，美国有 23 个州通过了选民压制法，其中有 17 个州的法案主要针对印第安人等土著居民。2018 年，美国全国广播公司一项问卷调查显示，64%的受访者认为种族主义是美国的一个重大社会问题。2022 年 5 月，美国得克萨斯州发生枪击事件，造成 21 人死亡，其中包括 19 名儿童，即便每年都有上万人死于枪击事件，但是美国政府依然不愿意禁枪。

可见，以"人权卫士"标榜的美国，在现实中其实背离了所谓的"人权"原则。所以，我们一定要警惕"普世价值"的危害。这些年，"普世价值"被某些西方势力热炒，是醉翁之意不在酒。作为具有特定政治含义的概念，"普世价值"已然成为西方资本主义实现文化和意识形态霸权的武器。在国内，一些别有用心的人积极响应西方意识形态和价值观，成为"普世价值"的吹鼓手，声称西方资本主义制度是"普世的""不战而胜"，把中国发展中的问题归结为社会主义制度和体制的因素，鼓吹只有走西方的道路才有前途。这些观点和社会思潮都是错误的，其实质，就是要否定我国的社会主义制度。对此，我们要有高度的警惕，苏联、东欧等被"和平演变"的国家不仅没有带来繁荣，反而导致亡党亡国的结局；一些国家发生"颜色革命"，也没有走上良性的发展道路。

【问题四】全人类共同价值

如果"普世价值"是虚假的，那么我们如何看待自由、民主、公平、和谐等这些人类的美好价值追求呢？这就说到另外一个概念——共同价值。

习近平总书记在《在庆祝中国共产党成立 100 周年大会上的讲话》中强调："中国共产党将继续同一切爱好和平的国家和人民一道，弘扬和平、发展、公平、正义、民主、自由的全人类共同价值，坚持合作、不搞对抗，坚持开放、不搞封闭，坚持互利共赢、不搞零和博弈，反对霸权主义和强权政治，推动历史车轮向着光明的目标前进！"[①]

实时互动 4（随机提问）：习近平总书记所说的全人类共同价值与西方所谓的"普世价值"的区别是什么？

教师分析：自由、民主、公平、正义这些价值观本身都是人类文明的成果，但是资产阶级将自己的价值宣扬为"普世价值"，通过宣扬"普世价值"，他们错误地认为西方资本主义的价值是永恒的价值，西方资本主义的文明是真正的文明，西方资本主义的制度是最好的制度。全人类共同价值与"普世价值"截然不同，全人类共同价值则是倡导求同存异、和而不同，尊重文明的多样性，尊重各国自主选择社会制度和发展道路的权利。对比来看，全人类共同价值与唯我独尊、强施于人、旨在推行资本主义政治理念和制度模式的所谓"普世价值"根本不同，具有更加广泛的认同基础，更加真实可信。也正是因为如此，每个国家都应该根据自己的国情制定适合自己的核心价值观。

---

① 习近平：《在庆祝中国共产党成立 100 周年大会上的讲话》，人民出版社，2021 年，第 16 页。

【问题五】社会主义核心价值观的道义力量

案例：2020 年 12 月，当我们宣布中国彻底消除了绝对贫困时，《纽约时报》发表了一篇名为"工作、住房和牛：中国为消除极端贫困而开销巨大"的报道。《纽约时报》一上来便写道："中国为帮助该国最贫困的民众而投入巨大，但这个做法很多发展中国家都难以效仿，就连中国自己也难以维持。"

为什么《纽约时报》会得出这样的错误结论呢？也许我们可以从美国学者的一本书中找到答案。在《白人的负担》一书中，作者谈到在过去 50 年，西方国家将 2.3 万亿美元用于国际援助，但却没能解决非洲的贫穷问题。作者认为造成这种低效的一个重要原因就是，在进行援助时，西方国家总是在用"自以为能够帮助穷人"的方式进行，而不是在调查穷人真正生存环境和需求的基础上进行的。所以，西方社会对非洲的扶贫援助，只是打着"人道主义"的旗帜，站在道义的制高点上的施舍而已，并不能真正解决非洲人民的问题。

那么中国是怎么做的呢？我们来看看这些新闻标题：有机产品认证扶贫、"互联网＋健康"扶贫、电商精准扶贫、旅游扶贫……在中国，地方政府根据自己的特色、优势制定各具特色的扶贫政策，只要是你能够想到的扶贫政策，几乎在中国都能找到，真正实现"一方水土养一方人"。如果一个地区自然条件恶劣、不适合生存，"一方水土无法养一方人"，怎么办？我们还有异地搬迁政策，整个"十三五"期间，实现有效异地搬迁将近 1000 万人。

所以，中国的扶贫，是按照调查真实情况、制定可行方案、落实扶贫政策一步一步推动和落实的。从 2012 年至 2020 年，习近平总书记先后 7 次主持召开中央扶贫工作座谈会，50 多次调研扶贫工作，走遍 14 个集中连片特困地区，用总书记自己的话说，就是"坚持看真贫，坚持了解真扶贫、扶真贫、脱真贫的实际情况"。而这一切都是我们社会主义核心价值观真实性的具体体现，也就是真实地了解需求，真实地解决问题，这自然是《纽约时报》的记者所无法理解的。

而为了真实地了解需求，真实地解决问题，我们一大批的扶贫干部做出了巨大的牺牲。

案例：158 本扶贫笔记，摞起来，1.5 米高；称一称，23.5 千克重，扶贫干部余永宜记满它们，用了 20 年。黄文秀：她挨家挨户走访全村贫困户，她的记录本上清晰地标注着每一户的致贫原因。张小娟：在工作期间访遍全县 208 个村的所有贫困户，为群众解决困难。这些扶贫干部中，很多人的事迹直到他们牺牲之后，我们才知道。截至 2020 年底，全国有超过 1800 人牺牲在脱贫攻坚一线。

当我们看到这个数据的时候，我想大家跟我一样，是十分震惊的，震惊之后就是悲痛，悲痛之后是敬仰。他们的感人事迹是无数扶贫干部日常工作的缩影，彰显了新时代中国共产党党员的家国情怀和价值追求，也是我们价值观真实可信的具体体现。

我们价值观中说的"富强"，绝对不是富人天堂，而是真正以"共同富裕"作为价值追求。我们的"富强"也不是某些国家不顾他国人民的利益，大发战争财，而是确实提升人民的现实生活，并且通过提供技术、人才、资金，帮助世界上更多的国家摆脱贫困。这些年，很多大学生都积极投身新时代国家发展的各个领域中，在祖国最需要的地方发光发热，在他们的身上，我们不仅感受到青春散发出来的无限能量，也感受到社会主义核心价值观的道义力量。

八、课堂总结

1. 总结内容：本次课围绕社会主义核心价值观，从三个方面探讨了社会主义核心价值观的三个重要特征，即先进性、人民性和真实性，尤其是认识西方"普世价值"的本质和危害，从而确立社会主义核心价值观自信。

2. 调查反馈：针对本次课的学习，还有哪些困惑？（智慧课堂）

3.引出新课：弘扬和践行社会主义核心价值观，最终是要践行，同学们在日常生活中如何践行社会主义核心价值观呢?

九、作业安排

1.请以小组为单位，围绕"社会主义核心价值观的真实性"这一话题，另选择一个中国特色社会主义发展成就，查阅相关资料，结合今天的内容，进行分析。

2.观看人民网：《核心价值观百场讲坛》，思考在网络生活中，人们的价值观会受到哪些方面的影响。

十、课堂延伸

1.习近平：《培育和弘扬社会主义核心价值观》，《习近平谈治国理政》（第一卷），外文出版社，2018年。

2.习近平：《在全国脱贫攻坚总结表彰大会上的讲话》，《人民日报》2021年2月26日。

3.韩震：《社会主义核心价值观五讲》，人民出版社，2012年。

4.张维为：《中国震撼：一个"文明型国家"的崛起》，上海人民出版社，2011年。

5.《西式民主怎么了》编写组：《西式民主怎么了》，学习出版社，2014年。

6.中华人民共和国国务院新闻办公室：《中国的民主》，人民出版社，2021年。

第十讲　中国精神：兴国强国之"VC"

一、教学理念

1. 通过先进的教学手段形成以学生为主体的教学模式：精神问题对于个人、社会与民族都具有重要意义。本讲通过对中国精神的探讨，帮助学生产生对中国精神的认同。所以，首先需要了解学生对中国精神的认知和认同的程度，在学生与学生的互动探讨、学生与教师的问题分析过程中，进一步深化学生对中国精神重要价值的认同。

2. 利用好大思政课，用中国特色社会主义事业伟大成就激发学生情感认同：中国精神教育的目的是要强化对中国精神的认同，并将这种认同转化为现实生活的动力。所以，通过中国基础设施建设的重大成就案例，能够激发学生的民族自豪感和自信心。

二、学情分析

（一）提出问题，了解学情

1. 你知道哪些中国精神？

2. 你觉得一个国家是不是一定要有国家精神？

3.你如何看待西方有些学者所说的"中国没有精神"的论断？

4.你觉得中国精神对我国社会的发展有哪些意义？

（二）分析问题，总结学情

知识基础：学生在日常生活和其他课程的学习中，对中国精神是有一定的感性认识的。但是在课后的讨论和交流中，发现学生对于为什么中华民族曾经取得辉煌、如今可以再创辉煌等问题并没有过多的思考；有一些学生甚至还提到为什么有一些西方哲学家曾说中国人没有精神这个问题。学生的这些疑问，表明他们对中国精神的问题有一定的思考，但是没有深入全面的思考，所以产生了一些模糊的认识。

学习能力：经过一段时间的学习，学生对于本课程的理论性与现实性有了初步的了解，对于理论问题的探讨也更加积极，并且理论分析的能力也逐渐提升。

学习态度：大学生在学习态度方面都是比较认真踏实的，一方面，他们希望在课堂上能够有更多收获，另一方面，对于老师安排的一些课堂内的讨论和课后的思考，大多数学生也都可以高质量完成。

三、教学目标

（一）知识目标

1.大致说清楚中华民族重精神传统的三个表现。

2.能够清楚表述中国精神丰富内涵的四个方面。

3.对中国精神的内在逻辑有基本的认识。

（二）能力目标

1.通过对中国精神的系统学习，能够对中国精神的传统有基本认知，对新时代中国精神的发展有一定认识。

2. 帮助大学生重视精神力量，提升自己的精神境界。

（三）情感目标

1. 帮助大学生提升自己的精神境界，树立精神自信。

2. 对"实现中国梦必须弘扬中国精神"有认同感，激发学生的民族自豪感。

四、教学内容分析

本讲是整个教学体系"精神'VC'系列"之三：中国精神：兴国强国之"VC"。"VC"是人体必需的一种维生素，但是人体自身却无法合成，而国家精神也不是每一个民族都天然具有的某种精神，中国精神是在中华民族的长期发展中逐渐形成的，是兴国强国的关键。本讲涉及教材第三章第一节的内容。习近平总书记指出："实现中华民族伟大复兴中国梦必须弘扬中国精神。"中华民族能够在五千年的历史长河中生生不息、薪火相传，很重要的原因就是拥有孕育中华民族悠久辉煌历史文化的伟大的中国精神。中国精神作为兴国强国之魂，是实现中华民族伟大复兴不可或缺的精神支撑和精神动力。具体来说，本讲的主要内容有以下四个方面：中国精神的传统来源；中国精神的丰富内涵；中国精神的内在逻辑；中国精神的时代价值。

五、教学重、难点及化解策略

（一）教学重点及化解策略

本讲的重点内容有两个：

1. 中华民族重精神的表现。

2.中国精神的丰富内涵。

化解策略：

1.对比分析、引发关注：中国精神问题讨论有一个前提性问题，就是"中国有没有精神"这个问题，通过文学作品的对比，引发学生主动思考为什么近代一些西方学者错误地否认中国精神的存在。通过对比分析，对精神的内涵、范围有大致认识，其后理解中华民族重精神的传统就更加容易和自然。

2.一案到底、多维分析：在我国的历史发展中涌现出许多精神，各种精神相互交织，如果用不同的案例来分析中国精神的内涵，会让这个教学过程比较杂乱，所以针对这一问题，本讲采取一案到底的教学方法，用一个案例分析四种伟大精神。

（二）教学难点及化解策略

本讲的难点内容有两个：

1.中国精神的内在逻辑。

2.中国精神的时代价值。

化解策略：

从具体到抽象：本讲的两个难点问题，实际上都是比较抽象的问题，尤其是内在逻辑问题，需要回答清楚中国精神中民族精神与时代精神之间的关系，以及民族精神和时代精神自身的地位，所以将抽象的理论分解为具体的问题，再通过一些具体的案例入手，逐步分析中国精神的内在逻辑和时代价值。

六、教学方法

本讲在教学方法上主要运用理论阐释法、案例分析法和互动教学法，通过对一些具有争议性问题的讨论和一些具有相似性观点的比较，以达到预定的教学目标。

对比分析法：对于一些存在争议性的问题，引发学生的思考，让学生产生了解真实情况的愿望，推动学生去探究问题的答案。比如，黑格尔为什么说中国没有精神，这是一个需要进行对比分析的问题。本讲通过文学作品中对人物性格的不同描述来分析中西方对精神的不同理解，并不存在谁优于谁的问题。

案例分析法：对一些比较基础性的问题，发挥学生的自主学习能力，教师主要是起到引导和归纳作用。课程中通过都江堰的案例，让学生参与讨论：都江堰的设计、修建以及灾后重建分别蕴含了中国人的何种精神。通过探讨中国基建的一些案例，探讨中国基建背后的中国精神是如何推动社会进步、民族复兴及世界发展的。

互动教学法：教师通过讲授及与学生智慧课堂互动来逐步深化学生对中国精神的理解。通过一系列问题的回答，帮助学生认识中国精神的具体表现。本讲还将对具体问题进行深入的小组讨论，通过学生之间的探讨，厘清对同一问题的不同认识。

七、教学过程详案

【课程导入】

实时互动1（智慧课堂）：请写下你所知道的具体的中国精神。

关键词提取：五四精神、井冈山精神、伟大建党精神、抗战精神、抗疫精神、抗美援朝精神、科学家精神、脱贫攻坚精神……

教师分析：学生的这些回答充分说明了中国人对于精神的重视。但是黑格尔在他的《历史哲学》中充满偏见地指出，造成近代中国落后的原因是中国人内在精神的黑暗，中国是一片还没有被人类精神之光照亮的土地，在那里，理性与自由的太阳还没有升起，人还没有摆脱原始、自然的愚昧状态，"凡是属于'精神'的一切——在实际上和理论上，绝对没有束缚的伦常、道德、情绪、内在的'宗教'、'科学'和真正的'艺术'——一概都离他们很远"①。这又是什么原因呢？

【问题一】中西方对"精神"的理解的差异

案例：《德伯家的苔丝》中苔丝小姐掐死小鸟，对比《红楼梦》中林黛玉葬花。

实时互动2（随机提问）：这体现中西方文化在精神世界中的何种差异性？

教师分析：两种状态的差异实际上体现了中西方文化的差异性。在西方文化中，从苏格拉底开始，区分出两个世界：理性世界和感性世界。后来，柏拉图又建立一个理念世界，是为感性世界的对立体，并认为真理在理念世界，不在感性世界。所谓理念世界，其中最重要的要素就是逻辑推理和概念内涵。这就是西方思想。很显然，在中国文化中就没有这样的要素，先秦的儒家和道家典籍没有判断演绎，没有概念推论。中国文化更多是从人的情感出发，总结生命体验，并在生命体验上寻求一些普遍真理。所以，中国文化精神是感性生命的精神，西方文化精神是理性规范的精神，没有优劣高低之分。

辜鸿铭认为，中国人的性格和中国文明的特征可以用八个字概括：深沉、博大、纯朴、灵敏。钱穆则直接对怼黑格尔，说"德国实在是一个很可怜的国家"，又指人类历史由东向西依次展开的说法是黑格尔的"幻想"。在钱穆看来，中国的文化精神、历史精神以道德为核心，是一种绵延数千年的"道德精神"。

黑格尔错误认为中国没有精神的原因：首先，受客观条件的制约，黑格尔对中国的文献阅读是有限的，黑格尔对中国文化缺乏全面、系统、多方位的接纳和了解。其次，黑格尔不可避免地受到当时欧洲人普遍对中国文化评价偏低的大气候的影响。最后，欧洲中心论这一观点一直顽固地存

---

① 黑格尔著，王造时译：《历史哲学》，上海书店出版社，2001年，第137页。

储在欧洲人的精神世界中，中国历史文化自然被黑格尔边缘化了。

实时互动3（智慧课堂）：中华民族崇尚精神的优秀传统表现在哪些方面？

教师分析：在中华民族的历史发展中形成了一系列的精神，无论是神话故事还是真实史实，其实都可以表明对精神的重视，这种对精神的重视具体表现在三个方面。

第一，表现在对物质生活和精神生活相互关系的独到理解上。《管子》讲"仓廪实则知礼节，衣食足则知荣辱"，前半截是物质生活的内容，后半截是精神生活的内容，显然，老祖宗是把后半截关于精神生活的内容作为美好人生的理想追求的。我们的祖先认为，人之所以异于禽兽，在于人有道德，有精神追求。物质生活固然为人所必需，但如果只沉溺于物欲而不能自拔，就和猪狗牛马没有区别。所以孔子讲"君子谋道不谋食""君子忧道不忧贫"，强调精神生活高于物质生活，"不义而富且贵，于我如浮云"。重视并且崇尚精神生活，是我国古代思想家们的主流观点。

第二，表现在我国古人对理想的不懈追求上。理想是激励个体的精神内驱力，是凝聚社会整体的精神力量。矢志不渝地坚守理想，是我国古人崇尚精神的典型体现。比如，儒家把仁爱和谐视为最高的道德理想，"杀身成仁"中，仁的理解就是道义、道德。墨家把"兼相爱，交相利"作为理想，"兼相爱"是针对"别相恶"而言，指不分亲疏、贵贱、贫富，一视同仁地爱所有的人。"交相利"是针对"交相贼"而言，主张人们互相帮助，共谋福利，反对互相争夺。正是因为有这些理想，所以我国古代出现了无数"为天地立心，为生民立命，为往圣继绝学，为万世开太平"的仁人志士。

对理想的追求还表现在对理想人格的推崇，对气节、节操、境界的尊崇。孔子讲，"知之者不如好之者，好之者不如乐之者"。孟子说，"可欲之谓善，有诸己之谓信。充实之谓美。充实而有光辉之谓大"。这些思想都是对理想人格的看法。南宋诗人文天祥在狱中写的五言古诗《正气歌》："天地有正气，杂然赋流行"，"时穷节乃现，一一垂丹青"。他连用十二个典故，都是历史上有名的人物，他们的所作所为都彰显着浩然正气。这首诗体现了作者崇高的民族气节和强烈的爱国主义精神。

第三，表现在对品格养成的高度重视上。一方面，表现在对道德修养和道德教化的高度重视上。中国传统文化非常强调道德修养和道德教化，我们的祖先将"立德"放在"三不朽"的首位，认为，"自天子以至于庶人，壹是皆以修身为本"，认为教化的目的在于"明人伦"，而不仅仅是知识的灌输。所有这些都表明中华民族自古以来对人的精神世界的高度关注。另一方面表现在对精神的重视。早在革命战争年代，中国共产党就始终强调"人是要有一点精神的"，毛泽东在《纪念白求恩》一文中号召中国共产党人做"一个高尚的人，一个纯粹的人，一个有道德的人，一个脱离了低级趣味的人，一个有益于人民的人"，"全心全意为人民服务"的根本宗旨，就是在这个时期提出来的。改革开放以来，虽然我们一方面不得不采取市场化的方式发展经济；另一方面，我们的党又始终在花大力气抵御物质主义、拜金主义对人的物化和沉沦，防止中华民族变成只知道发财赚钱的物质民族，并为此做出了不懈的努力。比如，加强公民道德建设，开展爱国主义教育、理想信念教育，培育和践行社会主义核心价值观，等等，这些都是为了提高全体人民的思想追求和精神境界。

【问题二】中国精神的丰富内涵

案例：都江堰位于四川省成都市都江堰市城西，坐落在成都平原西部的岷江上，始建于秦昭王末年（约公元前256年—前251年），是蜀郡太守李冰父子在前人鳖灵开凿的基础上组织民众修建的大型水利工程，由分水鱼嘴、飞沙堰、宝瓶口等部分组成，两千多年来一直发挥着防洪灌溉的作用，使成都平原成为水旱从人、沃野千里的"天府之国"，至今灌区已达30余县市、面积近千万亩，是全世界迄今为止年代最久、唯一留存、仍在一直使用、以无坝引水为特征的宏大水利工程，凝聚着中国古代劳动人民勤劳、勇敢、智慧的结晶。

实时互动4（智慧课堂）：从都江堰的案例中可以得出中国人具有哪

些伟大的精神？

教师分析：中国人民的创造精神从古代社会就凸显出来。在几千年的历史长河中，中国人民始终辛勤劳作、发明创造，形成了伟大的创造精神。在几千年文明发展中，中国人民始终革故鼎新、自强不息，治理了桀骜不驯的千百条大江大河，战胜了数不清的自然灾害。中国人民自古就明白，世界上没有坐享其成的好事，要幸福就要奋斗。汶川地震之后，中国人民团结一心、同舟共济，投入到灾后重建中。千百年来，中国人民从亲身经历中认识到，团结就是力量。从修建都江堰到长江三峡、从嫦娥奔月的神话故事到嫦娥探月工程，中国人民自古就具有伟大的梦想精神。

【问题三】中国精神的内在逻辑

案例：2022年6月16日，从新疆和田到若羌的和若铁路正式开通运营。它的开通标志着世界首个沙漠铁路环线建成。和若铁路是新疆南部主要铁路干线。沿古"丝绸之路"的南路、塔克拉玛干沙漠南缘延伸，沿线地质、地貌、气候条件十分复杂，有45℃的高温戈壁沙漠，还有常年刮着强风的大风口。

实时互动5（智慧课堂）：中国为什么可以在荒无人烟、气候恶劣、条件艰苦的沙漠中建成铁路呢？

教师分析：很多同学说到"基建狂魔"，可是我们又是如何成为"基建狂魔"的呢？很多同学说到艰苦、创新、奋斗、团结等精神。没错，这些精神不仅仅让中国铁路人可以建成穿越沙漠的铁路，也是因为这些精神的支撑，中国实现了从站起来到富起来，再到强起来的飞跃。

习近平总书记曾指出，"实现中国梦必须弘扬中国精神，这就是以爱国主义为核心的民族精神，以改革创新为核心的时代精神"。那么中国精神的内在逻辑究竟是什么呢？

1. 以爱国主义为核心的民族精神是兴国之魂。在五千多年的历史长河中，中国人民向往国家统一、民族兴旺、人民安康，这种伟大梦想就好比始终不熄的灯光，照耀我们民族前行远航，无论是陆游的"位卑未敢忘忧国",还是顾炎武的"天下兴亡,匹夫有责",这些经典诗句都向我们展示了中华民族伟大的爱国主义精神。近代以来,中国人民在面临外国列强入侵时,以高度的爱国主义精神奋起抗争,捍卫主权,维护独立。无论是三元里人民抗英斗争、左宗棠收复伊犁、冯子材反击法国侵略军,还是持续十四年的抗日战争……一场场气壮山河的斗争,谱写了一曲曲可歌可泣的悲壮史诗,体现着中华儿女的爱国主义精神。以爱国主义为核心的民族精神,是激发各族人民团结一致的精神力量,成为中华民族的兴国之魂。这些年,无论是98洪水、汶川地震,还是突如其来的非典疫情和新冠疫情,以爱国主义为核心的民族精神为我们一次次战胜困难发挥了重要作用。在灾难面前,中华儿女同舟共济、众志成城,是当代爱国主义的真实体现。

2. 以改革创新为核心的时代精神是强国之本。除了爱国主义精神,在中华民族的历史中,还有许多值得我们感到自豪的发明创造,其中最突出的就是四大发明。网购、高铁、支付宝和共享单车,这是来自"一带一路"沿线国家的青年评选出的中国"新四大发明"。无论是古代的"四大发明",还是"新四大发明",都反映了一种改革创新的精神。以改革创新为核心的时代精神,反映社会进步方向,引领时代进步潮流,是一个社会最新的精神气质、精神风貌和社会风尚的综合体现。如今,在全球竞争日趋激烈的时代,以改革创新为核心的时代精神已然成为强国之本。

案例:2022年6月17日上午,中国人民解放军海军福建舰正式下水,当我们为中国自主设计的第三艘航母而欢呼时,大家是否还记得1980年5月,刘华清将军访问美国,参观了小鹰号航空母舰,可是美方不让其触摸,一国之将像一个小学生一样踮起脚尖看美国军舰的设备。

这种对比更是让我们深知,是以改革创新为核心的时代精神推动了中国的发展,实现了我们从富起来到强起来的飞跃。

3. 民族精神与时代精神的关系。首先,二者相互依存,民族精神只有反映时代呼唤,才能引领民族始终走在时代前列;时代精神只有与民族精神相互结合,才能生根,转化为催生民族向上的不竭动力。其次,二者相互交融,一切民族精神都曾是一定历史阶段中带动潮流、引领风尚、推动社会发展的时代精神。一切时代精神都将随着历史的变迁逐步融入民族精神的长河之中，不断丰富和发展民族精神的时代内涵。最后，民族精神和时代精神共同构成了中国精神。民族精神赋予中国精神以民族特色，是中华民族的精神独特性得以保持的重要保证。时代精神赋予中国精神以时代特色，是中国精神引领时代前行、拥有鲜明时代性和强大生命力的重要根源。

【问题四】中国精神有何时代价值

1.中国精神是凝聚中国力量的精神纽带。很多同学认为"基建狂魔"这个词就是属于中国的，其实在 100 多年前，当中国人还在温饱线上挣扎的时候，美国已经成为当时世界上的"基建狂魔"了。在新中国成立初期，从战火中重生的新中国百废待兴，无力基建，直到美国给我们上了一课。

案例：1950 年 11 月，长津湖战役爆发。长津湖地区地形复杂，很多地方无法通车通坦克，美军仅用 3 天时间就修建了一条可以通坦克的道路，且仅用十几天就建了一个机场。我们的志愿军饿着肚子或啃着冻成冰的土豆时，他们却物资充足，吃的应有尽有。

这次经历让中国人第一次认识到基建的重要性。所以，从建国初期到 1978 年改革开放，近 30 年的时间里，我们拼全国之力开展了大规模的基础设施建设。没有钱，就想办法省吃俭用！没有机械，就搞万人大会战！这种精神状态至今依然影响着中国基建人，2020 年，武汉在短短 10 天时间就完成了火神山医院的建造，被誉为是世界级"网红"。这项被很多人认为是不可能完成的任务最后能够完成，蕴含着伟大创造精神、伟大奋斗精神、伟大团结精神和伟大梦想精神。所以，中国精神在推动中国成为"基建狂魔"的过程中发挥着重要作用，成为凝聚中国力量的精神纽带。靠着社会主义制度的优越性和伟大中国精神的凝聚力，中国的基础设施建设飞速发展。

案例：截至 2021 年，中国有公路桥 80 万座，铁路桥 20 万座，总数量世界第一。中国高速公路通车里程达到 13.1 万千米，排名世界第一。中国通信基站 500 多万的覆盖量，是美国的 20 多倍，数量世界第一。

2. 中国精神是激发创新创造的精神动力。不仅仅是这些基础设施建设的发展，如今的中国已经在很多领域都处于世界领先地位。党的十九大报告中指出，天眼、蛟龙、墨子、悟空等科技成果，共同被列为创新驱动发展战略成果。当前，我们正在从事的中国特色社会主义事业更是一项前无古人的创造性事业，中国精神成为激发创新创造的精神动力。

3. 中国精神是推进复兴伟业的精神支柱。今天，我国基础设施建设取得了举世瞩目的成就，我们回顾历史，才能更加清楚其中的艰辛。

案例：电影《让子弹飞》里的开幕片段中有一幕"马拉火车"，如此荒唐的桥段其实并非哗众取宠，刻意制造的喜剧效果，而是真的有历史依据。为了改变这种境况，一代又一代中国铁路人艰苦奋斗、勇于创新，实现了中国铁路从被人耻笑到全球领先的转变。我们来看这样一组数据：1949 年，全国铁路营业里程仅为 21810 千米，复线只有 867 千米。截至 2021 年底，全国铁路营业里程突破 15 万千米，其中高铁超过 4 万千米。而这背后，是无数中国铁路人齐心协力、万众一心的结果，中国铁路在一百多年的发展历程中，形成了一系列的铁路精神，如"铁牛号精神""毛泽东号精神""青藏铁路精神""成昆精神"等。中国精神成为推动民族复兴的伟大精神支柱。

在中国精神的推动下，百年来，在各个行业，我们从无到有、从有到精，彻底改变了中国人的生活，如今，我们再也不会出现百年前用马拉火车的笑话了。很多人都说，中国精神很抽象，其实并不是，中国精神在哪里呢？中国精神在英雄的生命和鲜血里，在盛大阅兵式中那一位位头发花白的老兵的深情敬礼里，在人民子弟兵感天动地的牺牲里，在大国脊梁隐姓埋名的奉献里，在林俊德院士生命最后的冲锋里，也凝聚在那枚小小的写着中国芯的芯片里！实现中国梦的新征途中，只有大力弘扬中国精神，才能凝聚中国力量、激发创新动力，才能在追梦过程中具有强大的精神支柱。只有将兴国之魂、强国之本融入现代化建设的全过程，我们才能更加自信地迈向未来。

【问题五】如何弘扬中国精神

实时互动6（课堂讨论）：大学生该如何弘扬中国精神呢？

教师分析：大学生虽然目前没有参加工作，可是我们也可以勇做弘扬和践行中国精神的时代先锋，将中国精神内化为青春信念，增强爱国的深厚情感，确立报国的崇高志向，培养报国的能力本领，为国家富强、民族振兴、人民幸福贡献自己的智慧和力量。

随着社会的发展，我们未来所从事的工作必然没有老一辈建设者那样艰苦，可是无论在什么时候，无论在什么岗位，一代又一代人所传递下来的中国精神会一直延续，而我们也应该将中国精神转化为青春行动。在20世纪五六十年代修建的成昆铁路，曾被联合国称为"象征20世纪人类征服自然的三大奇迹"之一，这条铁路"唤醒"了沉睡千年的村寨，送走了极端的贫困。如今，老成昆线运力已不能满足当下日益增长的需求，在新成昆铁路上，一大批"80后""90后"的青年铁路人，多年如一日扎根大山深处，奉献着青春力量。有青年员工说："大家远离家乡，几年坚守，都是因为心中有一个'成昆梦'。"正是这种梦想精神，推动着铁路人不惧危险、不惧艰难。

案例：2022年6月21日上午，成昆铁路复线峨眉至冕宁段最后一座隧道——小相岭隧道顺利贯通。小相岭隧道位于四川省凉山彝族自治州越西县、喜德县境内，地处横断山脉高山地带，穿越了10条断层和2条褶曲，最大埋深达1350米，地质条件极其复杂活跃，素有"地质博物馆"之称，为Ⅰ级高风险隧道，也是成昆铁路复线最长隧道。

无论是老成昆铁路还是新成昆铁路，都凝结着一代又一代铁路人的青春力量，同时也告诉我们，弘扬中国精神最终是要将中国精神外化为青春行动。

我们看到，青年弘扬中国精神不仅仅体现在铁路建设中。脱贫攻坚、乡村振兴、疫情防控、科技兴国等各个领域都洋溢着青春的力量。在290多万驻村干部当中，青年干部占到了极大数量；越来越多的青年返乡创业发展，凭借开阔的视野、先进的技术带领乡亲们脱贫致富。2020 年，参加武汉抗"疫"的医务人员中有近一半是"90 后""00 后"，他们众志成城地守护着自己的同胞。平均年龄 31 岁的北斗卫星导航系统团队成员，凭着追求卓越的坚定信念、探索真理的不懈追求，建成了世界先进的卫星导航系统。在他们身上，我们看到了不怕苦、不畏难、不惧牺牲、勇担重任的精神，也看到了中华民族的光明未来！

八、课堂总结

1. 总结内容：用习近平总书记的论述作为总结。"人无精神则不立，国无精神则不强。精神是一个民族赖以长久生存的灵魂，唯有精神上达到一定的高度，这个民族才能在历史的洪流中屹立不倒、奋勇向前。"对本次课的三个问题进行回顾，最后回到导入中讲到的黑格尔对中国精神的无端质疑。

2. 调查反馈：针对本次课的学习，还有哪些困惑？（智慧课堂）

3. 引出新课：爱国主义无疑在中国精神中居于核心位置，新时代爱国主义面临哪些挑战呢？新时代我们该如何做忠诚的爱国者呢？

九、作业安排

1. 请大家了解北斗团队的事迹，思考中国精神在中国航天事业发展中有何体现和价值。

2. 阅读《中共中央关于党的百年奋斗重大成就和历史经验的决议》，思考中国精神对党的百年重大成就的取得具有什么意义。

十、课堂延伸

1.《中共中央关于党的百年奋斗重大成就和历史经验的决议》，人民出版社，2021年。

2.《中国精神》编创组：《中国精神：中国共产党人的奋斗故事》，中共中央党校出版社，2020年。

3. 王宏甲：《中国精神》，中译出版社，2018年。

4. 陈雪、王永贵：《中国精神：战"疫"斗争的强大精神力量》，《思想政治教育研究》，2020年，第4期。

5. 潘一坡、项久雨：《论中国精神对现代中国人生活方式的塑造》，《邓小平理论研究》，2020年，第3期。

第十一讲　爱国主义：民族精神之"VC"

一、教学理念

1.通过多样化的教学手段形成以学生为主体的教学模式：结合时代特征探讨爱国主义，就是要对爱国主义在当前面临的一些问题作出回应，比如历史虚无主义、文化虚无主义等问题，"以学生为主体"的教学模式是通过教师引导，让学生发现问题、提出问题、分析问题。新媒体技术的发展为这种教学模式提供了更加高效的手段。

2.通过教学内容的时代性和教学视野的国际性激发学生的爱国情感：爱国不是单纯的理论，更不是口号，而是一种深切的情感和现实的行动。所以，本讲立足新时代，紧扣社会热点问题，将理论的学习和现实的关照紧密结合，体现思想政治理论课的育人功能和社会功能。

二、学情分析

（一）提出问题，了解学情

1.有人认为，爱国主义不一定要爱社会主义，你怎么看待这种观点？

2.爱国就是爱当下的中国，与历史没有关系？

3. 你如何看待 2022 年 7 月南京的"夏日祭"被民众抵制一事？

4. 有人认为经济全球化时代爱国主义已经过时，你怎么看待这种观点？

5. 爱国主义是否等同于民族主义？

（二）分析问题，总结学情

知识基础：学生已经系统学习了爱国主义的内涵以及具体表现，基本了解什么是爱国主义、爱国主义为什么重要，以及爱国主义与爱社会主义的关系、爱国主义与维护祖国统一和民族团结的关系。对于前面部分的内容，学生在理解上基本不存在困难，但是针对历史虚无主义、文化虚无主义、全球化时代的爱国主义等方面的问题，学生在前面的学习和课后的讨论中会表现出一些问题。比如学生对人类文明与中华文化之间的关系、历史虚无主义的主要表现及产生的原因、文化虚无主义的实质及危害并没有十分清晰的认识。

学习能力：学生对于本课程的理论性与现实性有了初步的了解，同时对于本课程所关注的问题也有了比较全面的认识，学生对于理论问题的探讨也更加积极，并且理论分析的能力也逐渐提升。该节段涉及一些理论性比较强的问题，大学生大多具备一定的理论分析能力，对于部分过去选修理科的学生则需要通过案例与理论逻辑的结合来展开教学活动。

学习态度：这部分的内容与学生的日常生活看似无关，但实际上已经与我们的日常生活融为一体了。学生对一些错误思想、言论、观点也有探讨的兴趣，所以这部分内容在整个教学体系中比较能够引起学生学习的兴趣。

三、教学目标

（一）知识目标

1. 弄清楚历史虚无主义、文化虚无主义的表现和本质。

2. 了解经济全球化时代爱国主义的必要性。

3.清楚经济全球化时代爱国主义如何做。

（二）能力目标

1.通过对新时代爱国主义相关理论的学习，能够认清爱国主义面临的挑战。

2.正确对待各种错误思潮和错误言论。

（三）情感目标

1.自觉抵制各种错误思潮。

2.厚植大学生的爱国情怀。

四、教学内容分析

本讲是整个教学体系"精神'VC'系列"之四：爱国主义：民族精神之"VC"。VC是人体必需的一种维生素，但是人体自身却无法合成，爱国主义也从不是每一个民族都天然具有的精神，而是在中华民族的长期发展中逐渐形成的，既是中华民族精神的核心，同时也代表了爱国主义是民族精神中必需的精神力量。该节段涉及教材第三章第二节的内容，要帮助大学生确立爱国主义意识就需要让大学生对新时代爱国主义有深刻的理解。要从理论上回应当前对爱国主义的一些错误认识，系统回答新时代爱国主义有哪些具体的要求，讲清楚爱国主义与爱社会主义的关系、爱国主义与维护祖国统一和民族团结的关系、爱国主义与对待传统文化的关系、爱国主义与全球化的关系等重要问题。具体来说，本讲的主要内容有以下四个方面：新时代爱国主义最重要的体现是坚持爱国爱党与爱社会主义的统一；新时代爱国主义的重要着力点和落脚点是维护祖国统一和民族团结；新时代爱国主义的重要根基是尊重和传承中华民族的历史和文化；新时代爱国主义的世界胸怀是要立足中国又面向世界。

五、教学重、难点及化解策略

（一）教学重点及化解策略

本讲的重点内容有两个：

1.历史虚无主义和文化虚无主义的表现与危害。

2.爱国主义如何立足中国又面向世界。

化解策略：

1.直面热点、回应现实：历史虚无主义和文化虚无主义的问题经常出现在网络上，学生对这类现象一般有一些感性认识，但还有一些学生并没有意识到这些现象背后的本质和危害是什么。所以，需要直面社会现实问题，从理论上予以回应。

2.国际视野、对比分析：针对新时代爱国主义要立足民族面向世界的问题，需要用国际化的视野来分析爱国主义问题，既要通过案例的分析和讨论激发学生的爱国之情，同时又要提升学生的世界格局，彰显大国青年的时代风貌。

（二）教学难点及化解策略

本讲的难点内容有两个：

1.历史虚无主义的本质。

2.文化虚无主义的本质。

化解策略：

从具体到抽象：针对本讲两个难点问题，实际上都是比较抽象的社会错误思潮问题，首先需要通过具体的案例让学生理解哪些属于历史虚无主义、哪些是文化虚无主义，尤其是对学生比较关注的社会新闻，应作出应有的回应。通过对具体现象的分析，再到这一类现象的共同特征，再到抽象的本质。

六、教学方法

本讲在教学方法上主要运用理论阐释法、案例分析法和互动教学法，通过对一些具有争议性问题的讨论和一些具有相似性观点的比较，以达到预定的教学目标。

理论阐释法：通过教师对学生存在理论盲区的理解，对一些理论问题进行重点分析，让学生在比较中加深对理论的认识和理解。

案例分析法：对于文化虚无主义、历史虚无主义的一些典型案例进行分析，让学生在案例分析中自己寻找其本质和危害是什么。

互动教学法：教师通过讲授以及与学生智慧课堂互动来逐步深化学生对新时代爱国主义的理解。通过一系列问题的回答，帮助学生认识新时代爱国主义的具体要求。

七、教学过程详案

【课程导入】

案例：70年前，中国人民志愿军奔赴抗美援朝战场，与"世界上最强的军队"展开了一场殊死搏斗。志愿军克服了极大困难，将敌人打到了谈判桌前，也打出了对手百思不得其解的"谜一样的东方精神"。

实时互动1（智慧课堂）：你觉得"谜一样的东方精神"究竟是什么？

教师分析：这种东方精神真的是谜吗？很多同学说是爱国，正如一些志愿军老兵回忆所说的，无论是前线士兵的舍生忘死，还是后方百姓的积极支持，这背后都有一股巨大的力量，这股力量就是对祖国的热爱。而在无数鲜活的历史面前，我们应当深知，"没有国哪有家"真不是一句说教，而是应该高度重视的深刻真理。那么新时代爱国主义有什么新的特征和要求呢？

【问题一】爱国爱党与爱社会主义是何关系

实时互动2（智慧课堂）：有人执迷不悟地说"我爱国，可是我不爱你这个社会主义的国"，对这个问题你怎么看呢？

教师分析：首先，从理论上看，不存在一个抽象的国。爱国主义总是具体的、历史的。爱国都是有具体对象的，它不是一种虚幻的情感或者行为，就像季羡林先生在《中国精神·中国人》这本书中说道的："爱国的国字，如果孤立起来看，是一个模糊名词。哪里的国？谁的国？都不清楚。但是，一旦同国籍联系在一起，就十分清楚了。"我们爱的是哪个国籍的国呢？当然是中华人民共和国，它是中国共产党领导的，走中国特色社会主义道路的国。在当代中国，爱国主义首先体现在对社会主义中国的热爱上，爱国主义与爱社会主义具有一致性。只有坚持爱国与爱党、爱社会主义相统一，爱国主义才是真实的、鲜活的。这是新时代爱国主义精神最重要的体现。由于现实的中国是爱国主义和社会主义的有机融合体，它们就是一个命运共同体。伤害其中的一个，就必然会伤及另一个。在苏联解体的过程中，有些自称爱国而又反社会主义的人，他们中有的人后来发现了一个冷酷的事实：他们瞄准的是社会主义，但击中的却是俄罗斯。他们在头脑中把俄国与俄国的社会主义分开，然后对准社会主义制度开火，结果发现应声倒下的是自己的祖国俄罗斯。而亲手杀死自己祖国母亲的人，是没有资格再称自己为"爱国者"的。他们没有想到，在头脑中能分开的事情，在现实中却是分不开的。在中国同样也是如此，如果瞄准中国的社会主义制度开火，击中的也是中华民族。

其次，从现实上看，只有社会主义才能救中国、只有社会主义才能发展和强盛中国。19世纪中期，西方列强用大炮打开中国国门，中国逐步沦为半殖民地半封建社会。其后为了探索复兴之路，无数仁人志士进行了可歌可泣地斗争，但终究未能改变旧中国的社会性质和中国人民的悲惨命运。所以新中国成立时，"百废待兴"真的是毫不夸张。那么后来呢？中国经济的发展世界瞩目，可以说，"只有社会主义才能救中国"这句话绝对不是一句口号，而是被当今中国社会发展成就所证实了的。

案例：《人民日报》在 2021 年 6 月 7 日、6 月 8 日连续刊发署名"宣言"的文章《社会主义没有辜负中国》《中国没有辜负社会主义》，读后给人以酣畅淋漓、荡气回肠之感。这两篇重磅文章，均刊登在《人民日报》头版的相同位置，文章的版式和字题字号完全一样，且标题貌似相同。两篇文章所呈现的内容和阐述的思想，是一种互为因果、相得益彰的关系。两篇文章一起读，更能全面通透地理解其深意，从而更加坚定道路自信、理论自信、制度自信。

爱社会主义与爱党又是什么关系呢？

案例：张富清是原西北野战军 359 旅 718 团 2 营 6 连的战士，在解放战争的枪林弹雨中九死一生，先后荣立一等功三次，二等功一次，被西北野战军记特等功，两次获得"战斗英雄"的荣誉称号，1955 年，他退役转业，主动选择到湖北省最偏远的来凤县工作，为贫困山区奉献一生。从此，赫赫战功被他埋在心底，只字不提。2012 年，88 岁的他左腿截肢，为了不给组织添麻烦，更为了让子女"安心为党和人民工作"，他装上假肢顽强地站了起来。2019 年，已 95 岁高龄的他仍坚持学习。他说，"我是一名共产党员，要为党和国家分忧"。

2019 年，习近平总书记对张富清先进事迹作出批示：老英雄张富清 60 多年深藏功名，一辈子坚守初心、不改本色，事迹感人。而他的事迹是近代以来千千万万中国共产党人以身许国、以身报国的缩影。一百多年来，中国共产党团结带领全国各族人民进行的革命、建设、改革实践是爱国主义的伟大实践，写下了中华民族爱国主义精神的辉煌篇章，孕育出伟大的中华民族的精神史诗。历史和现实都充分证明，没有共产党就没有新中国，就没有中国的繁荣富强。中国共产党是中国工人阶级的先锋队，同时是中国人民和中华民族的先锋队，是中国特色社会主义事业的领导核心。中国共产党始终心系人民、心系国家，中国共产党人的初心和使命就是为中国人民谋幸福。中国共产党的历史就是一部为实现民族独立和人民解放，为实现中华民族伟大复兴而奋斗的历史。

【问题二】如何维护祖国统一和民族团结

实时互动3（智慧课堂）：有人片面地认为"爱国就是爱现实的中国社会，祖国是否统一、民族关系是否融洽与我无关，并不会影响我的爱国情感"，你是否认同？

教师分析：维护和推进祖国统一，这是中华民族走向伟大复兴的题中之义。

首先是保持香港、澳门长期繁荣稳定，实现祖国完全统一。

案例：打造国际一流湾区和世界级城市群是以习近平同志为核心的党中央为推进粤港澳大湾区建设作出的重大决策，是习近平总书记亲自谋划、亲自部署、亲自推动的国家战略，是新时代推动形成全面开放新格局的新举措，也是推动"一国两制"事业发展的新实践。推进建设粤港澳大湾区，有利于深化内地和港澳交流合作，对港澳参与国家发展战略，提升竞争力，保持长期繁荣稳定具有重要意义。

其次是维护国家主权和领土完整、实现祖国完全统一是大势所趋和民心所向。和平统一最符合包括台湾同胞在内的中华民族的根本利益。任何旨在制造国家分裂，损害国家主权和领土完整的言行，都会遭到具有强烈爱国主义精神的海内外中华儿女的坚决反对。因为这是中国的重大核心利益。

案例：2022年8月10日，国务院台湾事务办公室、国务院新闻办公室发表《台湾问题与新时代中国统一事业》白皮书。白皮书在海峡两岸及港澳地区持续引发热烈反响。大家纷纷表示，白皮书系统阐述了中国共产党和中国政府在新时代新征程上推进祖国统一的大政方针与政策主张，清晰阐明按照"一国两制"实现和平统一后的光明前景，充分表明了我们实现祖国完全统一的必胜信心、反对"台独"分裂和外来干涉的坚定决心、为两岸同胞谋福祉的不变初心。

再说说促进民族团结问题。首先请大家看两个案例。

案例1：全国民族团结进步模范个人阿西阿呷

2019年9月27日，全国民族团结进步表彰大会上表彰了全国民族团结进步模范集体 665 个和模范个人 812 人。成都客运段列车长阿西阿呷就是其中一位。从小在铁路边长大，阿呷对"慢火车"充满感情，更对沿线老乡有亲人般的情怀。她悉心照料怀孕的旅客；用一个个关爱的小举动让离家出走的孩子敞开心扉；她帮老阿婆背上百斤的土豆上下车；悉心照顾每周末往返于家和学校间的 600 余名彝族学生，教他们说普通话，认识外面的世界，鼓励他们读书成才，走出大山。

案例 2：1965 年 8 月，杨昌林从武汉体育学院毕业主动申请赴藏工作，在昌都地区工作了一年多，又申请前往西藏海拔最高、条件艰苦的阿里地区工作了 12 年，在阿里和藏族姑娘次仁德吉相爱成家。1976 年，积劳成疾的杨昌林高原性心脏病发作，一度昏迷 10 个小时，野战医院紧急抢救，将他从死亡线上拉了回来。1978 年，杨昌林和次仁德吉调入武汉大学工作。至 2005 年，他和妻子一起，筑起武汉高校藏族学生的"武汉之家"。33 年来，他家接待、帮助过的藏族学生近 1 万人次，家庭收入三分之一以上用在了他们身上。

实时互动 4（智慧课堂）：你认为民族团结对一个国家的发展有哪些影响？

教师分析：习近平总书记说，"民族团结是各族人民的生命线""各民族像石榴籽那样紧紧抱在一起"。中华民族自古以来就是一个具有多样性的统一体。多民族一直是我国的一大特色，也是我国发展的一大有利因素。因为这种多样性的统一，才有可能在相对独立的地域空间内部充满活力，延续五千年的旺盛生命力。在新的时代条件下，弘扬爱国主义精神，必须把维护祖国统一和民族团结作为重要的着力点和落脚点。

【问题三】如何对待中华民族的历史和文化

实时互动 5（智慧课堂）：网上有一种观点："传统文化中的民族英雄岳飞、文天祥的行为不是爱国而是狭隘的民族主义"，你是否认同？

教师分析：这种观点就是一种典型的文化虚无主义。关于这个问题，确实有一部分人有疑问，一些人错误地认为当时的岳飞打击金人、卫青等反抗匈奴、文天祥抗击元朝都是中国人在自己家里打架，因为现在匈奴人、金人都是中国自己的民族了，岳飞顶多是一个"抗金名将"。这实际就是一种文化虚无主义。共青团中央在《文化虚无主义的表现、本质及治理》中提道："如认为传统文化中的民族英雄岳飞、文天祥的行为不是爱国而是狭隘的汉民族主义，这是意在污蔑历史英雄人物，抹杀他们的历史功绩，抹黑他们的正面形象，从而误导人们的历史观、价值观、文化观。"

除了文化虚无主义，还有一种就是历史虚无主义。

案例：1942年2月，卓娅被授予"苏联英雄"的光荣称号。可是，就是这样一位英雄女孩，在牺牲50年后再一次上了"绞刑架"，只不过这次的刽子手不是德军，而是西方敌对势力和苏联国内的投降分子。一篇由西方参与炮制，苏联人撰写的所谓真相解读文章公开发表在苏联报刊上，文中质疑了卓娅的行为，声称卓娅当时烧毁的不是德军马厩而是民房，她更是被愤怒的老百姓抓住后送到德军处。甚至还声称卓娅是精神病患者，理由是只有精神病人才会如此无畏。一个在苏联人眼中视为英雄的存在，就这样轰然坍塌了。这还没有完，卓娅事件只是个引子，紧接着在苏联的各大媒体上出现了一系列的翻案文章，苏军一大批战斗英雄的英勇事迹都被说成是人为的谎言。

灭人之国，必先去其史，这是一条规律。历史虚无主义的如意算盘是通过瓦解党的执政地位，走上资本主义的"理想国"之路。其惯用的手法是将历史作为"任意打扮的小姑娘"，借助一些精心挑选的历史细节来篡改历史，尤其是中国共产党党史、中国革命史、中华人民共和国国史，公然消解我们的历史、制度、道路，挖空心思颠覆人们对中国共产党的历史记忆，蓄意从历史依据上抽掉中国走社会主义道路的历史必然性，妄图从根本上否定中国共产党领导的合理性、正义性。

案例：2015年，新华社推出系列报道《为英雄正名》，通过寻访英雄的生前战友、朋友、亲属，提供确凿的证人、证言和证据，为近年来屡遭恶意抹黑的邱少云、黄继光、董存瑞、刘胡兰等英雄人物"正名"，起到了正视听、明是非、服人心的作用，有效地引导了社会舆论。

虚无主义代表着现代社会的悲观与颓废精神，是集怀疑主义、自由主义、解构主义与颓废主义于一身的一种现代文明危机，把任何信仰、价值都看作可有可无，不仅贬损主流、权威等崇高价值，而且无视传统精神价值和现代社会价值，最终导致价值无序、信仰危机、道德滑坡和思想迷茫。在文化虚无主义和历史虚无主义思潮背后，是一些对中国别有用心的西方敌对势力意识形态的渗透，其目的是通过对历史和文化的入侵与围剿，腐蚀我们的思想根基，摧毁我们的文化自信，进而动摇中国特色社会主义的理论自信、制度自信和道路自信，最终达到西化和分化中国的图谋。

中华优秀传统文化是中华民族的精神命脉，其中蕴含着中华民族世世代代形成并积累的思想营养和实践智慧，是我们的民族得以延续的文化基因，也是我们在世界文化激荡中站稳脚跟的根基。所以习近平总书记说："历史是一面镜子，从历史中，我们能够更好看清世界、参透生活、认识自己；历史也是一位智者，同历史对话，我们能够更好认识过去、把握当下、面向未来。"

因此，新时代弘扬爱国主义，要尊重并传承中华民族的历史和文化。

【问题四】爱国主义要立足中国又面向世界

实时互动6（智慧课堂）：随着经济全球化的发展，中国与世界的联系日益紧密，很多大学生毕业之后会选择出国学习、工作和生活，并深深融入当地的社会与文化之中。于是，有人站出来说："在经济全球化的条件下，爱国主义已经过时了，那些所谓的爱国者实际上是狭隘的民族主义者。"你是否认同这种观点？

教师分析：绝大多数同学不认同这种观点，也就是认为爱国主义并不过时，但是还有个别同学对这个问题存在不确定性的认识。那么面对经济全球化，爱国主义如何才能够具备世界胸怀呢？接下来，让我们思考如何立足中国，如何面向世界，以及大学生在日常生活中如何爱国。

1. 爱国主义如何立足中国？

在经济全球化加速发展的今天，各国的贸易往来和文化交流不断加强，跨国资本流动、人才流动、信息共享日益频繁，世界正在变成一个"地球村"，爱国主义真的像有些人说的那样过时了吗？

立足中国要清楚爱国主义并没有过时。曾经有记者在叙利亚难民营中拍到一个小女孩，她错将记者的长焦镜头认成一把枪，惊恐地举起双手投降。网络上有一张拍摄于2015年的也门撤侨照片曾引起了广泛关注，照片中的中国小女孩，神情轻松地牵着海军女兵的手，看不出一丝逃离战区的恐惧和慌乱。同一个历史节点，同处于战火中的两个小女孩经历着两种境遇，面对着两种人生。这种强烈的对比带给我们极大的震撼，也门撤侨事件也让很多身处海外的中国人第一次深刻认识到，背后有一个强大的祖国多么重要。这说明，尽管现在是经济全球化时代，但是，中华民族、中国人民在国际交往中的利益永远只能由中华人民共和国来维护。在经济全球化的背景下，各个国家之间的利益冲突和竞争强度没有减弱，一定程度上还强化了人们的爱国主义情感。经济全球化不等于政治全球化，更不意味着政治一体化，只要国家存在，爱国主义就有坚实的基础和丰富的意义。所以，新时代的爱国主义要立足中国，首先就需要清楚爱国主义并没有过时。

维护国家发展主体性。既然认识到经济全球化时代爱国主义并不过时，那么爱国主义要立足中国就必须维护国家发展主体性。

案例：2021年9月25日晚，华为孟晚舟女士在经历了1000多天的非法关押之后，终于回到祖国，孟晚舟在演讲中感谢了祖国以及人民对她的支持。《人民日报》评孟晚舟回国事件时说道，"孟晚舟事件的实质，是美国试图阻挠甚至打断中国发展进程。中国所作的努力，维护的不仅仅是一位公民的权利、一家企业的权益，更是在维护中国人民过上更美好生活、国家实现现代化的权利"。

孟晚舟顺利回国也再次证明了即便是经济全球化，但是中华民族、中国人民在国际交往中的利益永远只能由中华人民共和国来维护。

所以，对于很多国家来说，经济全球化就是一把"双刃剑"。我们在参与经济全球化的过程中，一定要保持清醒的认识，一方面，充分利用经济全球化提供的机遇发展自己；另一方面，坚持走自己的道路，维护自己国家的主权，按照本国国情坚持、发展自己的政治制度和民族文化。

自觉维护国家安全。

案例：2021年，国家安全部新闻办公室宣布了三起大学生危害国家政治安全的案例。2019年6月，大学生田某因为创办境外反动网站，大肆传播各类反动宣传信息和政治谣言，被依法逮捕。2020年5月和6月，国家安全机关侦破两起内地赴港学生陈某某、杨某某与境外敌对组织及"反中乱港"势力相勾连，从事颠覆国家政权及反中乱港活动案。

这三个烂漫花季的青年人，本应在学校接受良好的教育，学成后为国家建设贡献力量，却误入歧途，令人惋惜。随着中国的日益发展强大，不少西方国家将中国视为遏制重点和"颜色革命"新目标，在日益严峻的国家安全形势面前，大学生群体已经成为西化、分化的重点人群。在经济全球化深入发展的态势下，爱国主义必须自觉维护国家安全。

2014年，习近平总书记提出"总体国家安全观"，要求坚持国家利益至上，以人民安全为宗旨，以政治安全为根本，以经济安全为基础，以军事、文化、社会安全为保障，以促进国际安全为依托，走出一条中国特色国家安全道路。所以，我们要树立国家安全高于一切的观念，自觉学习和掌握国家安全知识，增强国家安全意识，提高识别和判断间谍的能力，自觉遵守国家安全法律，履行维护国家安全的法律义务。

2.爱国主义如何面向世界？

在人类社会的发展中，总是会遇到各种各样的全球性问题，金融危机、恐怖主义、全球疫情、跨国犯罪等，如何解决这些人类社会共同面临的问题呢？我们看到许多西方国家完全从自身的利益出发，推出了一系列的自我保护政策，逆全球化、贸易保护主义、美墨边境墙、控制移民……这些方法真的有用吗？我们看到地区冲突不断，许多人连基本生活都无法保障……

习近平总书记指出，"没有哪个国家能够独自应对人类面临的各种挑战，也没有哪个国家能够退回到自我封闭的孤岛"。经济全球化促使人们对传统的国家利益观进行反思。经济全球化发展以及交通的便利让人类居住的星球变成了"地球村"，各国利益的高度交融使不同国家成为共同利益链条上的一环。任何一环出现问题，都可能导致全球利益链中断。一个国家的粮食安全出现问题，饥民将大规模涌向别国。在世界任何一点发动网络攻击，看似无声无息，但给对象国经济社会带来的损失却有可能不亚于一场战争。气候变化带来的冰川融化、海平面上升等问题，不仅给小岛国带来灭顶之灾，也将给世界数十个沿海发达城市造成极大危害。资源能源短缺涉及人类文明能否延续，环境污染导致怪病多发并跨境流行，还有全球性的恐怖主义，等等。面对越来越多的全球性问题，任何国家都不可能独善其身。因此，爱国主义要面向世界，就是要推动构建人类命运共同体。

正是在这样的背景之下，2012 年 11 月，党的十八大报告正式提出"人类命运共同体"的理念。2015 年第 70 届联合国大会讲话中，习近平主席向全世界强调："打造人类命运共同体。"2017 年 1 月，习近平主席在日内瓦联合国总部发表《共同构建人类命运共同体》主旨演讲，提出解决人类社会何去何从的中国方案是："构建人类命运共同体，实现共赢共享。"同年 2 月，构建人类命运共同体理念被写入联合国决议。所以，作为新时代的中国大学生，爱国主义要具有世界胸怀，既要立足中国，维护国家发展主体性，坚决维护国家安全，同时又要具有世界眼光和世界胸怀。

3. 爱国主义如何融入生活？

首先，爱国要理性。在 2020 年的东京奥运会中，很多人发现，最大的变化之一就是国内主流民意对奥运会的态度更加平和、理性。国内民众一方面在享受着中国运动员在奥运赛场上奋力拼搏带来的激情与荣耀，另一方面更加宽容地对待运动员的失利，这就是一种理性爱国。在 16 天的东京奥运赛场上，中国奥运健儿成为中国的"形象大使"。他们彰显个性，关爱对手，展示了一个友爱的中国，这也是一种理性爱国。所以，爱国不是个人情绪化宣泄的空口表达，而是要实实在在地做出行动。

其次，爱国要真实。

案例：前段时间，网络上出现了一些宣扬爱国主义的视频，这些视频均以"我们没有生在和平年代，而是生在一个好国家"为统一文案。故事的讲述者在海边或者江边架起支架用手机拍摄视频，身后50米左右停着一辆边防特警车，边防武警官兵为了保护人民的安全，站成人墙面对境外方向，把人民挡在身后。这些视频，有的获得了50多万的点赞量，不少网友被故事感动，留下数万条留言。

为了博取眼球，有些视频主播编造着"爱国流量故事"，把爱国变成一场廉价的买卖，这种冠冕堂皇打着"爱国"的旗号，实际上却是收割人们的情感，赚取流量，获得利益，这无疑是对爱国情感的亵渎。国家的强大，祖国的可爱，有很多信息可支撑，不需要虚构假新闻。爱国不是生意，更不是流量，爱国是人民最质朴、最没有利益纠葛的情感，不应成为任何人牟利的工具。

最后，爱国要自信。

案例：在讲述中国女排传奇故事的电影《夺冠》中，影片前段最坎坷的阶段有这样一段反思，"中国人，为什么这么看重一场排球比赛的输赢呢？因为我们的内心还不够强大"。但起起伏伏之后，巩俐扮演的郎平教练对球员们说："过去的包袱由我们这代人来背，你们应该打出你们自己的排球，放开了打，豁出去打，我和你们在一起。"最近几年来，在外国打球的中国运动员逐渐增多，这些运动员让世界人民看到了中国力量和中国精神。这种新体育爱国主义的背后，是一个体育强国、世界大国日渐成熟的国民心态。

而这样的心态，不只是表现在体育赛场和文化领域。每个人打开"爱国主义"的方式，都应该更加从容自信，因为从某种意义上讲，爱国不仅是一种情感，还是一种能力。这种能力，体现在尊重法律、尊重他人合法权利、尊重公共秩序的"理性"，体现在积极建言献策、用实际行动让国家变得更好的"务实"，体现在从不同文明中寻求智慧、汲取营养的"包容"。习近平总书记指出："弘扬爱国主义就要不断增强对伟大祖国、中华民族、中华文化、中国共产党、中国特色社会主义的认同。"我们爱国的自信也是源自这种认同。

八、课堂总结

1. 总结内容：本次课围绕新时代爱国主义，从对内和对外两个维度探讨了新时代爱国主义如何对待自己的历史文化以及经济全球化等重要问题。主要分析了新时代爱国主义要尊重并传承中华民族的历史和文化，自觉抵制文化虚无主义和历史虚无主义，要立足民族，面向世界。

2. 调查反馈：针对本次课的学习，还有哪些困惑？（智慧课堂）

3. 引出新课：爱国主义是民族精神的核心，作为时代精神核心的改革创新，我们又该如何认识呢？

九、作业安排

1. 请大家阅读《新时代爱国主义教育实施纲要》，结合大学生日常学习生活，以小组为单位，讨论大学生如何做新时代的爱国者。

2. 请大家课后查找资料，思考爱国主义与狭隘的民族主义之间有何区别。

十、课堂延伸

1.《新时代爱国主义教育实施纲要》，人民出版社，2019 年。

2.《中国精神》编创组：《中国精神：中国共产党人的奋斗故事》，中共中央党校出版社，2020 年。

3. 季羡林：《季羡林谈爱国》，党建读物出版社，2020 年。

4. 王易、王凡：《〈新时代爱国主义教育实施纲要〉的理论创新与路径优化》，《思想理论教育导刊》，2020 年第 7 期。

5. 佘双好：《新时代爱国主义教育的时代升华——学习〈新时代爱国主义教育实施纲要〉》，《学校党建与思想教育》，2020 年第 13 期。

第十二讲　改革创新：时代精神之"VC"

一、教学理念

1. 以多样化的教学手段推动教学方式的创新。目前，新媒体技术在课堂教学中的运用主要是实时互动平台的运用，通过互动平台的数据分析功能，能够让教师更加精准地发现学生的问题。另外，对于智能化教学手段也不能过分依赖，传统课堂中的探讨能够直接、深入地对一些重点问题进行讨论，能够增加对问题的深入认识。

2. 以充满现实关照的内容激发学生的创新意识。创新不仅仅是一个时代话题，也是一个历史命题，中国历史上曾经也有过许多创新成果，通过中西对比，让学生感受创新的重大意义，从历史、现实、未来的不同角度分析创新，更加能够激发学生的创新意识。

二、学情分析

（一）提出问题，了解学情（智慧课堂）

1. 大学生需要进行创新意识教育吗？

2. 你觉得自己在生活中善于创新吗？

3. 你认为创新对社会发展影响有多大？

4. 你觉得学校需要开设创新意识方面的课程吗？

（二）分析问题，总结学情

知识基础：通过前面对中国精神以及民族精神的学习，学生能够意识到精神对于个人和国家的重要意义，同时对于民族精神已经有了比较深刻的认识，于是紧接着会对时代精神的相关问题产生疑问。但是在过去的教学中，发现学生对时代精神的学习兴趣不是特别高，主要原因是很多学生觉得这个问题很重要，但是跟个人的成长关系并不是特别密切，尤其是对于文科类学生而言，他们往往把改革创新理解为科技领域的突破，而忽视从精神的角度来理解这个问题。

学习能力：大学生在学习能力方面都是比较强的，在课后的智慧课堂小组群讨论中，大多数学生都能够对这个问题有比较系统的认识。而且通过前面一段时间的学习，学生对于本课程的理论特性和现实意义也有了初步的了解，同时对本课程所关注的问题也有了比较全面的认识。

学习态度：大一的学生思想淳朴，对学习充满热情，但是对于以前选修文科的学生，这部分的内容可能在中学阶段学习过，所以会有一种不屑，需要教师通过内容吸引学生，通过情感引导学生。

三、教学目标

（一）知识目标

1. 能够举例说明中国历史上的改革创新表现。

2. 能够举例说明改革创新究竟给中国带来了什么。

3. 指导大学生怎样做改革创新的生力军。

（二）能力目标

1. 通过对改革创新相关理论的学习，能够认清我国当前所面临的形势。

2. 让学生能够意识到改革创新的重要意义，并且有意识地在学习中树立改革创新的意识和提升改革创新的能力。

（三）情感目标

1. 帮助大学生将改革创新与自己的学习和生活结合起来。

2. 从现在起就树立改革创新意识，并积极参与改革创新的实践活动。

四、教学内容分析

本讲是整个教学体系第三系列"精神'VC'系列"之五：改革创新：时代精神之"VC"。VC 是人体必需的一种维生素，但是人体自身却无法合成，改革创新也不是一个民族在任何时代都天然具有的精神，而是在长期发展历程中逐渐形成的。改革创新在当下时代具有突出的精神品质，用精神"VC"来表示改革创新，则表达了改革创新在中华民族精神中的重要地位，是我国民族精神的核心。本讲涉及教材第三章第三节的内容，也是弘扬中国精神的第二个落脚点，同时，改革创新也是高校培养目标中一个十分注重的目标。所以，无论是从理论还是现实，该部分内容都是很重要的。具体来说，本讲的主要内容有以下四个方面：改革创新在历史与现实中的表现；改革创新的意义；为什么说改革创新是攸关国运的大问题；大学生如何成为改革创新实践者。

五、教学重、难点及化解策略

（一）教学重点及化解策略

本讲的重点内容有两个：

1. 如何理解改革创新是攸关国运的大问题。

2. 青年大学生应该树立什么样的改革创新意识。

化解策略：

1. 从历史视野到现实关照：要分析改革创新是攸关国运的大问题，关键在于抓住"国运"二字，所以历史视野是分析这个问题的基本立场，但是对改革创新的学习不仅是为了了解历史，更重要的是立足当下，服务于中国特色社会主义伟大事业和中华民族伟大复兴。所以，对于这一问题，仅仅是讲清楚历史的重要意义是不够的，还需要立足现实、关注现在，激发学生思考现实需求。

2. 小组协作激发情感共鸣：本课程学习改革创新的关系是从时代精神的核心这一理论问题出发，但是最终要落脚到学生的践行。这些年高校的各种创新创业比赛对学生的吸引力很大，通过小组协作，分享自己或者讲述其他人的创新创业故事，能够更加有利于激发学生的创新意识和创新热情。

（二）教学难点及化解策略

本讲的难点内容有一个：

从现实需求看改革创新的价值。

化解策略：

从具体到抽象：学生对这个问题都有一定的感性认识，但是很少进行理论的总结。这些年我国十分重视体制改革、创新驱动等相关问题的理论研究和现实机制完善，但是如何把这些最新的理论成果与学生的成长需求相结合，这就需要教师思考如何从学生感兴趣的角度、从学生容易接受的角度来理解这个问题。在当前我国的社会发展中,改革的成果处处可见,从具体到抽象就是充分运用大思政课理念,把中国特色社会主义建设取得的伟大成就讲给学生们听,从而实现理论的认知、情感的认同,进而内化为个人意志,外化为个人行为。

六、教学方法

本讲在教学方法上主要运用讨论法和比较法,通过对一些具有争议性问题的讨论和一些具有相似性观点的比较,以达到预定的教学目标。

小组讨论法:对一些理论性不是很强、实践性较强的问题,尤其需要倾听学生的声音,让学生在查找案例、发表观点、抒发情感中影响周围更多的学生,通过讨论的方式各抒己见,加深理解和认识。

对比分析法:虽然本讲探讨改革创新的目的是为中国特色社会主义建设服务,但是对于改革创新的分析不能仅仅只是停留在中国。通过中西对比的教学内容安排,能够让学生更加直观感受到改革创新的重要意义。

案例分析法:关于改革创新,理论性并不是特别强,但是现实中的案例特别多,通过案例分析探讨改革创新问题,能够让理论更加具有说服力。

七、教学过程详案

【课程导入】

实时互动1(智慧课堂):《纽约时报》的著名专栏作家曾发表一篇题为"从开封到纽约——繁华如过眼云烟"的文章。你觉得作者写这篇文章的意图是什么?

教师分析:作者用开封这个1000多年前世界上最繁华的城市来警醒美国要改革创新,别让辉煌成为过眼云烟,通过这种比较来说明创新的必要性和紧迫性。而当《纽约时报》用中国的历史教训来警醒美国的发展时，我们更应当从历史的教训中去寻找曾经落后的原因，找到今天持续发展的动力。

【问题一】从历史经验看改革创新有何作用

1. 创新是推动人类社会发展的第一动力。

实时互动 2（随机提问）：1750 年至 1865 年，英国资本总额翻了好几番，是什么原因呢？

教师分析：自然是工业革命。而英国的工业革命首先是从棉纺织业开始的。1785 年，水力织布机应运而生，把织布效率一下提高了 40 倍。蒸汽机的发明，是人类第一次工业革命的重要标志，使人类从以人力为主的手工劳动时代进入到机器大生产的蒸汽时代。到 1830 年，英国整个棉纺工业已基本完成了从工场手工业到以蒸汽机为动力的机器大工业的转变。蒸汽机的发明和应用，促进了英国以及其他资本主义国家在各个生产领域的机械化。因此，从历史经验看，创新是推动人类社会发展的第一动力。

2. 创新决定世界政治经济力量对比的变化。凭借第一次工业革命，英国成了世界霸主。接下来就是第二次工业革命，电话、电灯、汽车、发电机等相继问世，人类进入电气时代。19 世纪末 20 世纪初，美、德、英、法、日等主要资本主义国家相继进入帝国主义阶段。近代史告诉我们，凭借第一次工业革命，英国成为世界霸主；凭借着第二次工业革命，美国成为世界霸主。由此可见，创新决定了世界政治经济力量对比的变化。

3. 创新决定着各个民族的前途命运。从 18 世纪初到 19 世纪末，近乎两百年，中国在干什么？1792 年，西方派使者来到中国，此时中国正处于封建社会的最后辉煌之中。对于西方送来的代表着西方科技发展前沿的礼物，乾隆皇帝认为是奇技淫巧而已！中国曾经在过去的几千年中领先世界，但是从 17 世纪到 19 世纪，西方因完成了两次工业革命而反超中国，中国则因错失工业革命机会而逐渐落后，落后就要挨打，这也是近代中国饱受欺凌的重要原因之一。新中国成立后，中国以极低发展水平为起点，启动国家工业化，补上了前两次工业革命的课。通过第三次工业革命，也就是信息技术革命，中国实现了成功追赶，如今已经成为世界最大的信息通信技术生产国、消费国和出口国，正在成为领先者。这充分说明，创新决定着各国各民族的前途命运。

习近平总书记指出："纵观人类历史，创新始终是一个国家、一个民族发展的重要力量，也始终是推动人类社会进步的重要力量。不创新不行、创新慢了也不行，如果我们不识变、不应变、不求变，就可能陷入战略被动，错失发展机遇，甚至错过整整一个时代。"[①]

所以，从历史经验的角度来看，改革创新决定了一个国家的命运走向。

【问题二】从现实需求看改革创新有何价值

历史经验告诉我们，要发展，就必须创新。发展也是当今时代主题之一，从现实的发展需求来看，改革创新的价值是如何体现的呢？

1. 改革创新为国际竞争提供物质基础。1990年，美国领导的联盟军队发动了海湾战争，有学者指出，海湾战争对冷战后国际新秩序的建立产生了深远影响，这是为什么呢？海湾战争开创了以空中打击力量决胜的先例，最亮眼的是精确制导武器，美国GPS为精确制导提供了关键技术支持。海湾战争在一定程度上提高了美国的国际地位，增强了美国干预国际事务的能力和信心，也助长了其独霸世界的野心。为了摆脱美国对我国的遏制，1994年12月，中国北斗导航实验卫星系统工程获得国家批准。2020年，耗时26年、先后发射59颗卫星的我国自主卫星导航系统终于建成。不只是北斗导航，还有5G通信技术、高铁技术、基因测序技术……如今，中国已经在很多高科技领域从过去的赶超者正在变成领先者。所以，改革创新为我国参与国际竞争提供了坚实的物质基础。

---

① 习近平：《在全国科技创新大会、中国科学院第十八次院士大会和中国工程院第十三次院士大会、中国科学技术协会第九次全国代表大会上的讲话》，《人民日报》，2016年5月30日。

2. 改革创新为民族复兴提供制度保障。党的十八大之后，中国特色社会主义进入新时代，但是我国发展依然面临一系列突出的矛盾和挑战，前进道路上还有不少困难和问题。比如发展不平衡、不协调、不可持续等问题依然凸显，整体创新能力不强，产业结构不合理，发展方式依然粗放，城乡区域发展差距和居民收入分配差距较大，等等。要解决这些问题，就必须全面深化改革。为全面深化改革，党中央统筹推进"五位一体"总体布局、协调推进"四个全面"战略布局，着力抓好重大制度创新，推进国家治理体系和治理能力现代化，为中华民族伟大复兴提供了强有力的制度保障。

3. 改革创新为社会发展提供精神力量。如今，我国的经济总量已经跃居世界第二位，但是我国人口、资源、环境等方面的压力也越来越大。如何才能在当前的国际竞争和社会发展中获得持续不断的精神力量呢？

习近平总书记指出："改革创新始终是鞭策我们在改革开放中与时俱进的精神力量。"①

改革创新为我们提供了哪些精神力量呢？至少有这样一些，比如敢于打破一切观念的勇气，咬定青山不放松的韧劲，不怕牺牲勇于奉献的无私品格，尊重科学、大胆探索的求实态度，胸怀大局、敢于担当的使命意识。正是在这些精神的激励下，涌现出一大批积极进取的改革先进模范；正是在这些精神的激励下，如今的中国能够在许多领域领先世界。所以，从现实需求的角度来看，改革创新为国家发展提供物质基础、制度保障、精神力量，奠定了一个国家的腾飞基础。

【问题三】从发展趋势看改革创新有何地位

今天，我们比历史上任何时候都更接近中华民族伟大复兴的目标，比历史上任何时期都更加有信心、有能力实现这个目标。实践证明，改革创

---

① 习近平：《高举中国特色社会主义伟大旗帜为全面建设社会主义现代化国家而团结奋斗》，《人民日报》，2022年10月26日。

新是决定当代中国命运的关键一招，同样，改革创新也是实现中华民族伟大复兴的关键一招。那么，从未来发展来看，改革创新有何地位呢？

案例：2021年9月25日，孟晚舟乘坐中国政府包机返回祖国。《人民日报》发文指出，"透过孟晚舟事件，中国人民更加清晰地看到，面对世界百年未有之大变局，我们必须坚定不移走自己的路，百折不挠地办好自己的事，实现高水平科技自立自强，把伟大祖国建设得更加强大"。

1.科学技术影响着国家前途命运。当前，全球新一轮科技革命和产业变革正在孕育兴起，谁在创新上先行一步，谁就能拥有引领发展的主动权。面对科技创新和产业革命新趋势，世界主要国家都在积极调整应对，努力寻找创新的突破口，抢占发展的先机，纷纷出台新的创新战略，加大投入，加强人才、专利、标准等战略性创新资源的争夺，创新战略竞争在国家综合国力竞争中的地位日益重要。

实时互动3（随机提问）：为什么世界主要国家都加大科学技术投入呢？

教师分析：习近平总书记告诉我们，"科学技术从来没有像今天这样深刻影响着国家前途命运，从来没有像今天这样深刻影响着人民生活福祉"。所以，面向未来，科学技术影响着国家前途命运。

2.创新能力关乎未来国际地位。目前中国科技水平是什么程度呢？根据《2021年全球创新指数报告》显示，中国排名第12位，一般来说，创新能力指数达到全球前15位就进入了创新型国家。这是不是意味着我们就是一个世界领先的创新型国家了呢？

1991—2019年，中国研发总支出逐渐超过日韩，并逐渐赶上了美国；但是在研发强度方面，我们距离西方发达国家还有很大差距。研发强度就是研发经费投入占GDP的比例。研发投入强度是一个国家科技实力的体现，研发投入强度大，说明这个国家对科技进步更加重视。长期高强度的研发投入，对于社会的科技进步有极大的促进作用。

从1985年至2019年，中国专利申请总量增长了303.8倍，但是，我国发明专利占比不高，表明中国专利申请过于注重数量而忽略了质量。这就意味着，在新一轮的科技竞争中，我们想要后来居上，必须不断提升创新能力，因为创新能力关乎未来国际地位。

提升创新能力，不仅关乎国家重大战略发展，也关乎人民生活水平。中国高铁就说明了这一问题。

案例：2017 年 6 月，被称为"最新版中国高铁"的"复兴号"在北京举行了正式的命名仪式。"复兴号"的出现，是我国高铁发展新的里程碑，成为国内运营速度最快的高铁。由于速度的加快，安全性能的提高，对于交通运输业的推动作用也是极大的，越来越多的人选择高铁作为出行方式，这不仅加速了国内各地人员的流动性，带来更多的经济效益，还带动物流业的发展，优化资源组合效率。

所以，从未来发展的角度来看，改革创新决定了一个国家的前途命运和国际地位。

站在新的历史节点，我们要在 2035 年基本实现社会主义现代化，要在 2050 年建成现代化强国，就需要牢记习近平总书记所强调的，改革创新要面向世界科技发展前沿、面向经济主战场、面向国家重大需求、面向人民生命健康。大一学生通常还不到 20 岁，到 2035 年，大家也才 30 岁出头，青年大学生正是改革创新的主力军，所以，未来中国的改革创新要靠有志青年的共同努力。

【问题四】当代大学生怎样做改革创新的生力军？

2020 年 9 月 11 日，习近平总书记在科学家座谈会上的讲话中强调，要"加强创新人才教育培养。人才是第一资源。国家科技创新力的根本源泉在于人。十年树木，百年树人。要把教育摆在更加重要位置，全面提高教育质量，注重培养学生创新意识和创新能力"。这就说明，我国继续推进改革创新，关键就是人才的培养，而青年大学生正是改革创新未来的践行者，所以需要从现在开始就行动起来。

实时互动 4（课堂讨论）：大学生如何做改革实践者？

教师分析：大学生虽然目前没有参加工作，但是可以在日常生活和学习中提升自己的改革创新意识和改革创新能力。

1. 树立改革创新的自觉意识

马克思主义认为物质决定意识，但是意识对物质又具有反作用，正确的意识能够指导事物的发展，而错误的意识会阻碍事物的发展。所以，要在实践中改革创新，就必须具备改革创新的意识，能够敢于突破陈规、大胆探索、勇于创新。具体来说，改革创新的意识包括三个方面。

（1）增强改革创新的责任感

改革创新是推动社会发展进步的动力源泉。人类社会无论重大还是细小的进步，都是由改革创新而非因循守旧推动的。中国的四大发明是改革创新的结果，当今社会的科技发展也是改革创新的结果。古往今来的改革都充满了艰辛，没有推动社会进步的责任感和使命感，很难支撑人们克服并战胜改革创新过程中的各种困难。

青年强则国强，造就一个"青春之中国"需要年轻人承担起应有的责任。

案例："嫦娥二号"卫星测控总体方案的科研团队平均年龄不到33岁；"天宫一号"科研团队的平均年龄只有30岁；我国15万航天科技人员中有10万人属于"80后"，比世界主要航天大国的同行平均水平年轻15岁。而且在所有科研行业中，"90后"也已经越来越多。

所以，培养改革创新意识不是所谓的技术骨干、领导专家的事情，而是我们年轻人的责任，也是只有我们年轻人可以承担的责任。

（2）树立突破陈规的意识

案例：改革的来源

公元前307年，赵国经常受到周围游牧民族的侵扰，当时的君主赵武灵王发现，这些胡人在军事服饰方面有一些特别的长处：穿窄袖短袄，生活起居和狩猎作战都比较方便；作战时用骑兵、弓箭，与中原的兵车、长矛相比，具有更大的灵活机动性。于是，赵武灵王下令，作战时改华夏传统的长裙宽袖服装为胡人的紧凑短衣长裤，这就是著名的"胡服骑射"。因为胡人服饰多为动物皮革所制，故而有"改革"一词，意为变革、革新。

在这个事件中，面对战争，华夏传统的长衣宽袖就显然很不方便，而且不仅是战争，人们在日常生活中也有许多不便，而赵武灵王能够突破陈规，向敌人学习，体现的就是一种改革意识。

（3）树立大胆探索未知领域的信心和勇气

人类社会对未知领域总是充满了好奇，为了认识未知领域，人们研究出了航天飞船，研究出了潜水装置，研究出了显微镜，等等。借助这些工具，人类认识了更多肉眼所无法看到的事物和现象。但是，对未知领域的探索总是充满了艰险。

案例：邓稼先对中国核科学事业做出了伟大贡献，被称为"两弹元勋"。1979 年，因为投弹的降落伞质量不佳，核试验宣告失败。他冒着被辐射的危险，只做了简单的防护便大踏步走向现场中心地带，然后亲自拾起核弹的部分碎片仔细察看，第一时间获得了宝贵的数据。正是这一举动，严重的核辐射伤害了他的身体，1985 年，邓稼先被诊断为直肠癌。1986 年 7 月 29 日，他临终前仍心系祖国的尖端武器研究，并叮咛："不要让人家把我们落得太远……"

人类社会为了探索未知领域付出过很多代价，但是正因为艰难，才更加显得可贵，未知领域所蕴含的能量、机遇、可能就更加吸引人。所以，要探索未知领域一定要有信心和勇气，否则就无法推动社会的发展。

2.增强改革创新的能力本领

改革创新不是空谈，也不是让我们以后再去做，而是从当下开始，付诸实践。

（1）夯实创新基础。扎实系统的专业知识是增强改革创新能力本领的基础。改革创新并不是凭空想象，而是对前人思想的超越，或者是提出一些前人不曾提出的新思想。之所以可以超越前人，一个很重要的原因就是具有扎实的专业知识，否则，你提出的想法可能根本就经不起推敲。

习近平给第三届中国"互联网＋"大学生创新创业大赛中参加"青年红色筑梦之旅"活动的大学生的回信中说道："实现全面建成小康社会奋斗目标，实现社会主义现代化，实现中华民族伟大复兴，需要一批又一批德才兼备的有为人才为之奋斗。艰难困苦，玉汝于成。今天，我们比历史上任何时期都更接近实现中华民族伟大复兴的光辉目标。祖国的青年一代有理想、有追求、有担当，实现中华民族伟大复兴就有源源不断的青春力量。希望你们扎根中国大地了解国情民情，在创新创业中增长智慧才干，在艰苦奋斗中锤炼意志品质，在亿万人民为实现中国梦而进行的伟大奋斗中实现人生价值，用青春书写无愧于时代、无愧于历史的华彩篇章。"

（2）培养创新思维。培养创新思维方式是增强改革创新能力本领的前提。党的十八大召开以来，习近平总书记多次强调创新思维。他指出，"唯创新者进，唯创新者强，唯创新者胜"。生活从不眷顾因循守旧、满足现状者，从不等待不思进取、坐享其成者，而是将更多机遇留给善于和勇于创新的人们。培养创新思维，一方面要做到不盲从，训练自己的批判思维，另一方面要做到不偏激，全面把握不同的声音。

（3）投身创新实践。积极投身实践是增强改革创新能力本领的关键。任何思想和理论只有投身实践才能够发挥效用。2012年，教育部推出国家级大学生创新创业训练计划，内容包括创新训练项目、创业训练项目和创业实践项目三类。许多大学生自组团队，积极参加这些项目，形成了许多有意义有趣味的研究主题。

八、课堂总结

1. 总结内容：本次课围绕改革创新，从历史和现实两个方面探讨了改革创新的表现，并从三个层面重点分析了改革创新的重要意义，最后将落脚点放在青年大学生如何践行改革创新上。

2. 调查反馈：针对本次课的学习，还有哪些困惑？（智慧课堂）

3. 引出新课：中国精神是兴国强国之魂。社会主义核心价值观是中国精神的集中体现，对一个民族、一个国家来说，最持久、最深层的力量是全社会共同认可的核心价值观。那么，社会主义核心价值观是什么？为什么它很重要呢？

九、作业安排

1. 观看政论专题片：《将改革进行到底》，思考当前中国的改革创新面临哪些挑战。

2.2021 年 5 月 28 日，习近平在两院院士大会、中国科协第十次全国代表大会上指出，"培养创新型人才是国家、民族长远发展的大计。当今世界的竞争说到底是人才竞争、教育竞争"。请思考青年大学生该如何做改革创新的实践者。

十、课堂延伸

1. 中共中央文献研究室：《习近平关于科技创新论述摘编》，中央文献出版社，2016 年。

2. 习近平：《努力成为世界主要科学中心和创新高地》，《求是》，2021 年 3 月 15 日。

3. 习近平：《在中国科学院第二十次院士大会、中国工程院第十五次院士大会、中国科协第十次全国代表大会上的讲话》，《人民日报》，2021 年 5 月 29 日。

4.《深入实施创新驱动发展战略》，中国计划出版社、中国市场出版社，2020 年。

第十三讲　明道德之本心

一、教学理念

1.以多样化的教学手段推动教学方式的创新。本课程全程使用智慧课堂平台辅助教学，在本讲中，智慧课堂平台的运用能够帮助教师快速了解学生对道德基本问题、道德现象的看法，及时了解对知识点掌握的程度。同时，小组研讨式教学也能够帮助学生尽快进入角色，快速对一些重点问题进行深入讨论，增加对问题的深入认识。

2.以内容的逻辑性和现实性引发学生的学习兴趣。本章的落脚点是道德践行，但是掌握道德基础理论问题是道德践行的基础。当然这部分的内容比较枯燥，所以需要将道德理论的逻辑性和道德的现实性充分结合，引发学生主动思考道德问题，掌握道德知识。

二、学情分析

（一）提出问题，了解学情（智慧课堂）

1.道德是人类社会必需的吗？

2.道德是人类社会独有的吗？

3. 道德规则是永恒不变的吗？

4. 为什么道德认识和道德行为并不是完全一致的？

（二）分析问题，总结学情

知识基础：在前面的学习中，学生对本门课程的学习体系与知识特征都已经有了一定的认识。关于道德问题，学生对此都不会陌生，但是中小学对道德的学习主要是从对与错的角度认识道德行为，而对道德的一些基本理论问题则了解很少。比如"道德究竟是如何产生的""道德的本质是什么"，这些问题理论性较强，但却是培养德性和践行德行的基础性问题。

学习能力："00后"大学生大多数都很关注现实问题，尤其是当前社会中存在的一些道德现象往往会引起他们的关注，而如何运用道德理论来认识和分析道德现象还比较缺乏，所以教师需要通过理论的引导帮助学生形成一定的道德判断能力。

学习态度：大学生在思想认识方面比较积极上进，而且思想淳朴，对学习也充满热情，但是对于以前选修文科的学生，这部分的内容可能在中学阶段学习过，所以会有一种不屑，需要教师通过内容吸引学生，通过情感引导学生。

三、教学目标

（一）知识目标

1. 基本能够表述道德的内涵。

2. 了解中国古代与西方在道德词源发展方面的差异。

3. 对马克思主义道德起源有深刻认识。

4. 对道德的本质问题有大致了解。

（二）能力目标

1.通过对道德基本理论问题的学习，能够对社会常见的道德现象进行分析。

2.能够通过社会道德现象探索背后的道德本质。

（三）情感目标

1.通过对道德基本理论问题的学习，认同马克思主义道德起源观。

2.通过对道德本质的学习，清楚道德发展性，产生对社会主义道德优越性的认识。

四、教学内容分析

本讲是整个教学体系第四系列"陶铸德行系列"之一：明道德之本心。这一系列主要围绕道德问题展开，道德是本课程的核心问题之一，而本课程的道德教育落脚点应该是德性的养成和德行的实践，无论是德性还是德行都需要从心出发，只有从内心予以认同，才能养成德性、践行德性。所以，第四系列所选择的四个问题都是紧紧围绕着"心"的问题展开。第五章的内容涉及道德理论和道德实践两大部分，这两部分不可分割。本讲为第五章第一节内容，主要回答道德的基础理论问题，也就是道德的本质性问题。具体来说，本讲的主要内容有以下三个方面：道德内涵，主要是从概念和词源两个方面分析古今中外对道德这个概念的认识以及认识发展。道德的起源，分析迄今为止几种常见的道德起源学说，其中马克思主义道德起源观是本节的重点内容之一。道德的本质，从三个角度理解马克思主义对道德本质的理解。

五、教学重、难点及化解策略

（一）教学重点及化解策略

本讲的重点内容有两个：

1. 马克思主义道德起源观。

2. 马克思主义对道德本质的分析。

化解策略：

1. 理论对比、分析辨别：道德起源是伦理学中的一个基础问题，所以要重点进行分析，但是针对伦理学中的不同流派，就需要对不同道德起源观进行对比，让学生在对比中自主判断，形成正确的道德起源观。

2. 从特殊到一般：道德本质问题是一个抽象的问题，若要讲清楚道德的本质，就需要从一些特殊现象出发，从特殊入手，分析一般本质。

（二）教学难点及化解策略

本讲的难点内容有一个：

分析马克思主义的道德本质。

化解策略：

"道德的本质是什么"这个关涉本体论层面的问题，是伦理学最基本的问题之一，对此问题的回答也就成为历史上各学派伦理思想的核心命题，关涉伦理学体系和原理的建构。对这一问题的回答既是本讲的重点，也是难点，其化解策略就是教学重点中分析的化解策略。

六、教学方法

关于道德起源、道德本质等重要问题，古今中外出现过很多不同的观念，要帮助学生用马克思主义的认识论和方法论来认识道德问题，就需要对不同的道德理论有一个介绍，在了解的基础上，再运用案例比较法、理论讲授法、小组讨论法，引导学生形成马克思主义的道德观。

案例分析法：对于道德的内涵，需要通过一些案例辅助讲解，因为道德内涵本身是比较抽象的，所以需要借助一些具体的案例来进行辅助，让学生通过案例分析一步步归纳出道德的内涵。

理论讲授法：道德的起源问题涉及古今中外不同学者、理论流派的道德观，所以需要教师有针对性地进行梳理和讲解；还有就是道德的本质问题也需要教师重点进行理论的讲授。

小组讨论法：对一些可能存在争议的问题，通过组织讨论的方式，让学生各抒己见，比如"为什么非马克思主义的道德起源无法真正揭示道德起源""道德作为一种社会规范与其他规范的区别是什么"等问题，就可以让学生进行小组讨论，通过讨论之后，教师再引导归纳出正确的答案。

七、教学过程详案

【课程导入】

引出：北宋司马光说："才者，德之资也；德者，才之帅也。"在司马光看来，才干是德行的辅助，德行是才干的统领。2018 年，习近平总书记在北京大学与师生座谈时引用了司马光的这句名言，强调立德树人在人才培养中的重要地位。

引出：古往今来，人们为什么如此重视道德修养？人类社会为什么会产生道德？道德在本质上究竟是什么？

【问题一】道德的起源

人类在很早的时候就开始探讨道德起源问题，并且提出了许多不同的道德起源说。下面我们对几种具有代表性的道德起源说进行分析。

第一种是"天意神启论"道德起源说。

这种起源说认为道德来源于天意或者是神的命令。在基督教伦理学中，上帝是造物主，也是万善的创造者和公正至上的统治者，上帝在造人的同时，把自己的意志传给了人，上帝的意志就是人类道德的根源。在中国，我们一般不讲神启论，但是讲天道论，比如墨子的"义自天出"，在墨子看来，兼爱非攻是"义自天出"的绝对道德律令。所以，倡导"天之所欲则为之，天所不欲则止"。还有董仲舒的"王道之三纲，可求于天；天不变，道亦不变"、宋明理学的"吾心即宇宙""心明即天理""心外无义，心外无善"，都是"天道神启论"的代表。

实时互动1（智慧课堂）："天道神启论"关于道德起源的思想有什么破绽？

教师分析：从逻辑上分析，这种观点也是站不住脚的。这种观点认为人类的道德由上天或者神赋予，既然它是上天或神赋予的，那么就是一种完美的道德，甚至是至高的善，那么，每一个人都应该拥有完美的道德和至高的善，可为什么现实生活中，却有那么多不善甚至是恶的人呢？很显然，"天道神启论"解决不了道德起源这个问题。把道德的起源归于神或天，显然不能解释甚至是有意逃避解释道德发生的真实根源，这是一种客观唯心主义的道德观。这种观点与宗教本身一样，是对人们精神的一种麻醉。但是从作用上看，"天道神启论"在人类社会发展史上最能统一规范，维持道德秩序与政治秩序，因而也最有利于统治阶级的利益，这是"天道神启论"能够存在很长时间的最深刻原因。

第二种是"先天人性论"的道德起源说。这种起源说认为道德不是神或自然赋予的，而是人所固有的，与生俱来的，将道德的起源归结为与生俱来的善性，或者归结为先天的良知、理念或精神。孟子讲的人有四端，"恻隐之心，仁之端也；羞恶之心，义之端也；辞让之心，礼之端也；是非之心，智之端也"。孟子还说"仁义礼智，非由外铄我也，我固有之也"。这就是说，孟子认为人的仁义礼智都是天生就有的。康德讲的道德律令也是这个意思，康德认为具有普遍道德价值的东西来自人的理性本身的善良意志，善良意志是人与生俱来的受理性支配不以环境为转移的内在机能，道德就是这种善良意志所发出的绝对命令。"先天人性论"脱离了具体的人来谈道德，要么认为道德就是一种先天的善，要么认为道德就是一种理念、精神或者良知，显然是将道德起源抽象化了。

第三种是"情感欲望论"道德起源说。"情感欲望论"的道德起源观就是从现实的生活和人的身心需要中去寻找道德发生的根源，认为道德起源于人的情感欲望，是人们为实现情感欲望而形成的行为要求。比如法国哲学家卢梭认为道德源于人心中的社会情感和利他之心，源于对公共利益的追求。英国思想家亚当·斯密认为道德起源于人所固有的推己及人的同情心。法国哲学家爱尔维修认为，人是有感觉的动物，人的本性就是趋乐避苦，就是自利、自爱，也就是追求个人的利益和幸福，这是一切道德的根源。先秦时代的商鞅、韩非子都认为，法律和礼义的产生就是为了规范和制约人的趋乐避苦的本性。人有道德需求这一点是没有问题的，但是如果将道德起源简单理解为一种情感的需求，就是一种片面的理解，只是抓住了道德起源的心理因素。

第四种是"动物本能论"道德起源说。这种起源说认为道德起源于动物的"合群性"本能，人的道德观念是动物本能的延续，进而把动物基于本能的活动等同于人类有目的有意识的活动。以达尔文为代表的进化论伦理学认为，合群性本能区别于生物本能，是指动物之间同种或在一起生活的异种群有的一种互助的精神。道德就起源于动物的这种社会性本能。道德不是人所独有的，一切群居性动物都有道德感，如蜜蜂、蚂蚁、狼、大象、狗。人也是一种群居性动物，所以人类的道德现象与动物的道德现象应当同属于生物进化的结果。

实时互动2（随机提问）：以上所讲的四种非马克思主义的道德起源说，有什么问题呢？

教师分析：这几种道德起源说解决不了道德起源这个问题，其原因有三：一是离开人的社会实践、人的生活、人类的历史发展来思考道德的起源和基础，前面四种道德起源观都存在这个问题。二是把道德看成是外在强加于人的规约，而不是从人的主观需要的角度来考察道德，比如"天道意神启论""动物本能论"。三是把道德看成是一成不变的情感要素和心理体验，是说不清道不明的东西，这样就把道德神秘化了，当然也就不可能对道德的起源有清楚的解释，比如"情感欲望论"。这些观点要么是客观唯心主义，要么是主观唯心主义，要么是旧唯物主义形而上学的分析，所以都无法真正揭示道德起源。

【问题二】马克思主义的道德观

马克思主义认为，人类社会的实际情况是"物质生活的生产方式制约着整个社会生活、政治生活和精神生活的过程"。因此，道德的起源问题也必须从人的物质生活出发来分析。接下来，我们来看看马克思主义是如何分析道德起源的。

人类道德起源的第一个历史前提是劳动。劳动创造了人，也就创造了人类道德。第一，劳动产生了道德主体。劳动把人和动物区别开，人类在劳动的过程中还产生了语言，语言的产生推动了人脑的发展，人脑的发展又进一步促进了人的抽象能力和思维能力，而这一切，提供了道德的主体条件，也就是人自身的发展，从而使道德意识和道德行为成为可能。第二，劳动使道德成为必需。劳动又产生了分工，社会分工是道德从萌芽到生成的关键条件。随着生产和分工的发展，人们之间的社会关系及其相互交往复杂了，产生了每个人的个人利益和与之相交往的人们的共同利益之间的矛盾，从而产生了从道德意识上约束人的行为，调整各种利益矛盾，维系社会秩序的必要性。日久天长便形成了一些最简单的行为规范和准则，这就是最初的道德准则。比如，在原始社会，人们基于男女体质的差异，形成了男人狩猎、女人采集，老人承担未成年人教育等分工关系，并在此基础之上形成了相应的道德义务。

实时互动3（智慧课堂）：当你一个人独处，不与外界有任何接触的时候，会有道德产生吗？

教师分析：根据我们的生活经验，至少有两个人才能产生道德，这说明道德是社会关系的产物，只有形成了人与人、人与社会之间的相互关系，才会产生道德。生活常识告诉我们，个人独处时，不构成现实的人际关系，也就无所谓道德，至少是两个人的接触才需要有调节关系的规范。比如，鲁滨孙在岛上独处的时候不需要讲道德，直到他看见沙滩上的脚印。人的社会关系首先是一种劳动关系，是劳动活动推动了人的社会关系的形成和发展，是劳动把本来孤立的个体联系起来，形成相互依赖、相互协作的关系。这就是最初的社会关系。孤立的个人是不存在什么道德问题的，所以，社会关系的形成是道德赖以产生的客观条件。

随着社会分工的不断发展，逐渐形成了个人与他人的关系、个人与集体的关系、集体与集体的关系等众多的关系，也就导致个人利益、他人利益和社会利益的界限逐步明确，各种利益关系更为凸显，这就需要有规范产生来协调各种矛盾。其中有一些规范就发展成道德。比如在原始社会末期以氏族为基础的社会交往关系，相近氏族结成部落联盟，氏族的关系和部落的关系交织在一起，就越来越需要有道德规则对这些关系进行协调。可以说，正是社会关系的形成和发展产生了调节各种关系特别是利益关系的需要，道德恰恰是适应社会关系调节的需要而产生的。

实时互动4（随机提问）：有了社会关系是不是一定就可以产生道德？

教师分析：社会关系只是道德产生的客观条件。如果人类自己意识不到，那么也无法产生道德。就像有些人心中无道德，无论你怎么说也是没有用的。这就是说明道德产生还需要主观条件，也就是人类自我意识的形成和发展。如果原始人对社会关系还不能有所意识，那么即使客观上产生了调整个人利益与他人利益矛盾，以及个人利益与社会整体利益之间矛盾的需要，道德仍然是不可能产生的。当人们意识到自己作为社会成员与其他动物的根本区别，意识到自我在社会中的身份和地位，意识到自己与他人和集体的不同利益关系，以及产生了调解矛盾的迫切要求时，道德才得以产生。因而，意识是道德发生的思想认识前提，当然，没有体现意识的语言和思维，就无法对社会道德关系进行抽象和概括，也就不能形成道德意识。

以上就是马克思主义的道德起源观，马克思从人类社会生活实践出发，从现实的生产关系出发，提出劳动是人类道德产生的第一个历史前提，社会关系的形成是客观条件，自我意识的产生是主观条件。

【问题三】道德的本质

实时互动 5（智慧课堂）：前面我们讲到，道德会随着社会的发展而变化，可是有同学就提出了疑问，有一些道德好像并不会随着社会的发展而变化，比如"切勿偷盗"，这难道不是亘古不变的吗？那么"切勿偷盗"是不是一种永恒道德呢？

教师分析：根据选择结果，不少同学认为"切勿偷盗"是一种永恒道德。关于"永恒道德"的问题，其实并不是我们今天才提出来的。德国思想家杜林早就宣称道德的原则是永恒的，他认为道德就像人们对数学原理和方法的认识一样，是永久适用和普遍有效的。按照杜林的意思，"切勿偷盗"就是一个永恒的道德。那么，是否存在"永恒道德"呢？

1. 道德是一种特殊意识形态。我们都知道，道德是一种意识形态，但是道德作为一种意识形态有什么特殊性呢？

社会经济关系的性质决定道德的性质。回到前面的问题，"切勿偷盗"是永恒道德吗？我们来看看恩格斯是怎么来说的。恩格斯在《反杜林论》中指出："在偷盗动机已被消除的社会里……一个道德说教者想庄严地宣布一条永恒真理：切勿偷盗，那他将会遭到什么样的嘲笑啊！"[1]确实如此，在按需分配的社会中，人们不会产生盗窃的动机，自然也不会有偷盗的行为。所以，在恩格斯看来，"切勿偷盗"并不是永恒道德。那么，"切勿偷盗"是从何时成为一种道德要求的？恩格斯说得很清楚，是自从有了私有制，才有了"切勿偷盗"这一道德戒律。所以，道德的性质和基本原则、规范是由社会经济关系的性质和内容所决定的，也就是说社会经济关系的性质决定道德的性质。

道德也会随着经济关系的变化而变化。社会经济关系性质变化，是不是意味着道德也发生变化呢？前面我们说到，"三从四德"不适应现代社

---

[1]　《马克思恩格斯文集》（第 9 卷），人民出版社，2009 年，第 99 页。

会发展，最根本的原因就是经济关系发生了变化，封建社会以农业生产为主，男主外女主内，这种生产关系和劳动关系导致了女性的从属地位，成为男性的附属品。现代社会，男性和女性在分工上的差异大大缩小甚至消失，女性无论是在工作领域还是收入等方面与男性几乎没有差异，针对女性的道德约束自然也没有存在的社会基础。女性道德的变化恰恰说明了道德会随着经济关系的变化而变化。对此，恩格斯说："一切以往的道德归根结底都是当时社会经济状况的产物。①"不同的时代，道德会随着社会经济关系的变化而变化。

道德具有一定的相对独立性。说到这里，有同学肯定又有新的疑问，道德随着经济关系的变化而变化，那为什么有一些封建社会的道德至今依然适用呢？比如孝敬父母。这说明道德不仅会随着社会经济关系的变化而变化，同时道德还具有相对独立性，而这种相对独立性首先表现为一种历史继承性。孝作为中华传统美德，有其自身相对独立的发展历程，尽管现在的孝与传统的孝在内容和形式上有了很大差异，但是其基本精神并没有变化。其次这种相对独立性还表现为一种反作用。虽然社会经济关系决定道德，但是道德对社会经济关系的发展又具有能动的反作用。所以，我们要改变孝文化中愚孝的内容，让孝的内容富有时代性，才能对社会发展产生积极的能动作用。

阶级社会道德具有阶级性。道德作为一种社会意识，在阶级社会里总是反映着一定的阶级利益，所以，不可避免地具有阶级性。恩格斯说："人们自觉或不自觉地、归根结底总是从他们阶级地位所依据的实际关系中——从他们进行生产和交换的实际关系中，获得自己的伦理观念。"②近代欧洲，上层妇女的日常着装，胸口和后背都有大面积的裸露，在当时这种裸露是特权，社会其他阶层的女性着装除了手和头，其他地方是没有裸露的，否则就被视为放荡。

---

① 《马克思恩格斯选集》（第3卷），人民出版社，2012年，第471页。

② 《马克思恩格斯选集》（第3卷），人民出版社，2012年，第470页。

从上面的几点分析中，我们可以得出，道德是反映社会经济关系的特殊意识形态。

2.道德是一种特殊调节方式。刚才我们说到，道德只是人类众多社会意识中的一种，那么道德与其他社会意识的区别在哪里呢？这就要对道德发挥作用的方式进行了解。

案例：这两年，娱乐界出现了不少艺人"塌房"事件，有些明显是违法，比如偷税漏税、吸毒等。还有一些人也遭到全网抵制和封杀，比如演员张哲瀚的一系列精日行为被爆出，张哲瀚遭到了全网抵制；歌手霍尊因为与前女友的是是非非，而被相关节目除名；王力宏因为婚内出轨而遭到代言解约……

如果说张哲瀚的行为游走在违法的边缘，那么霍尊、王力宏并没有违法，为什么他们都遭到公众的指责、行业的封杀呢？没错，因为他们的行为是不道德的。在这几起事件中，这些艺人都受到公众的指责，张哲瀚受到人民日报、央视、人民网、共青团中央、北京日报等多家主流媒体的严厉批评，张哲瀚、霍尊都受到行业自律协会的评议和封杀。从他们的行为中我们不难发现，道德一般是通过社会舆论发挥作用。随着网络的普及，社会舆论对道德的监督作用更加明显。

除了社会舆论，传统习俗也是道德调节手段之一。这就意味着不同地区的传统习俗，可能会导致人们对道德行为的判断并不相同。

案例：不同国家迎接新年的方式大不相同，在一个地方认为是理应如此的行为在其他地方可能被认为是不道德的。比如印度人为迎接元旦要抱头痛哭；希腊人在新年当天，出门做客会怀揣一块大石头，进门时丢在主人家中；丹麦人在新年前夜，家家户户都要将平时打碎的杯盘碎片收集起来，等到夜深人静时偷偷地送到朋友家的门前，等等，这些行为在中国的新年里往往被认为是不吉利或者不礼貌的。就算是在中国，不同民族、不同地区庆祝新年的方式也不一样。比如，过年时晚辈需要向长辈拜年，有些地方需要行跪拜之礼，否则就会受到指责，但是跪拜这种习俗在中国很多地方已经消失，外国人更是无法理解。

其实不管是社会舆论还是传统习俗，这些都是外部因素，道德最终发挥作用，还是需要个体的内心信念。张哲瀚事件之后，中国演出行业协会提醒广大演艺从业人员，务必加强学习，提高认识，在民族大义面前决不能有丝毫的含糊、动摇，历史不容忘却，底线不容松动。这就说明，要保持一个演员的基本职业道德，不仅是靠外在的社会舆论和传统习俗的约束，更重要的是靠个人的内心信念。

道德作为调整人与人、人与社会、人与自然关系的特殊行为规范，与法律规范和政治规范的不同之处，就在于道德是用善恶作为评价标准的。具体来说，具有三个方面特点：道德规范是一种非制度化规范，一种非强制性规范，一种内化的规范。这就决定了相比其他规范而言，道德发挥作用的手段特殊、影响范围广泛，一旦内化为个人信念，道德的效果也更加持久。

前面，我们实际上从社会意识和调节方式两个层面分析了道德的本质。当我们说道德是一种社会意识的时候，我们是从道德反映社会物质利益的角度来把握的，在这里，道德和其他社会意识形态有着共同的本质。而当我们说道德是调节社会关系的行为规范时，我们是从道德与其他社会意识形态相区别的角度来把握道德的特殊本质。但是，仅仅将道德看作是一种社会意识，一种特殊的规范，会给人一种错觉，似乎社会中生活的个人，在征服自然时是主动的，而在处理社会关系时则是被动的，因为人的行为要受到一定经济关系的制约，并处处要遵循一定的行为规范。

3.道德是一种实践精神。所以，仅仅通过前两个方面还不能全面理解道德的本质，道德绝对不是单纯地被动接受，道德还是一种实践精神。那么，道德作为一种实践精神有哪些具体体现呢？

首先，知行合一是道德实践的基本要求。

实时互动6（随机提问）：我想问大家一个问题：老人倒了应不应该扶？你遇到有老人摔倒了，你扶不扶？

教师分析：大家都觉得老人摔倒了应该扶，这就是一种道德认识；可是当自己遇到有老人摔倒了，很多同学开始犹豫。大家为何犹豫？因为害怕不必要的麻烦，害怕被讹诈。在中国，从3岁孩童到耄耋老人，都知道助人为乐是中华民族传统美德，如今，很多人面对这种情况时开始有顾虑。所以，道德不能只是停留在认识层面，而是认知和行为的统一，二者统一于道德实践。正如王阳明所说，"知是行之始，行是知之成"。恩格斯也曾明确地指出过："道德作为一种行为规范，能够自觉地调节人们的外在行为。"所以，知行合一是道德实践的基本要求。

其次，道德精神是道德实践的核心。这是不是意味着一个人只要有了道德行为，就符合道德精神呢？

案例：《重庆晚报》曾经报道过这样一则新闻，一家科技公司的考核标准中要求员工每月学雷锋做好事不低于十次，并纳入绩效考核。为完成任务，员工做好事只能"短平快"，比如公车上让座、扶老人过马路等，有员工上报的8件好事全都是在车上给人让座。

这就让我们不得不思考一个问题，我们学雷锋究竟是学什么？雷锋精神的实质和核心是全心全意为人民服务，如果做好事变成一种硬性指标，那就不是弘扬雷锋精神，而成为一种形式主义或者"道德绑架"。这样的例子也不少见，比如，公交车让座本来是好事，可是不能强迫他人让座。道德不仅是一种被动遵守规范，道德的可贵之处，在于道德主体对人生意义和人生价值目标的认识与确立，并在此基础上形成责任心、羞耻心和荣誉感，在这种特殊精神的推动下引发个人的道德行为。所以，道德精神才是道德实践的核心。

我们看到，被评为全国道德模范的这些优秀人物，无论是"校长妈妈"张桂梅还是"渐冻斗士"张定宇，无论是"敦煌的女儿"樊锦诗还是"武汉凡人英雄"汪勇，在他们身上，我们看到的不仅仅是一件件帮助他人、影响社会的具体事情，更是看到他们身上体现出来的一种道德意愿、道德情感和道德责任。

习近平总书记强调，"必须加强全社会的思想道德建设，激发人们形成善良的道德意愿、道德情感，培育正确的道德判断和道德责任，提高道德实践能力尤其是自觉践行能力，引导人们向往和追求讲道德、尊道德、守道德的生活，形成向上的力量、向善的力量"①。

八、课堂总结

1.总结内容：本次课围绕道德，从道德的起源、道德的发展和道德的本质三个方面探讨了道德基本理论问题，尤其重点分析了道德的本质，帮助学生认识到"永恒道德"是不存在的，形成马克思主义的道德起源观、道德发展观和道德本质观。

2.调查反馈：针对本次课的学习，还有哪些困惑？（智慧课堂）

3.引出新课：社会主义道德是迄今为止最先进的道德形态，为什么社会主义道德是一种先进的道德呢？

九、作业安排

1.很多人说，改革开放之后，社会上出现了一些"道德失范""道德沦丧"等现象，由此得出中国社会逐渐"道德滑坡"的结论，对此你怎么看？

2.阅读《反杜林论》，思考：杜林为什么提出"永恒道德"？提出的前提是什么？恩格斯又是如何批判杜林的？

十、课堂延伸

1.习近平：《培育和弘扬社会主义核心价值观》，《习近平谈治国理政》（第一卷），外文出版社，2018年。

---

① 中共中央文献研究室：《习近平关于社会主义文化建设论述摘编》，中央文献出版社，2017年，第137页。

2. 中共中央文献研究室：《习近平关于社会主义文化建设论述摘编》，中央文献出版社，2017 年。

3.《新时代公民道德建设实施纲要》，人民出版社，2019 年。

4. 习近平：《在北京大学师生座谈会上的讲话》，人民出版社，2018 年。

5.《反杜林论》，《马克思恩格斯选集》（第 1 卷），人民出版社，2012 年。

第十四讲　守道德之初心

一、教学理念

1. 以多样化的教学手段推动教学方式的创新。本课程全程使用智慧课堂平台辅助教学，在本讲中，智慧课堂平台的运用能够帮助教师快速了解学生对为人民服务的内容、态度等基本问题的看法，及时了解对知识点掌握的程度，以及对于这一问题的情感认同度。同时小组研讨式教学也能够帮助学生尽快进入角色，快速对一些重点问题进行深入讨论，增加对问题的深入认识。

2. 以内容的逻辑性和现实性引发学生的学习兴趣。本章的落脚点是"为人民服务"问题，要让学生在生活中发现为人民服务是符合社会主义道德要求的，明确为人民服务是社会主义道德的核心。因为这部分的内容比较枯燥，所以需要将为人民服务的理论逻辑性和现实实用性充分结合，引导学生主动思考社会主义道德究竟为谁服务的问题。

二、学情分析

（一）提出问题，了解学情（智慧课堂）

1. 你认为为人民服务过时了吗？

2. 你认为社会主义道德比资本主义道德先进吗？

3. 你认为社会主义道德的先进性体现在哪里？

4. 你觉得社会主义道德与资本主义道德最大的不同在哪里？

（二）分析问题，总结学情

知识基础：在前面的学习中，学生对马克思主义道德观有了一定的认识，并且在前面提到社会主义道德是人类迄今为止最先进的道德。学生只是得到了这样一个结论，对于为什么说社会主义道德是先进的道德，还需要从理论上进行回答。针对"为人民服务"这个问题，有部分学生只是形成了一个基本概念，至于说"为人民服务"为什么没有过时，它为什么可以成为社会主义道德的核心等理论性问题，并没有系统的思考。

学习能力："00后"大学生大多数都很关注现实问题，尤其是当前社会中存在的一些道德现象往往会引起他们的关注。关于"为人民服务"，大多数学生认为很重要，但是，对"为什么要为人民服务""如何为人民服务"等深层次问题依然缺乏认识，本讲就需要帮助学生来认识这些问题。由于学生运用道德理论来认识和分析道德现象的能力还比较缺乏，所以，教师需要通过理论的引导帮助学生形成一定的道德判断能力。

学习态度：大学生在思想认识方面都比较积极进步，而且思想淳朴，对学习充满热情。在学习中，无论是课堂互动还是智慧课堂平台的讨论，都能够很好地参与。

三、教学目标

（一）知识目标

1. 准确把握为人民服务的内涵。

2. 理解为什么社会主义道德的核心是为人民服务。

3. 清楚如何践行为人民服务。

（二）能力目标

1. 通过学习，能够自觉践行为人民服务的要求。

2. 能够用社会主义道德思维模式来分析生活中的道德现象。

3. 形成正确的道德意识，树立人民主体观。

（三）德育目标

1. 培养学生为人民服务的正确价值观念。

2. 使学生形成为人民服务的良好习惯。

四、教学内容分析

本讲是整个教学体系第四系列"陶铸德行系列"之二：守道德之初心。道德的初心是什么？其实就是回答道德究竟为谁的问题。社会主义道德的初心就是为人民服务。所以这里用"初心"不仅是表示社会主义道德的初心，其实上也代表了人类道德发展的未来方向。本讲涉及教材第五章第一节中的重点问题，在前面对人类的道德形态有了基本的认识，尤其是对社会主义道德是一种新型道德有了基本了解，但是为什么社会主义道德是一种新型道德，对比资本主义社会道德和封建社会道德，社会主义道德的优越性如何体现。这是接下来需要讲清楚的重点问题，也是难点问题。具体来说，本讲的主要内容有以下三个方面：为人民服务的内涵；为什么要将为人民服务作为社会主义道德核心；如何践行为人民服务。

五、教学重、难点及化解策略

（一）教学重点及化解策略

本讲的重点内容有两个：

1. 如何看待"为人民服务过时论"。

2. 大学生如何践行为人民服务。

化解策略：

1. 直面问题、理论分析："为人民服务过时论"是针对社会主义道德的一个质疑，社会上存在的这种思想也影响了大学生对这一问题的认识。在本课程的教学中，针对一些有争议的社会问题或理论观点，最常用的策略就是直面问题，多维度进行分析，对错误的观点直接大胆、有底气地批驳。

2. 朋辈教育、情感升华：对于大学生来说，他们对这个问题的认识往往并非来自自己的亲身经历，而是根据对社会现象的观察或者其他人的经历与感受。还有一些大学生觉得这个问题离自己的生活有一定的距离，自己只是一个学生而已，是服务的对象。所以，关于践行为人民服务的问题，不能停留在理论层面，而是要从情感上让学生认同。针对这一问题的特殊性以及教学目标，这一问题将采用朋辈教育的方式，一方面是通过介绍本校大学生为人民服务的优秀事迹，用身边的榜样引发情感的共鸣；另一方面是通过小组讨论分享的方式，形成不同思想的碰撞，让学生在积极思想的影响下提升自己的道德认识。

（二）教学难点及化解策略

本讲的难点内容有一个：

为什么为人民服务是社会主义道德的核心。

化解策略：

从现实到理论：这个问题之所以是难点，是因为如果只是单纯回答这个问题，即从理论上对社会主义为人民服务的内涵以及地位的分析，这样的分析其吸引力显然是不够的。所以在处理这一问题时，是从现实问题和现实社会中的理论困惑出发，通过回答"为人民服务没有过时"这一说来说明为人民服务在社会主义道德中的地位。

六、教学方法

本讲在教学中运用了案例分析法、理论讲授法以及小组讨论法等，引导学生从不同角度、多种形态中分析社会主义道德的优势。

案例分析法：对于为人民服务的内涵，需要通过一些案例辅助讲解，因为"为人民服务"的提出本身就与张思德的个例密切相关。但是分析这个案例是要从个案中找到普遍规律，从而得出为人民服务是全党全军的基本要求。

理论讲授法："为人民服务"如果只是停留在案例分析上是不够的，需要从社会主义性质，以及社会主义政治、经济、文化的视角，从理论上分析为什么为人民服务可以成为社会主义道德的核心。

小组讨论法：对一些从特殊到一般、从现象到理论的问题，可以通过小组讨论的方式，同时教师提供资料和思路，引导学生通过讨论得出结论。

七、课堂教学详案

【课程导入】

案例：在前几年的热播剧《人民的民义》中，出现了这样一个办事窗口，观众们称之为"丁义珍式窗口"，电视剧热播之后，网友们纷纷批评在现实生活中也有不少这样的窗口。

实时互动1（智慧课堂）："丁义珍式窗口"为什么会遭到人们的批评呢？

教师分析：很多网友在评论此事时，认为管理水平不高，就应该被批评；让老百姓不方便，自然受到人们抵制。还有同学说背离了为人民服务的宗旨，没有真正做到为人民服务，差评，不少同学聚焦到了人民。这就表明，虽然"为人民服务"产生的时间比较早，但是为人民服务的精神并没有过时。

【问题一】为人民服务是社会主义道德核心

1. 理论之问：道德究竟为谁服务？

道德起源的角度。前面我们学习了马克思主义道德起源观，马克思主义认为劳动、社会关系与自我意识是道德产生的三个必要条件，而无论是劳动、社会关系还是自我意识，主体都是人，所以从道德起源的角度来看，道德的产生本身就是为人服务的。为什么人服务呢？

道德发展的角度。毛泽东曾指出，"为什么人的问题，是一个根本的问题，原则的问题"[①]。为谁服务实际上就表明了道德的根本性质，指明了道德建设的方向。在奴隶社会，道德是为奴隶主服务的；在封建社会，道德是为封建领主服务的；资本主义道德是为资产阶级服务的；马克思说："统治阶级的思想在每一时代都是占统治地位的思想。这就是说，一个阶级是社会上占统治地位的物质力量，同时也是社会上占统治地位的精神力量。"[②] 那么社会主义社会的统治阶级究竟是谁呢？《中华人民共和国宪法》第一章第一条明确规定，中华人民共和国是工人阶级领导的以工农联盟为基础的人民民主专政的社会主义国家。中华人民共和国的一切权力属于人民。所以，从道德发展的角度来说，社会主义道德自然要为人民服务。

---

① 《毛泽东选集》（第3卷），人民出版社，1991年，第857页。

② 《马克思恩格斯选集》（第1卷），人民出版社，2012年，第178页。

唯物史观的角度。不仅如此，为人民服务还体现了马克思主义唯物史观的必然要求。唯物史观认为，人民群众是历史的主体。虽然在阶级社会中，也曾出现过很多美好的道德愿望，无论是中国的大同社会、小国寡民理想，还是西方的理想国、乌托邦，由于阶级局限性，最终都没能变成现实。马克思、恩格斯在《共产党宣言》中指出："过去的一些运动都是少数人的，或者为少数人谋利益的运动。无产阶级的运动是绝大多数人的，为绝大多数人谋利益的独立运动。"① 所以，社会主义道德应该是为人民服务的。

2. 历史之问："为人民服务"何以成为道德要求？以上是从理论的角度，说明在社会主义社会，道德应该为人民服务的。接下来，让我们从历史的角度说一说"为人民服务"如何成为社会主义道德核心。

人民军队的宗旨。1928年11月，毛泽东向党中央汇报《井冈山的斗争》，分析了"工农武装割据的存在和发展"的原因，第一条就是这里"有很好的群众"。也就是说，有了人民群众，党领导的军队就能够生存；真心实意地为人民，军队就有了战斗力。这个时候，虽然还没有提出"为人民服务"的概念，但是"为人民服务"已经成为人民军队的宗旨。后来毛泽东在《论联合政府》中说，"全心全意地为中国人民服务，就是这个军队的唯一的宗旨"。1948年12月11日的《人民日报》上，一篇《华东数十万人民热烈支援淮海战役》的报道描写道："华东解放区数十万民工热烈支援淮海战役。成千上万的担架、大车、小车、担子和驮驴活跃于数百里的淮海前线。"这也印证了党领导的军队是一支人民的军队。

党的政治伦理原则。1944年，毛泽东在张思德的追悼大会上，首次提出了"为人民服务"这个概念。1945年在中共七大上，毛泽东在开幕词中告诫全党："我们应该谦虚，谨慎，戒骄，戒躁，全心全意地为中国人民服务。"党的七大通过的党章中也明确指出："中国共产党人必

---

① 《马克思恩格斯选集》（第1卷），人民出版社，2012年，第411页。

须具有全心全意为中国人民服务的精神，必须与工人群众、农民群众及其他革命人民建立广泛的联系。""为人民服务"作为我党的宗旨确定下来并写进了党章。因此，从伦理学的角度看，"为人民服务"是党的一条政治伦理原则。

在社会主义现代化建设的新时期，"为人民服务"依然是党的基本政治原则。2014 年，习近平主席在俄罗斯索契接受俄罗斯电视台专访时谈道："我的执政理念，概括起来说就是：为人民服务，担当起该担当的责任。"在 2020 年，习近平总书记在安吉县社会矛盾纠纷调处化解中心调研时指出："矛盾处理是一个国家、社会长治久安的一个基础性工作。解决问题的宗旨，就是为人民服务。老百姓都能够顺心满意，我们这个国家才能越来越好。"无论是治国理政的根本原则，还是处理问题的具体指导，为人民服务始终是共产党人的基本精神。

社会主义道德的核心。1996 年，党的十四届六中全会明确规定："社会主义道德建设要以为人民服务为核心。"这意味着，"为人民服务"从一个政治伦理发展成为道德规范。

3. 现实之问："为人民服务"符合现代社会的发展理念吗？以上是从理论和历史两个角度回应了为人民服务是社会主义的本质要求，那么从现实的角度来说，"为人民服务"符合现代社会的发展理念吗？

实时互动 2（智慧课堂）：在当前中国社会，社会主义市场经济体制是我国现阶段的基本经济制度，有人极端地认为市场经济的本质就是个人在市场中获得最大利益，是"为人民币服务"，而不是"为人民服务"。我们怎么看待这种说法呢？

教师分析：这种说法肯定是错误的。第一，市场经济运行机制与为人民服务具有相通性。市场经济是以社会化大生产为基础，要求人们分工协作、相互服务、满足人们多样化的需求。市场经济的竞争性，就决定了个体或者商家越是能够给他人和社会提供更多更好的产品与服务，自身获得的利润就越大。第二，"为人民币服务"，就是把金钱、个人利益视为衡量一切的标准，这与社会主义道德相冲突，社会主义道德不排斥"利"，认为利益是道德的基础之一，但反对"唯利是图"。所以，"为人民服务"不仅不违背社会主义市场经济的原则，反而是社会主义经济健康发展的根本要求。

"为人民服务"作为社会主义道德的核心，也是我国与其他资本主义国家道德的区别所在。我们以基础设施建设为例。

案例：2005 年，美国加州计划修建一条高铁，但是至今还没有修好，被媒体称为"超级烂尾项目"。在 2019 年，该州州长表示只能完成其中一小段，将原因归结为高铁修建的成本太高，盈利太慢。

大家都知道，我国高铁运营里程位居世界第一，尽管建了这么多高铁，可是只有 6 条沿海发达地区的线路实现了盈利，其他高铁路线都处于亏损状态。即便如此，我国也没有停止修建高铁。中国为什么在亏损的情况下依然坚持修高铁呢？曾经有一位剑桥的博士，通过图文并茂的方式向世界讲述了中国政府在那些被外国人认为是连上天都不眷顾的地方，是如何通过基础设施建设，从而彻底改变当地贫穷落后的状态的，这一点我们也是深有体会。这就是社会主义市场经济与资本主义市场经济的区别，社会主义市场经济不仅仅要考虑经济利益，同时还要为人民服务。高铁的修建短期来看虽然是亏损，但是高铁让运输成本降低，带动一个地区的经济发展，让人们走出大山，实现劳动力的自由流动，带动沿线旅游业的发展，从长远来看，都是利国利民的。

不仅仅是这些关系到国家发展的大事件需要体现为人民服务，在老百姓日常生活中，更是需要为人民服务。反过来说，如果个人或者企业无法为人民服务，无法满足人民的需求，甚至损害人民的利益，就是破坏了社会经济秩序，自己的发展也直接受到影响。

案例：2022 年 3·15 晚会曝光了泡菜包原料供应商——湖南插旗公司制作泡菜的真实内幕，与其有商业往来的方便面企业瞬间变成了街头老鼠，影响了 13 万人的生计，39 家工厂停产。

所以，无论是从哪个角度来看，为人民服务都是社会主义健康发展的要求。公有制为主体，多种所有制经济共同发展的经济制度，决定了社会主义道德必须以"为人民服务"为核心；按劳分配为主体，多种分配方式并存的分配制度为"为人民服务"这一道德核心提供了根本制度保证。社会主义道德以"为人民服务"为核心既是由我们的经济基础决定的，反过来又推动了经济健康发展。

是社会主义精神文明建设的内在需求。不仅仅是在经济发展领域，在文化发展方面也需要思考文化究竟是为谁服务的问题。其实毛泽东在《在延安文艺座谈会上的讲话》中就曾强调，"我们的文艺应当'为千千万万劳动人民服务'"。在这一基本原则的指导下，涌现了很多深受广大人民群众喜爱的好作品，比如前几年反腐题材电视剧《人民的民义》，脱贫题材电视剧《山海情》等。如果文艺作品不能为人民服务，只是为了博眼球以盈利为目的，可能就会受到人们的抵制。

案例：2013年，电影《小时代》上映后，《人民日报》发文评《小时代》，指出"在中国社会物质文明日益发达的今天，文艺作品对于物质和人的关系的探索是必要的和有价值的，但探索如果仅仅停留在物质创造和物质拥有的层面，把物质本身作为人生追逐的目标，奉消费主义为圭臬，是'小'了时代，窄了格局，矮了思想"。

2020年11月15日，针对电视剧《雷霆战将》的播出，《人民日报》在其客户端发表了《"八路军"住别墅抹发胶，"偶像剧"套路用错了地方》的"人民锐评"文章，直言该剧中细节"距离历史真实也太遥远了吧"！

所以，为人民服务也是社会主义精神文明建设的内在需求。

习近平总书记在文艺工作座谈会上也明确指出，"要把满足人民精神文化需求作为文艺和文艺工作的出发点和落脚点，把人民作为文艺表现的主体，把人民作为文艺审美的鉴赏家和评判者，把为人民服务作为文艺工作者的天职"[①]。

是社会主义新型人际关系的客观要求。无论是经济发展还是文化建设，

---

① 习近平：《在文艺工作座谈会上的讲话》，《人民日报》，2015年10月15日。

只有为人民服务才能保障社会主义经济健康发展，保障社会主义精神文明建设的方向。在生活中，我们也发现，为人民服务能够营造一种更加和谐的人际关系。

案例：赵庆祥，一位供电公司的普通员工，数十年如一日义务为100余户老人检修线路、更换导线、充缴电费，被老人们誉为"活雷锋"。邝秀兰，30多年来初心不改，扶贫济困，热心公益，帮助贫困家庭子女接受教育，悉心照顾多位孤寡老人，累计为公益事业捐款300多万元。"哪里有困难，哪里就有秀兰的身影"，这是当地群众对邝秀兰的评价。苏海东，一位普通渔民，在30多年的出海生涯中，不惧危险，不计报酬，用他过人的智慧和勇气避免了20多起海上险情，将60多人从死亡线上拉回，被誉为"海难救星"。

这些道德模范用行动向我们展现了团结互助、平等友爱、共同进步的社会主义人际关系。所以，"为人民服务"也是社会主义新型人际关系的客观要求。

【问题二】集体主义是社会主义道德原则

案例：2022年6月，《人民日报》发布了要闻，题目为"关于给翟志刚、王亚平颁发'二级航天功勋奖章'授予叶光富'英雄航天员'荣誉称号并颁发'三级航天功勋奖章'的决定"，主要内容是庆祝"神舟十三号"载人飞船首次实现载人飞船径向停靠空间站，创造中国航天员连续在轨飞行时长新纪录，取得多项关键核心技术重大突破；褒奖以翟志刚、王亚平、叶光富同志为杰出代表的航天员为祖国航天事业建立的卓著功勋。

实时互动3（智慧课堂）：你认为翟志刚、王亚平、叶光富三位航天员为什么可以获得荣誉？而这份荣誉仅仅属于这三位航天员个人吗？

教师分析：我们稍加了解一名航天员的培养过程，就大致明白为什么这些航天员可以获得这项荣誉，航天员的筛选苛刻程度要远远高于飞行员，除了过硬的身体素质之外，还需要有强大的心理素质和适应能力。太空和天空仅一字之差，却需要他们经受住千锤百炼，淬火重生。当然，航天工程是一个大系统工程，它特别强调集体主义精神。航天英雄们当然很厉害，但是中国航天的进步是集体努力的成果。一颗卫星、一发火箭由数万个电子元器件组成，由上百台仪器设备控制，由多个分系统互相配合，这些都是来自不同的生产单位、不同的设计人员和生产人员，若是其中一个环节出了差错，就会"牵一发而动全身"，造成100-1=0的后果。所以，团队精神、大力协同精神尤为重要。

那么我们说的集体主义究竟是什么？

要理解集体主义首先需要弄清楚集体与个人之间是什么关系。

关于个人与集体的关系，习近平总书记曾经有一段论述，把这个问题说得十分清楚。他说："一方面，个人离不开集体，集体把每个劳动者的智慧和力量凝聚在一起，形成巨大的创造力。另一方面，集体是由若干个人组成的，不调动个人的积极性，也就不会有集体的创造力。集体与个人，即'统'与'分'，是相互作用、相互依赖、互为前提的辩证统一关系。"[①]中国女子篮球队就是一个很好的例子，中国女篮能够不断创造奇迹，就是因为所有的成员能够正确处理个人与集体之间的关系，以集体的利益为重，最终才能让自己的能力发挥出来。

集体主义就是建立在对个人与集体关系的正确理解之上的。正确理解个人与集体的关系，才能真正践行集体主义。

案例：我国第一位女航天员刘洋在接受媒体采访时说："'中国梦'听起来很大很远，其实离我们很近很近。我们每个人都是'中国梦'中一颗螺丝钉。只要我们每个人尽好螺丝钉的职责，'中国梦'的实现一定不会遥远。'中国梦'浓缩到个人身上，就是实现个人的人生价值，实现自己的人生理想。当每个人的人生理想都实现了，中华民族伟大复兴的梦想也一定会变为现实。"

刘洋实现了自己的"飞天梦"，正是因为她的理想与国家强盛、民族

---

① 习近平：《摆脱贫困》，福建人民出版社，1992年，第144页。

复兴的"中国梦"息息相关。无论是维持个人生存还是实现个人发展，都是通过集体的活动来实现的，因此，获取个人利益的正当途径，不是对他人和社会的索取，而是在生产劳动中对社会和国家的奉献。所以说，在社会主义社会中，国家利益、整体利益体现着个人根本的长远利益，是个人利益最终实现并健康发展的根本保障。同时，每个人的个人利益又是国家利益、社会整体利益不可分割的组成部分，个人利益的实现和发展有助于集体利益的发展和壮大。所以，集体主义内涵的第一要点就是：集体主义强调国家利益、社会整体利益和个人利益的辩证统一。

集体主义强调集体利益与个人利益应该是辩证统一的。但是在实际生活中，个人利益和集体利益难免会发生矛盾，这种矛盾，有的是可以缓和的、化解的，有的则会发生或大或小的冲突。

案例：《流浪地球2》中沙溢饰演的张鹏那一句"中国航天飞行中队，五十岁以上的，出列"让很多观众泪目，电影将追求集体目标、服从集体领导的集体英雄主义精神演绎得淋漓尽致。影片对所谓的男一号是极其淡化的，但这并没有削弱英雄主义对观众的感染和号召力。这部电影反映出中西方价值观的差异，与美国电影宣传个人主义不同，这部电影反映出中国式的集体主义思想，即我们需要的不是一个英雄，而是一群英雄。

这也是社会主义集体主义的体现，即社会主义集体主义强调，在个人利益与集体利益发生矛盾冲突，尤其是发生激烈冲突的时候，必须坚持集体利益高于个人利益的原则，即个人应以大局为重，使个人利益服从于集体利益，在必要时，为集体利益做出牺牲。但是，集体主义要求个人为集体做出牺牲并不是任意的，只有在不牺牲个人利益就不能保全集体利益的情况下，才要求个人为集体利益做出牺牲。社会主义集体主义之所以强调个人利益要服从集体利益，归根到底，既是为了维护集体的共同利益，也是为了维护个人的根本利益。这就是集体主义内涵的要点二：集体主义强调国家利益、社会整体利益高于个人利益。

说到这里，我们产生了新的疑问：既然集体利益高于个人利益，那个人利益怎么办呢？

关于集体、共同体，马克思在《德意志意识形态》中曾经指出，"只有在共同体中，个人才能获得全面发展其才能的手段，也就是说，只有在共同体中才可能有个人自由"。这段话明确了共同体或集体的责任就是为了个人的全面发展和自由提供条件及手段。社会主义集体主义促进和保障个人正当利益的实现，使个人的才能、价值得到充分的发挥，这不但与集体主义不矛盾，而且正是集体主义的价值所在。只有在集体中，个人才能获得全面的发展，只有在集体中，才可能有个人自由。那种把集体主义看作是对"个人的压制"，看作是对个性的束缚的思想，是与集体主义的本意相违背的。没有对个人正当利益的保护就不可能有真正的集体主义。这就是集体主义的要点三：社会主义集体主义强调重视和保障个人正当利益。

【问题三】如何践行为人民服务和集体主义

案例：2017年6月7日，《志愿服务条例》经国务院第175次常务会议通过，由国务院于2017年8月22日发布，自2017年12月1日起施行。《志愿服务条例》指出，志愿服务是指志愿者、志愿服务组织和其他组织自愿、无偿向社会或者他人提供的公益服务。开展志愿服务，应当遵循自愿、无偿、平等、诚信、合法的原则，不得违背社会公德、损害社会公共利益和他人合法权益，不得危害国家安全。志愿者，是指以自己的时间、知识、技能、体力等从事志愿服务的自然人。志愿服务组织是指依法成立，以开展志愿服务为宗旨的非营利性组织。

实时互动4（课堂讨论）：大学生该如何践行为人民服务和集体主义呢？

教师分析：为人民服务和集体主义都具有先进性要求和广泛性要求。为人民服务，既伟大又平凡，既高尚又普通，它并不是高不可攀，而是可以通过不同层次、不同形式表现出来。集体主义则体现在大学生日常生活的各个方面，需要在生活中践行集体主义。

八、课堂总结

1. 总结内容：本次课围绕"为人民服务"是什么、为什么以及如何做的问题，从三个方面探讨了"为人民服务"不仅没有过时，而且在新时代具有新的表现形式和时代价值，大学生应该在日常生活中践行为人民服务。

2. 调查反馈：针对本次课的学习，还有哪些困惑？（智慧课堂）

3. 引出新课：社会主义道德是迄今为止最先进的道德形态，社会主义道德有何原则呢？

九、作业安排

1. 请大家看视频《芳草青青忆英灵张思德》和听音频《习近平：我将无我、不负人民》，以小组为单位，讨论作为普通大学生，我们该如何践行为人民服务。

2. 阅读《为人民服务》，思考：为人民服务的时代价值体现在哪些方面？

十、课堂延伸

1. 毛泽东：《为人民服务》，《毛泽东选集》（第 3 卷），人民出版社，1991 年。

2. 中共中央文献研究室：《习近平关于社会主义文化建设论述摘编》，中央文献出版社，2017 年。

3.《新时代公民道德建设实施纲要》，人民出版社，2019 年。

4. 刘少奇：《论共产党员的修养》，《刘少奇选集》（上），人民出版社，1981 年。

5. 习近平：《注重家庭、注重家教、注重家风》，《习近平谈治国理政》（第二卷），外文出版社，2017 年。

第十五讲　承美德之善心

一、教学理念

1. 以多样化的教学手段推动教学方式的创新。本课程全程使用智慧课堂平台辅助教学，在本讲中，智慧课堂平台的运用能够帮助教师快速了解学生对传统美德基本问题、对待传统道德现象的看法，及时了解对知识点掌握的程度。同时，小组研讨式教学也能够帮助学生尽快进入角色，快速对一些重点问题进行深入讨论，增加对问题的深入认识。

2. 以内容的逻辑性和现实性引发学生的学习兴趣。本章的落脚点是传统美德的创造性转化和创新性发展，但是首先需要通过一些案例和理论来让学生感受传统美德的时代价值，这是转化与创新的前提。同时，这部分内容要增强时代感就需要学生自己去体悟传统美德的魅力，所以在教学中会针对这部分设计课堂展示活动，从学生的视角去观察社会中传统美德的时代价值，增强理论学习的应用价值，彰显传统美德的时代价值。

二、学情分析

（一）提出问题，了解学情（智慧课堂）

1. 你觉得传统文化中最吸引你的是哪些？

2. 你觉得道德与美德之间是什么关系？

3. 你觉得什么样的道德能够称为美德？

（二）分析问题，总结学情

知识基础：对于中华传统美德，学生学习之前有不同程度的了解，无论是过去选修文科还是理科，都被从小教育弘扬中华传统美德，但是对于美德究竟是什么，只是停留在感性的、零散的、不系统的认识中。另外，在前面道德理论和社会主义道德的学习中，也涉及传统美德的一些问题。有少数学生认为随着时代的发展，传统美德在现实生活中的意义并不明显，还有一些学生在使用的时候会把"美德"与"道德"混淆。

学习能力："00后"大学生大多数都很关注现实问题，尤其是当前社会中存在的一些道德现象往往会引起他们的关注，社会上兴起的一些传统文化复兴的现象也是一些学生关注的问题，甚至在校园中也有一些学生穿着汉服上课。这些现象背后反映出年轻人对传统文化的喜爱，但是对于传统文化，我们不仅要从形式上接受，更重要的是内容，尤其是从精神内核的层面去理解。显然，部分学生并没有这种意识。所以，对于传统美德的学习，需要更多地从整体性的角度来进行。

学习态度：大学生在思想认识方面都比较积极上进，而且思想淳朴，对学习也是充满热情。传统美德学习的关键是要发掘其时代价值，所以这部分会有基于学生课后调查的课堂展示分享。学生对于这一类的学习大多数都可以积极认真完成，并且一些学生还会有原创性的思考。

三、教学目标

（一）知识目标

1. 了解中华传统美德的内容。
2. 对中华传统美德的时代价值有全面认识。
3. 对如何对待中华传统美德有理性的判断。

（二）能力目标

1. 通过对中华传统美德的学习，能够对传统道德的精华与糟粕有基本的判断。
2. 能够通过学习认识到中华传统美德的时代价值。

（三）情感目标

1. 通过学习，认同中华传统美德的精神。
2. 通过学习，能够对中华传统文化产生文化自信。

四、教学内容分析

本讲是整个教学体系第四系列"陶铸德行系列"之三：承美德之善心。对于道德的学习一定离不开对美德的传承，而传承美德的核心问题就是对于善心的传承，无论是整体主义的家国情怀还是个人家庭道德伦理，整个中华传统美德都是在引导我们追求善。第五章在整个教学体系中属于比较核心的内容，而其中的第二节内容涉及传统美德问题。前面已经介绍了社会主义道德的核心和原则问题，而社会主义道德是在充分吸收借鉴各种优秀道德成果的基础上形成的，其中中华传统美德作为中华文化的精髓，蕴含着丰富的思想道德资源。具体来说，本讲的主要内容有以下三个方面：中华传统美德的内容；中华传统美德对民族、社会和个人的意义；如何正确对待中华传统美德。

五、教学重、难点及化解策略

（一）教学重点及化解策略

本讲的重点内容有两个：

1. 中华传统美德精神的五个方面。

2. 中华传统美德的时代价值。

化解策略：

课下调查、课上展示：传统美德的内容和价值问题是我们学习传统美德时需要重点关注的两个问题，但是因为中华传统美德的内容十分丰富，即便是教材中的五点基本精神也是内涵丰富的，在有限的课堂教学时间中不可能将所有的问题都讲清楚。所以针对这一问题，应提前布置课下调查研讨的任务，要求学生以小组为单位选择题目，以"中华传统美德的时代价值"为主题进行调研并完成调研报告，在课堂中进行全班分享。针对这个问题，学生们基本会从现实问题出发，分析传统美德的内容与时代价值，这样的学习方式更加生动，同时学生的参与也实现了从被动学习向主动思考的转变。

（二）教学难点及化解策略

本讲的难点内容有一个：

如何实现中华传统美德的创造性转化和创新性发展。

化解策略：

化抽象为具体：转化与发展是比较抽象的概念，学生能够大致清楚转化与发展的原因，但是对于如何实现缺乏具体的认识，所以针对这一问题的解决策略就从具体的案例出发，帮助学生从一些具体的现象和问题入手，认识转化和发展的原因与具体对策。

六、教学方法

本节在教学方法上，主要采用案例分析法、理论讲授法以及小组讨论法等方法，引导学生对中华传统美德有全面、客观、系统的认识。

案例分析法：对于中华传统美德的基本精神和时代价值，需要通过一些形象的案例辅助讲解，因为学生在日常生活中接受的更多是传统道德条目，对于背后的精神缺乏认识。所以，需要借助一些具体的案例进行辅助，通过让学生分析案例一步步归纳出中华传统美德的基本精神。

理论讲授法：对于中华传统美德基本精神的五个方面，需要教师有针对性地进行梳理和讲解；还有就是中华传统美德的创造性转化和创新性发展也要重点进行理论的讲授。

小组讨论法：对中华传统美德的时代价值问题，比如"对个体有何价值""对社会发展有何价值""对人类社会有何价值"，通过组织讨论的方式，让学生各抒己见。

七、教学过程详案

【课程导入】

案例：这些年，随着传统文化的复兴，社会上出现了"国学热"现象，除了一些专门的国学培训机构，很多小学要求学生背诵《三字经》《弟子规》等国学经典，一些小学的假期作业包括帮妈妈洗一次脚、帮爸爸捶一次背等活动。

实时互动1（智慧课堂）：对这一类现象，你怎么看？

教师分析：在人类文明的历史长河中，中国人民创造了源远流长、博大精深的优秀传统文化，为中华民族生生不息、发展壮大提供了精神支撑。中华民族传统美德作为中华优秀文化的重要组成部分，更是对中国人的日常生活及国家治理提供了有益的启示。有同学认为过于形式化，没有用；有同学认为是好事儿；另外有部分同学提到转化、创新、发展。大家对这个问题存在不同的看法，不过传统美德中确实有很多值得我们继承的地方，但是又该如何继承呢？

【问题一】中华传统美德的基本精神

中华民族在长达几千年的历史发展中，形成了内容丰富、源远流长的优良道德传统。这些传统内涵丰富、博大精深，是中华民族生命机体中不可分割的组成部分，是人类文明发展的重要精神财富，是我们建设社会主义道德的丰富源泉。现在我们要继承和弘扬中华传统美德，就需要首先弄清楚它的精髓究竟是什么。

1.重视整体利益，强调责任奉献。

实时互动2（智慧课堂）：请大家列举中国古代关于集体主义的人或事，并说说该人物或事件的时代价值。

教师分析：很多人认为集体主义、整体主义是社会主义产生之后的道德要求，实际上我国自古就有一种整体精神，并且这是中国传统道德与西方道德的重要区别之一。中国有句古话，叫作"国而忘家，公而忘私"。意思是为了公事而不考虑私事，为了集体利益而不考虑个人得失，不去讲究个人恩怨。这句话出自《汉书·贾谊传》，原文是"故化成俗定，则为人臣者主耳忘身，国耳忘家，公耳忘私，利不苟就，害不苟去，唯义所在"。贾谊针对汉献帝初年大臣获罪受刑的做法，表明了不同意见。他认为体罚大臣，不合古代"刑不上大夫"的规定，要求对有罪大臣代之以礼，不上刑罚，令其自裁。他说："这样做了以后，大臣就能国而忘家，公而忘私，利不苟就，害不苟去。"也就是做到为国忘家，为公忘私，见利不随便谋取，见害不苟且逃避，以节义上报君王礼遇之恩。

2.推崇仁爱原则，注重以和为贵。

仁爱是中华民族传统美德的重要内容。以孔子为代表的儒家主张仁爱，推崇和谐，向往人与人之间的和谐友爱、国与国之间的睦邻友好，以及人与自然之间的和睦相处。孔子对仁有过多方面的论述。比如，仁包括忠恕，包括克己，包括孝悌，包括自爱，还包括智、勇、恭、宽、信、敏、惠等美德。而他将爱人当作是仁的核心。下面我们从三个层面来说说仁爱。

首先，仁爱表现为"孝悌"。在孔子看来，爱是仁的核心，"仁者，爱人"，血缘亲情是仁的自然基础。孟子继承并发展了孔子的思想，提出"亲亲而仁民，仁民而爱物"。也就是说，孝悌（爱亲）就是仁之本。但是，仁虽然始于亲，却不终于亲，这是仁能够成为最普遍的道德价值的关键所在。

其次是"忠恕"。"忠恕"是中国儒家伦理中处理人与人之间关系的原则。"忠"，尽力为人谋，中人之心，故为忠；"恕"，推己及人，如人之心，故为恕。最早将忠恕联系起来的是春秋时期的曾子。他在解释孔子"吾道一以贯之"时说："夫子之道，忠恕而已矣。"忠恕，是以待自己的态度对待人，是儒家处理人际关系的基本原则之一。

最后是"和而不同"。从仁爱精神出发，中国传统伦理道德注重人与人之间的和谐交往、团结互助。孔子说"礼之用，和为贵"；孟子指出"天时不如地利，地利不如人和"；道家提出"万物负阴而抱阳，冲气以为和"，认为和谐是道的基本属性和表现形式；庄子明确提出"与天和"及"与人和"的命题，主张为了实现与天和及与人和，首先必须实现心和，以平静祥和的心态去处理各种人际关系，并以知足、不争和无为达致人和；墨家致力于和谐人际关系与和谐天下的建构，提出的"兼相爱，交相利"，旨在破除人与人、家与家、国与国的不和谐状态。

在我国古代，仁不仅仅存在于人与人之间，同时也是一项重要的政治主张，很多明君都主张仁政。从仁爱思想出发，古人提出了"以和为贵"的处世之道，以及"亲仁善邻，国之宝也"的外交思想，这些思想贯穿了整个中华民族的历史，并且成为社会主义核心价值观的重要内容。

3. 提倡人伦价值，重视道德义务。

说到人伦，大家一定想到了，这里要说的实际上就是孝。前面也提到过，孝也是中国软实力的重要内容。马克思·韦伯也曾指出，"中国所有人际关系，都以孝为原则"，在中国人的传统观念中，一个人如果不孝，那么他一定不是一个好人。

实时互动3（智慧课堂）：假设父母违法了，作为唯一知道此事的子女，该怎么办？

教师分析：有些人认为，假如自己的父母犯法，我要是去揭发，把自己的父母推向牢狱之中，就是不孝。中国人为什么会有孝这样一种传统文化，这跟我们传统社会家国同构的社会结构有观。由血缘亲情关系建构起来的社会模式，对于父母的孝是第一位的，我们现在对于孝的理解就是孝敬父母，实际上孝也有层次之分。

最低层是小孝，就是敬养父母。《孝经》指出："不爱其亲而爱他人者，谓之悖德；不敬其亲而敬他人者，谓之悖礼。"所以，古代社会就得出了，只有在家为孝子，才能在朝当忠臣的结论。但是敬养之孝只是小孝，因为它只限于父母、子女、兄弟、姐妹之间。

其次是中孝，中孝则是不辱，也就是不伤身、不辱亲。不伤身就是要保护好自己的身体不受到伤害，身体发肤，受之父母，体现着父母的大恩惠，子女只有使用的权利，没有伤害的权利。所谓不辱亲，指的是子女的一言一行、一举一动都要三思而后行，慎之又慎，不能因为自己的过失给父母带来不良的影响，让父母操心、担心、忧心；相反，子女在工作、学习、生活和为人处世中，要尽职尽责，建功立业，为社会做贡献，让父母放心。不辱之孝是孝与社会的关系，所以称为中孝。

最高则是大孝，所谓大孝，就是"立嗣有后和顺应大道"，是指不仅要让家族、家业和家德代代相传，还要顺应天地之大道。即当祖宗利益、家族利益、民族利益、社会利益与自己小家的利益发生冲突时，小家的利益要无条件服从大家利益；当道与孝发生矛盾时，孝要服从大道。因此，有三种情况孝子可以不服从父母之命，即当服从父母的命令会使父母处于危险境地，会使父母受辱，会陷父母于禽兽状况时，而可以不从命。这就是所谓的"大孝不孝"，其实是一种更大更深的孝，比如大禹治水，三过家门而不入。

那么回到我们前面的那个问题，父母违背道德与法律，作为子女也是有义务指出来，因为这是为了不让父母受辱，是大孝。

除了孝之外，我国古代的人伦还强调每个人在人伦关系中的地位，早在《尚书》中就提出了"五教"的思想，即"父义""母慈""兄友""弟恭""子孝"。到了战国时期，孟子提出了影响深远的"五伦"说，即"父子有亲、君臣有义、夫妇有别、长幼有序、朋友有信"。汉代思想家在前人的基础上对人伦关系做出了一些调整，比如董仲舒提出了"仁义礼智信"。宋代的思想家们又提出了"忠孝节义"四大德目。这些都强调了人伦价值的重要意义。

4. 追求精神境界，向往理想人格。

人之所以与动物不同，就是因为人们除了有物质需要之外，还有精神需要，而一切精神需要中最高尚的需要就是道德需要。道德需要是对精神境界的追求以及对理想人格的向往。

理想人格往往特指一定道德所向往追求的，与其道德原则规范完全符合的，具有崇高道德的完美人格典范，理想人格是该道德所认定的各种善的集合，因而也是它为人们树立的最高的行为标准。在中国历史上，不同的道德总是有着不同的理想人格。儒家以能"博施于民而能济众"，能把仁义最完美地实现出来的圣人作为自己的理想人格。道家把那种无知无欲，如"婴儿之未孩，独与天地精神相往来"的真人作为理想人格。宋儒提出了"人欲尽净，天理流行，廓然大公"的理想人格，还把历史上的人物尧、舜、禹、汤、文、武、周公、孔子、孟子等奉为圣人。各家各派都很重视精神上的追求，把道德理想人格的实现看作是精神追求的重要内容。

5. 强调道德修养，注重道德践履。

《左传·襄公二十四年》："太上有立德，其次有立功，其次有立言，虽久不废，此之谓不朽。"德被认为是一个人的立身之本，无论个人身处何种社会阶层。因此，儒家十分重视个人的德性修养，提出"自天子以至于庶人，壹是皆以修身为本"。道家也主张"尊道贵德"，只有巩固修身之本，才可以立身、为家、为乡、为邦、为天下。宋明时期的理学在修养的本体论和功夫论两方面均做了深入的探讨，提出了"居敬，穷理，自存本心，省察克治"等一系列关于道德修养的命题和观点，进一步完善了中国伦理思想关于道德修养的理论。在道德修养上，最可贵的是切实躬行，不能空谈，否则，修养就要落空。反对知行脱节、言行不一，重视道德践履是中华民族传统道德中的又一优秀传统，值得我们重视和发扬。

【问题二】中华传统美德的时代价值

马克思、恩格斯在晚年反复强调：人类社会的进步并非只是生产力发展的结果，而是还要受到思想文化因素的制约。所以，我们坚守什么样的文化，不仅关系到个人的发展，还关系到社会和民族的未来。

1. 中华传统美德如何促进民族振兴？

习近平总书记曾经明确指出："国无德不兴。"道德不仅是一种国家治理、社会秩序整合的工具，而且是国家兴旺、人民幸福的强大精神动力和软实力。那么，在当代，优秀传统文化或传统美德何以成为实现中华民族伟大复兴中国梦的精神动力呢？

中国梦内含着国家富强、民族振兴、人民幸福三重意蕴。这个梦想不仅是当代中国人的理想追求，也深深反映了中国人自古以来不懈追求进步的光荣传统。这种不懈追求的理想，就是古人长期以来追求的大同理想，即求大同与奔小康。大同理想和小康社会有着深厚历史文化与群众基础，易于被人们认可和接受，而中国梦可以说是传统中国社会求大同和奔小康理想的现代发展。因此，将中国梦与大同、小康结合起来进行宣传，将增强人们对中国梦的价值认同，凝聚起追梦圆梦的强大力量。

2. 中华传统美德如何促进人民安定幸福？

传统美德是人际和谐、人民幸福的可靠保证。道德不仅包含了一定的人生观、价值观，可以为民族复兴提供精神动力，它还是一种行为规范，可以调节人际关系，实现社会和谐，并对民众的幸福生活起到保障、促进作用。

社会的和谐是以人与人之间的爱（即仁爱）为情感基础的，也是以执政者怀抱民本思想，执政为民、惠及民生为基础的。可以说，正是传统仁爱思想和民本思想的有力维系，才确保了中华民族五千年历史的绵延不绝。而当代和谐社会的构建，也正是充分汲取了传统道德中的仁爱思想和民本思想，才能顺利推进，成功实践。

3. 中华传统美德对个人成长有何价值？

道德的主体是人，人的道德素质和自律是道德发挥作用的主体基础。就个人来说，对传统美德的遵循，不仅能够提升自身素质，而且当对传统美德的追求成为一种价值信仰时，它就能转化成一种强大的精神力量。

当前，随着生活节奏的加快，一些人无论是身体上还是心理上，都或多或少出现了各种各样的问题，加上拜金主义思想的影响，极少数人蒙蔽了心智、扭曲了心灵，使自己的身心健康受到损害。在这种情况下，如果能充分汲取传统美德的精华，陶冶身心、修身养性，一定会极大地改善身心状态，确保自己安乐无忧。

【问题三】中华传统美德创造性转化和创新性发展

2013 年 12 月 30 日，习近平总书记在主持十八届中央政治局第十二次集体学习时强调，要"努力实现中华传统美德的创造性转化、创新性发展，引导人们向往和追求讲道德、尊道德、守道德的生活"①。可见对待中华传统美德的正确态度就是对其进行创造性转化和创新性发展。

1. 中华传统美德创造性转化和创新性发展是何意？

在前面的互动讨论中，大家对传统美德呈现出不同的看法，针对小学生帮助父母洗脚、捶背的作业，有一些同学认为很好，有一些同学认为是一种形式，这也表明了中华传统美德与现代社会之间并不完全契合，需要进行创造性转化和创新性发展。那么，究竟什么是中华传统美德创造性转化和创新性发展呢？

中华传统美德创造性转化。中华传统美德的创造性转化，就是坚持以

---

① 习近平：《在主持中共中央政治局第十二次集体学习时的讲话》，《人民日报》，2013 年 12 月 15 日。

马克思主义为指导，坚持古为今用、推陈出新，去粗取精、去伪存真的原则，根据新时代中国特色社会主义的特征和要求，对中华传统美德进行加工、改造和重建，使中华传统美德符合现代社会的要求，成为新时代中国特色社会主义道德的重要组成部分。有些学生觉得给父母洗脚、捶背过于形式化，因为随着时代的发展，我们需要对传统的孝进行转化，让孝符合现代社会发展的需要。比如，对大学生来说，经常给父母打电话、陪父母聊天，可能比洗脚更加有意义。

中华传统美德创新性发展。中华传统美德的创新性发展，则是按照时代的新进步新进展，吸收借鉴国外优秀道德成果，对中华传统美德的内涵加以补充、拓展、完善，发展其现代表达形式，增强影响力和感召力。比如传统的中国家长是权威式的，孩子被教育要顺从，就是孝的体现，但是西方家庭教育中提倡平等观念，让许多中国父母也开始追求一种更加平等友爱的亲子关系，这就是中华传统美德的孝对国外优秀道德的吸收借鉴。

创造性转化与创新性发展的关系。创造性转化和创新性发展，二者并非割裂状态，而是各有侧重，但又是紧密联系的整体。就时间关系而言，创造性转化重点是面对过去，创新性发展更多则是面向未来。具体来说，创造性转化重在"继往"，目的在于将作为传统社会的道德基础转化为中国特色社会主义的道德资源，关键在于运用历史唯物主义和辩证唯物主义的观点及方法，对传统道德资源进行辩证客观的批判。创新性发展重在"开来"，在创造性转化的基础上，对富有当代价值的内涵和形式在实践中进行发展。这样一来，转化只是一个环节和过程，而发展才是目的。就如同《新时代公民道德建设实施纲要》中所说，"坚持在继承传统中创新发展，自觉传承中华传统美德"，"适应新时代改革开放和社会主义市场经济发展要求"，"不断增强道德建设的时代性和实效性"。

2. 中华传统美德创造性转化和创新性发展有何用？

这种时代性和实效性如何体现呢？这实际上就是中华传统美德创造性转化和创新性发展的时代价值问题。

案例：黄旭华，大家都知道他是"中国核潜艇之父"，黄旭华还是"2013年度感动中国十大人物"、第六届全国道德模范。就是这位全国道德模范，却曾经被人质疑不孝。这是什么原因呢？为了研制核潜艇，黄旭华隐姓埋名，与家人三十年没有联系，他的父亲直到去世也没能见他一面，所以有人说他不孝。黄旭华院士说："对国家的忠，就是对父母最大的孝。"

孝是中华传统美德的核心内容之一，但是，今天我们继承中华传统美德，是要用中华传统美德来滋养社会主义道德建设。对于黄旭华而言，他没能在父母身边照顾，但是他的忠孝观，实际上是对中华传统美德中的家国情怀和社会主义集体主义道德原则的生动体现和弘扬。中华传统美德的创造性转化、创新性发展的价值也就体现在这里。

有利于推动中国特色社会主义事业的发展。在庆祝中国共产党成立100周年大会上的讲话中，习近平总书记明确提出马克思主义基本原理同中华优秀传统文化相结合。中华传统美德无疑是中华优秀传统文化的重要组成部分，所以将马克思主义理论与传统美德的内容相融合，创造出中国特色社会主义道德理念，有利于推动中国特色社会主义事业的发展。比如，传统儒家的"天下大同"与科学社会主义理论相结合，形成和谐社会理论。中国传统"民为邦本"思想与马克思主义唯物史观的充分结合，发展为今天以人民为中心的执政理念。传统天人合一的道德观与马克思主义生态思想的结合为今天我们构建美好生活、建设美丽中国提供智慧。这些都是将传统道德中的优秀成分与马克思主义基本理论相结合，创造性提出了新的发展理念，为中国特色社会主义事业的发展提供了传统文化的底蕴，从而推动中国特色社会主义事业的发展。

有利于完善中国特色社会主义的道德体系。同时，传统美德中有许多丰富内容，为社会主义道德完善提供了重要补充。比如，传统美德中的"见利思义"是对市场经济中求利的互补优化。传统美德中的"贵和"是对当前社会竞争环境的互补优化。传统美德中的"公义胜私欲"则是对现代社会追求个人利益的互补优化。传统美德中对道德理想的追求则是对现代社会实用主义的互补优化。所以，中华传统美德的创造性转化和创新性发展有利于完善中国特色社会主义道德体系。

有利于培育和践行社会主义核心价值观。我们也发现，社会主义核心价值观中的许多内容也是对中华传统美德的充实、更新和转化。比如爱国，中国人一贯怀有"齐家治国平天下"的责任感，无论是陆游的"位卑未敢忘忧国"，还是顾炎武的"天下兴亡，匹夫有责"，都表明爱国是中华传统美德。诚信也是如此，《中庸》说"诚者天之道也，诚之者人之道也"，孔子强调"人而无信，不知其可也"。敬业、友善这些核心价值观念也都是中华传统美德在当代的要求。所以，中华传统美德的创造性转化、创新性发展还有利于培育和践行社会主义核心价值观。

有利于为当代人类文明发展提供中国智慧。我们知道，西方文明虽然在资本主义发展的早期创造了辉煌，但它建立在私有制基础之上，随着人类文明的发展，日益暴露出无法克服的矛盾和弊端。习近平总书记提出的构建人类命运共同体，是站在人类整体生存发展角度而提出的关乎全人类共同命运的理念，其中就包含着"世界大同，天下一家""以和为贵，和而不同""己所不欲，勿施于人"等中华优秀传统道德。

3. 中华传统美德创造性转化和创新性发展如何做？

正是因为如此，我们应该加强中华传统美德的创造性转化和创新性发展，我们又该如何做呢？

处理好传统与现代的关系。

案例：曾经有一段时间社会上出现不少所谓的女德班，无知地宣扬"打不还手、骂不还口、逆来顺受、绝不离婚"，让人震惊。《中华人民共和国妇女儿童权益保障法》规定，妇女在政治的、经济的、文化的、社会的和家庭的生活等各方面享有与男子平等的权利。所谓的女德班，是打着弘扬传统美德的旗号，宣传封建糟粕思想。

任何道德都是具体历史时代的产物，中华传统美德是经过漫长的社会发展而形成的，必然带有传统社会的印记，与今天的现实生活有不适应的地方。实现中华传统美德的创造性转化和创新性发展首先就是要处理好传统与现代的关系，科学甄别，把传统道德中带有阶级和历史局限性的成分剔出去，把其中具有当代价值的道德精神发掘出来，让中华传统美德在传统与现代的转化中适应当代社会的发展需要。

处理好继承与创新的关系。通过科学甄别，对于那些基本上属于精华的传统美德，要理直气壮地批判继承，同时也应当按照古为今用、推陈出新的原则进行分析，赋予时代新意，也就是正确处理继承与创新的关系。例如，"扶危济困"在传统道德中，往往体现出一种个人英雄主义气概。显然，现在谈这个问题绝对不是从个人英雄主义的角度，而是从社会公平正义、共建和谐社会的角度来弘扬这一美德。在中华传统美德中这样的例子有很多，在继承时要抛弃所包含的抹杀阶级矛盾和维护统治阶级利益的消极内容，弘扬在今天调节人民内部矛盾，加强人民之间的团结友善关系的积极内容，让中华传统美德在继承与创新的发展中发挥传统美德的育人功能。

正确处理中华文明与世界文明的关系。当今任何民族或国家的文明发展和道德进步，都不可能不受到其他民族或国家的文化和道德文明成果的影响，都不可能脱离人类文明发展的大道。所以，创造性转化和创新性发展还要处理好中华文明与世界文明的关系，也就是与世界对话。

2013 年 3 月 1 日，习近平总书记在中央党校建校 80 周年庆祝大会暨 2013 年春季学期开学典礼上的讲话强调："我们不仅要了解中国的历史文化，还要睁眼看世界，了解世界上不同民族的历史文化，去其糟粕，取其精华，从中获得启发，为我所用。"[1]

传统美德的创造性转化和创新性发展不仅要与世界对话，还要与未来对话。只有能够面向未来，能够为人类未来社会发展和人类未来文明进步发挥积极作用的道德才是有生命力的。当前，人类共同面临的问题有很多，如环境与气候变化问题、全球资源短缺问题、多元文化的和谐共处问题、恐怖主义问题等，所以，中华传统美德的创新性发展还需要关心人类社会

---

① 习近平：《习近平谈治国理政》（第一卷），外文出版社，2018 年，第 266 页。

的可持续发展问题，关注人类社会的整体性发展问题。让中华传统美德在全球文化激荡中实现自主发展和更新。

八、课堂总结

1. 总结内容：本次课我们围绕着中华传统美德，回答了中华传统美德是什么，我们为什么要继承和弘扬中华传统美德，最后落脚到对中华传统美德的继承和弘扬要做到创造性转化与创新性发展。

2. 调查反馈：针对本次课的学习，还有哪些困惑？（智慧课堂）

3. 引出新课：本次课所讲的中华传统美德从时间维度来说，是指古代社会。而作为中华传统美德的延续和发展，中国革命道德同样也具有十分明显的魅力，那么中国革命道德有哪些内容呢？

九、作业安排

1. 请大家以本讲内容为基础，以小组为单位，选择一个传统美德，以"×××美德的当代表现与时代价值"为主题进行调研，完成一篇小组调研报告。

2. 阅读2019年颁布的《新时代公民道德建设实施纲要》，思考如何使传统美德与现代文化、现实生活相融相通。

十、课堂延伸

1. 习近平：《在纪念孔子诞辰2565周年国际学术研讨会暨国际儒学联合会第五届会员大会开幕会上的讲话》，《人民日报》，2014年9月25日。

2.徐小跃：《什么是中华传统美德》，江苏人民出版社，2018 年。

3.中共中央文献研究室：《习近平关于社会主义文化建设论述摘编》，中央文献出版社，2017 年。

4.《新时代公民道德建设实施纲要》，人民出版社，2019 年。

第十六讲　扬社会之公心

一、教学理念

1.通过先进的教学手段形成互动教学模式：社会公德是大学生熟悉的问题，每个人对社会公德也都有自己的认识，所以，在学习此内容时，学生们普遍觉得社会公德是一个简单的实践问题，但是如何从正确的道德理论转变为道德实践，涉及学生对问题认识的广度和深度。互动式教学模式通过线上智慧课堂互动、线下小组讨论式互动、师生广泛互动和深入互动等多形式的互动，让学生成为课堂的主体，让教师根据学生的实际情况展开教学。

2.通过最新的道德案例引发学生情感共鸣：道德问题不是抽象的，而是具体的，通过具体的道德案例更加有助于学生产生共情心理。所以，通过组织学生对典型案例进行分析，有助于教学目标的实现。

二、学情分析

（一）提出问题，了解学情（智慧课堂）

1.你有没有扶过摔倒的老人？

2. 你有没有遭遇老人摔倒不敢扶的经历？

3. 你会不会在网络游戏中骂人？

4. 你认为网络道德是公德还是私德？

（二）分析问题，总结学情

知识基础：前面内容的学习中，对社会主义道德的核心和原则、中华传统美德等问题有了系统理解，接下来就是如何将这些道德知识、道德原理转变为学生的内心认同，进而表现为道德实践，也就是学生道德行为的问题。但是，根据前面学习的过程以及学生智慧平台互动讨论的情况来看，部分学生对道德的学习只是停留在道德认识层面，道德行为滞后于道德认识，比如针对"老人摔倒了扶不扶"问题，个别学生表示不会扶；针对见义勇为的案例讨论，个别学生表示不值得，等等。

学习能力：学生对本课程的授课模式及学习方法等已经有了比较清楚的认识。学生对日常生活中的道德现象能够进行理性认识，但是针对大学生知识水平和学习能力问题，仅仅是作出理性道德认识还不够，还需要引导他们对一些道德难点问题、道德发展问题等关于个人成长和社会发展的问题进行思考。

学习态度：大学生都比较积极上进，学习态度端正。无论是课堂教学还是课后作业完成，大多数学生都能够积极完成要求，不少学生不仅可以做到高质量完成，并且会主动进行深入思考。

三、教学目标

（一）知识目标

1. 能够表述清楚公德与私德的关系。

2. 能够对公共生活的内涵及特征进行简单描述。

3. 能够清楚说出公共道德的五个主要内容。

4.了解网络道德的内涵、问题，以及如何加强网络道德。

（二）能力目标

1.在掌握知识的基础之上，对遵守社会公德的原因有更加深入的认识，能够用哲学思维认识并分析一些社会道德现象。

2.在理解网络道德的内涵、发现网络道德问题的基础之上，能够在日常生活中自觉遵守网络道德要求，并承担网络道德责任。

（三）情感目标

1.通过对社会公德部分的理论学习，形成公德意识和道德责任，在日常生活中能够投身道德实践。

2.通过学习，能够对网络道德有很深刻的认识，自觉参与网络道德建设，共同营造风清气正的网络环境。

四、教学内容分析

本讲是整个教学设计体系中第四系列"陶铸德行系列"中的最后一个问题：扬社会之公德，涉及教材第五章第三节"遵守社会公德"的内容。教材从遵守社会公德、恪守职业道德、弘扬家庭美德、锤炼个人品德四个方面落实道德实践，在授课体系中，将公德部分进行重点阐释。因为，社会公德是各种道德中最为基础、涉及面最广的道德领域，一个社会的公德情况直接反映了社会精神风貌。同时，社会公德也是职业道德、家庭美德、个人品德的基础。所以这部分的学习，一方面是对前面道德理论学习的应用；另一方面又是学习职业道德、家庭美德和个人品德的基础。具体来说本讲的内容主要包括：公共生活与公共秩序；公共生活中的道德规范；公德与私德的关系；网络生活中的道德要求。

五、教学重、难点及化解策略

（一）教学重点及化解策略

本讲的重点有两个：

1. 社会公德的内涵与内容。

2. 网络道德的基本要求。

化解策略：

1. 从具体到一般：社会公德是老生常谈的问题，通过一个电影片段的角度，引导学生探讨公德的重要性、公德与私德的关系等问题，能够将一个重要的问题化繁为简。

2. 从具体到抽象：网络道德中的要求很多，通过对一些具体案例的分析，引导学生发现问题，总结要求。

（二）教学难点及化解策略

本讲的难点有两个：

1. 理解公德与私德的关系。

2. 理解网络道德也是一种社会公德。

化解策略：

1. 化抽象为形象：公德与私德本身是两个相关的概念，可通过一个具体的案例，引导学生发现二者的联系与区别，以及了解探讨二者关系的意义。

2. 化理论为实践：关于网络道德，学生在日常生活中接触很多，通过学生自己分享经历，可以更加直观地发现网络生活也是公共生活的一部分，网络中也需要遵守社会公德。

六、教学方法

本节在教学方法上，主要采用智慧教学法、案例分析法、互动讲授法及小组讨论法等方法，引导学生对社会公德的内涵、特征、内容等相关问题进行探讨。

案例分析法：对于网络道德是什么，存在什么样的问题，需要通过一些形象的案例辅助讲解。借助一些具体的案例来进行辅助，可以让学生从案例分析中一步步认清网络道德的本质。

理论讲授法：对于网络道德的本质，需要教师有针对性地进行梳理和讲解；还有就是如何加强网络道德建设，也要重点进行理论的讲授。

小组讨论法：关于公德与私德的关系问题，这是一个可能会存在争议的问题，通过小组讨论的方式，让学生各抒己见，然后再由小组代表进行全班互动，让学生的观点得以充分呈现，教师在此基础上进行归纳总结。

七、教学过程详案

【课程导入】

案例：这两年，娱乐圈时有出现知名艺人失德甚至违法的事情，于是网上出现了有关"没有一片雪花是无辜的"的讨论，随着这些艺人私生活片段相继被曝光，引发了网友对"艺人道德评判标准是否苛刻"的话题讨论。有人认为，成为道德榜样是艺人作为公众人物的应有职责，也有人反对这种过于苛责的态度，强调艺人亦是普通人。

实时互动1（智慧课堂）："艺人的私生活是否应该被讨论？"

引出主题：何为公共生活？公共生活中应该遵循哪些道德？网络生活是否不受公德约束？

【问题一】公共生活与公共秩序

教师分析：对智慧课堂互动结果进行关键词分析，可以得到学生对公共生活的理解。总结出公共生活的四个特征：活动范围的广泛性、活动内容的开放性、交往对象的复杂性和活动方式的多样性。

【问题二】社会公德的主要内容

关于艺人的私生活是否应该被讨论的问题，这里实际上就涉及公德与私德的问题。其实，在抽象地审视艺人道德之前，首先应当明确：我们有权要求艺人符合何种道德？艺人并不天然地具有做道德榜样的义务，公众也应该进一步厘清批判艺人的尺度。在对艺人提出道德要求时，首先应当进行价值排序，划清公德与私德的界限。

所谓公德，是指人们在公共生活中应该遵守的行为准则，是每个人在与社会产生关系时可能产生的道德问题；而私德则是个人对自身品性的追求。对于艺人来说，利用自身特殊的权能，行危害社会的不轨之事（比如接拍虚假广告），即属于违反公德的范畴。而类似吸烟（在公共场所违法吸烟的情况除外）、喝酒甚至私生活不检点等行为，虽然有违社会形象，却仍然属于私德范畴的问题。但是，艺人作为公共人物，其不良举止会对粉丝群体起到负面示范作用，已然与社会发生关系，属于公德的范畴。

公德与私德反映公共交往与私人交往的道德需要，相互有着较明显的区别。公德与私德的价值诉求不同。无论公德还是私德，实质上都体现为个人对于他人的关爱和贡献，即利他。但是，不同类型交往中的利他行为源于不同的诉求。在生活领域的分化越来越深刻的现代社会里，私人领域愈来愈成为一个追求、表达、享受感情的领域。这也可以解释何以私德难以推导出公德，昭示人们公德与私德建设都不可偏废。

【问题三】正确对待网络道德

案例1：杭州取快递女子被造谣出轨案：2020年7月7日18时许，被告人郎某在杭州市余杭区良渚街道某快递驿站内，使用手机偷拍正在等待取快递的被害人谷某，并将视频发布在某微信群。被告人何某使用微信号冒充谷某与自己聊天，后伙同郎某分别使用各自微信号冒充谷某和快递员，捏造谷某结识快递员并多次发生不正当性关系的微信聊天记录。2020年7月7日至16日，郎某将上述捏造的微信聊天记录截图数十张及视频、图片陆续发布在该微信群，引发群内大量低俗、淫秽评论。之后，上述偷拍的视频及捏造的微信聊天记录截图被他人合并转发，并相继扩散到110余个微信群，群成员总数共计2万余人，引发大量低俗评论，多个微信公众号、网站等对上述聊天记录合辑转载推文，总阅读数2万余次，影响了谷某的正常工作生活。

案例2："网课入侵"现象：疫情爆发期间，上网课成为一种新的教学形式，在线课堂被入侵的情况偶有发生。所谓"网课入侵"，就是指老师正在上课期间，被称为"爆破猎手"的黑客进入网络课堂谩骂老师或学生，发各种与教学无关的文字、图片、音视频等，甚至调戏师生，干扰教学秩序。

实时互动2（智慧课堂）：针对网络暴力，除了完善网络监管，还可以有哪些方法来减少这些问题呢？

教师分析：有同学认为减少网络暴力的方法是采取严刑峻法，网络空间不是"法外之地"，网络空间同现实社会一样，既要提倡自由，也需要遵守基本的社会规则，当然包括遵守法律规范。可是网络暴力往往不是某一个人的行为，要把所有参与其中的人都判刑肯定不可能。还有不少同学说到了道德教育、思想教育等方式。一种是事后惩处，另一种是提前干预，其实这两种方式都是必需的。一方面要加强互联网领域立法，另一方面，如果人们从思想上意识到网络生活与现实生活是一样的，尊重网络道德约束，也可以减少网络带给人们的伤害。

1.网络空间为何需要道德？在柏拉图的《理想国》中有这样一个故事：有一个牧羊人，偶然得到了一枚可以隐身的戒指，于是这个牧羊人在隐身的遮蔽下，窃国篡位。我国古代也有类似的故事，比如"掩耳盗铃"。这两个故事实际上可以归纳出同一个问题：当我以为别人看不见我时，我是否可以不遵守道德？由此可以引申出，在看似隐身的网络空间中，我们是否可以不需要道德呢？所以，我们需要清楚网络空间为何需要道德。

网络生活是现实生活的空间延伸。

案例：很多大学生都喜欢看演唱会，过去大家为了看一场演唱会，可能需要通过各种方式抢票，还要千里迢迢去往另一座城市。这两年，随着网络技术的发展，很多艺人开始举办线上演唱会，比如2022年5月27日，罗大佑线上直播演唱会，当天直播转发次数超过260万，累计在线播放次数超4200万，歌迷们在直播间听歌，并通过留言方式表达对歌手的喜爱。现代人的生活，除了高龄老人和低龄幼儿，基本上都离不开互联网，如网上支付、网上购物、在线学习、云上演唱会……

根据第51次《中国互联网络发展状况统计报告》显示，截至2022年12月，我国网民规模达10.67亿，互联网普及率达75.6%。所以，网络生活只是现实生活的空间延伸，并非是另一种特殊空间。

网络交往是社会交往的特殊形式。虽然网络生活成为现实生活的空间延伸，可是网络生活的匿名性让有些人产生疑问：网络交往是不是一种新型的交往呢？从本质上来说，网络交往依然是人与人的现实交往，网络生活也是人的真实生活。无论是网络交友、在线学习、网络游戏，背后都是人与人之间的交往。网络让我们的交往变得更加便捷。

案例：为悼念南京大屠杀死难者和所有"二战"期间惨遭日本侵略者杀戮的死难同胞，揭露日本侵略者的战争罪行，牢记侵略战争造成的深重灾难，2014年7月，"国家公祭网"正式上线，以互联网的形式普及南京大屠杀国家公祭的相关情况，网民可以通过蜡烛、鲜花、敲钟、寄语等方式对遇难同胞进行祭奠。这一符合国际惯例、顺乎国内民意的决定，受到了国内外舆论的好评。

所以，网络交往并非一种新型的交往，它只是社会交往的一种特殊形式而已，所承载的依然是现实生活中人的思想和情感。

网络道德是社会道德的场域转化。因此，网络生活并非是可以让人隐身的生活，网络生活与现实生活并没有什么本质的区别。现实生活中，我们需要爱护公共环境、见义勇为、反对校园凌霸；在网络生活中，我们也需要打扫网络环境，反对网络恶行和网络暴力。所以，无论是现实生活还是网络生活，都需要遵守基本的道德。网络道德只是社会道德的场域转化而已。

2. 网络空间有何道德困境？虽然从理论上来说，网络道德只是社会公共道德在网络中的体现，但是很多人都没有意识到这个问题，导致网络空间存在一定的道德困境。

案例：2021 年 2 月，真名为仇子明，微博名为"辣笔小球"的人，在网上发布诋毁 5 名卫国戍边英雄官兵的违法言论，仇子明的微博被平台关闭。3 月 1 日，仇子明被依法批准逮捕。5 月 31 日，南京市建邺区人民法院依法当庭宣判，认定仇子明犯侵害英雄烈士名誉、荣誉罪，判处有期徒刑八个月。

实时互动 3（随机提问）："辣笔小球"的案件是一个代表性案件，可以反映出当前网络空间中的哪些问题呢？

教师分析：首先是网络表达失范现象。《礼记》中讲，"恶言不出于口，忿言不反于身"。现实生活中，人与人在交往时可能因为"话不投机半句多"而出现恶语相向，甚至拳脚相加的情形。同样，在网络社会，由于网络的匿名性，网友之间会更加毫无顾忌，因此催生了网络语言不文明现象，比如网络谩骂、职业代骂等。在前面提到的"网课入侵"现象中，"网课爆破"绝非简单的恶作剧，而是涉嫌违法犯罪的性质恶劣行为。网络语言不文明行为所反映出的是部分网民的"网德缺失"，影响了网络的正常秩序，放大了网络的负面作用。

其次是网络交往失范现象。网络交往失范现象有很多，其中最常见的就是网络欺骗，常见的网络欺骗行为发生在网络交友、网络交易中。有学生说，自己的 QQ 资料中有些信息不是真实的，这是属于网络欺骗吗？这当然不算，这反而是一种自我保护的手段。但是在网络交往中，如果因为言语或者行为，欺骗和伤害他人情感、破坏他人正常生活则属于网络失德，而更加严重的可能就是网络犯罪，比如骗取他人钱财、传播虚假信息、造谣诽谤他人、出卖国家秘密等。

最后是网络道德判断失衡。在现实生活中，我们一般通过自己的所见所闻对一个事情进行道德判断。但是在网络中，由于网上信息的真实性无法考证，导致很多人对网络事件缺乏判断，并且在缺乏判断的情况下就选择相信、指责甚至传播，严重的导致网络暴力。在"杭州取快递女子被造谣出轨"案中，被告人郎某将捏造的微信聊天记录截图及视频、图片发布在微信群，微信聊天记录截图又被他人合并转发，并相继扩散到一百多个微信群。该案件之后，检察机关表示将从严追诉网络诽谤、侮辱、侵犯公民个人信息等严重危害社会秩序、侵犯公民权利的行为。

3. 如何全面加强网络道德？以上这些还只是网络空间道德困境的一部分，所以，加强网络道德建设，成为新时代道德建设的重要任务之一。

实时互动 4（课堂讨论）：加强网络道德建设，大学生可以做什么呢？

教师总结：首先是加强网络自律。《新时代公民道德建设实施纲要》中明确指出，"网上行为主体的文明自律是网络空间道德建设的基础"。这说明，所有网络道德建设的最终落脚点都是落到人的身上，而大学生遵守网络生活的道德要求，首先就是加强网络自律。

如今，网络已经成为大学生学习、交往的重要工具，大学生需要能够正确使用网络工具。

案例：有调查机构专门针对大学生使用手机情况做了调研，根据调查显示，使用手机 4-6 小时及以上的大学生占 41.94%，其次为 1-3 小时，占 29.32%，7-9 小时占 16.59%。87.97% 的大学生选择用手机进行社交聊天，还有 55.49% 的大学生选择"习惯性使用手机"。

所以，我们要自觉避免沉溺网络，合理安排好娱乐时间。并且要自觉抵制不良信息和行为，除了辨别各种网络欺诈、造谣、诽谤，同时还应该拒绝网络色情、低俗等内容，反对网络暴力和网络赌博行为，维护网络道德秩序。

其次，坚守网络忠恕。除了加强自律，在网络交往中则需要坚守网络"忠恕"。"忠恕"是儒家伦理范畴，是处理人与人之间关系的原则，简单来说，忠恕之道就是人们常说的将心比心、推己及人。我们以这几年迅速发展的网络直播为例，个别平台和主播为了眼前利益动"歪脑筋"，打"擦边球"，放纵不良现象，有些主播言语低俗、索要礼物，甚至违法违规，引发网民强烈不满。不仅是在直播中，网络中的各种聊天软件、贴吧、论坛等像是一个个虚拟的兴趣共同体或社区，把人们连接起来，它门槛低、容量大、更新快，给我们的社交生活带来便利的同时，也让我们的面孔在现实中变得冰冷，我们的感情在现实中变得吝啬。所以，我们要进行健康的网络交往，将网络作为我们现实交往的有效补充，促进人与人的交往更加深入。除此之外，还要提升网络交往质量。客观来说，互联网时代对道德规范的确产生了很大的冲击，网络将人类行为抽象化和虚化，我们更加应当思考我们想要什么样的交往形式，我们需要一个什么样的网络生活。好的网络生活不单单能给我们带来实际看得见的好处，还应当具备它内在的自身价值。比如，积极发挥网络直播在产品营销、知识共享、远程办公、医疗健康等方面的作用。

最后，共创网络和谐。网络和谐需要每一位参与网络生活的人的共同努力。

案例：2020 年，中国青年报社社会调查中心对 2007 名受访者进行的一项调查，94.8% 的受访者认为主播有责任传递正确的价值观。也正是因为如此，中国演出行业协会网络表演（直播）分会陆续发布九批网络主播警示名单，并组织全体会员对严重违法违规主播在行业内实行联合抵制和惩戒。值得注意的是，在 2021 年发布的第九批网络主播警示名单中还包含了违法失德艺人吴亦凡、郑爽、张哲瀚。

这也说明了网络与现实没有什么区别，现实中违法失德，网络中也要被禁止。所以，大家要注意，网络空间也是公共空间，也需要营造一个和谐的环境。对于大学生来说，首先就是不能违背社会公序良俗。其次，自觉带头引导网络舆论。除此之外，还需要积极参与网络清朗行动。根据中央网信办举报中心数据显示，近两年，全国各级网络举报部门每月都受理举报上千万件。互联网时代，网络和现实环境同样是人们生活的家园。网民们要发挥"群众的力量"，看到违法信息及时举报，共建"天朗气清、生态良好"的网络环境。同学们的每一天都与网络密不可分，网络道德环境好，我们的网络生活才会安心、舒心、顺心，而在网络道德建设中，无论是个人层面自律、社会交往忠恕还是国家层面的清朗行动，都需要我们每一位同学的参与和努力。

八、课堂总结

1.总结内容：本次课我们围绕社会公德，分析了社会为什么需要公德、需要什么道德，网络为什么需要道德、需要什么道德。

2.调查反馈：针对本次课的学习，还有哪些疑问？（智慧课堂）

3.引出新课：除了社会公德，大学生在职业道德方面应该注意什么？

九、作业安排

1.阅读 2019 年颁布的《新时代公民道德建设实施纲要》，思考如何使网络道德与现代文化、现实生活相融相通。

2.请了解"网民发布诋毁卫国戍边英雄言论被批捕"事件以及《人民日报》和新华社对此发表的评论文章，结合《新时代公民道德建设实施纲要》中关于网络道德的论述，联系实际，谈谈大学生应当遵守哪些网络生活中的道德要求。

十、课堂延伸

1.《新时代公民道德建设实施纲要》，人民出版社，2019 年。

2. 吕本修：《网络道德问题研究》，中国社会科学出版社，2012 年。

3. 彭颜红：《大众传媒道德失范治理研究》，人民出版社，2018 年。

4. 中共中央文献研究室：《习近平关于社会主义文化建设论述摘编》，中央文献出版社，2017 年。

第十七讲　学：习近平法治思想

一、教学理念

1.通过先进的教学手段形成互动教学模式：该部分的内容依然是法律理论，法律理论与法律实践是一个问题的两个方面，但是学生们往往更加喜欢分析法律案例，对于法律理论觉得比较枯燥，但是本讲在授课体系中是第五系列中的第一个问题，也是最基础的问题之一，所以本讲需要充分运用智慧课堂，通过问答式教学让学生参与到对理论的主动思考之中。

2.通过最新的法律案例引发学生情感共鸣：该部分重点关注习近平法治思想的重要地位和从整体上对主要内容进行宏观的学习，其中对于内容的分析是通过案例的方式，通过一些学生们感兴趣的法律案例入手，引发学生对习近平法治思想内容的关注，激发学习兴趣。

二、学情分析

（一）提出问题，了解学情（智慧课堂）

1.你认为法律的作用有哪些？

2.你如何理解"守法即正义"？

3. 你觉得依法治国的中心是什么？

（二）分析问题，总结学情

知识基础：通过前面的学习，学生对法律的产生、本质等内容有了基本的了解，但是针对本讲的问题，学生在前面的课堂教学和课后交流中提出了一些困惑，比如"进入新时代后，我国法律有什么进步""依宪执政就是'宪政'吗"，针对这些学生学习中的困惑，在课堂教学中要重点关注和回应。

学习能力：经过将近一个学期的学习，学生对于本课程的理论性与现实性之间的关系有基本了解。法治问题也是学生日常学习中比较关注的问题，无论是偏文科专业的学生还是偏理科专业的学生，虽然对问题分析的能力、对理论理解的程度有一定的差异，但是都具备分析案例、系统归纳理论、比较研究的学习能力。

学习态度：大学生积极上进，而且思想淳朴，对学习也充满热情。虽然这部分内容看起来理论性较强，可能有些学生会觉得太枯燥，但是如果采用适当的方式是可以尽量化解这种矛盾的。

三、教学目标

（一）知识目标

1. 能够大致表述习近平法治思想产生的过程。

2. 对习近平法治思想的"十一个坚持"有大概认识。

3. 能够清楚"全面依法治国"中"全面"二字的大致含义。

4. 对习近平法治思想的重大意义有基本认识。

（二）能力目标

1. 在掌握知识的基础之上，对习近平法治思想有进一步认识，能够用"坚持以人民为中心""坚持党对全面依法治国的领导"等理论分析当下社会主义社会中的一些法律案例。

2.能够区分"依宪治国、依宪执政"与西方"宪政"的不同。

（三）情感目标

1.通过对习近平法治思想的学习，提升自己对中国特色社会主义法治道路的信心。

2.通过学习，能够产生法律权威意识和法治信仰。

四、教学内容分析

本讲是整个教学设计第五个系列"践行法治系列"的第一个问题："学"。学习习近平法治思想，涉及教材第六章第二节的内容。对于思想政治理论课的教学来说，学是为了更好地践行，让学生正确了解习近平法治思想的产生、地位以及主要内容，是领悟法治道路、养成法治思维、践行法律权利和义务的基础。所以，本讲重在"学"，即学习习近平法治思想。具体来说本讲的内容主要包括：习近平法治思想的形成；习近平法治思想的主要内容；习近平法治思想的重要意义。

五、教学重、难点及化解策略

（一）教学重点及化解策略

本讲的重点有两个：

1.习近平法治思想的主要内容。

2.如何理解习近平法治思想的重大意义。

化解策略：

1. 从部分到整体：习近平法治思想的主要内容包括了"十一个坚持"，但是在教学中并不需要将每一条都展开讲给学生，通过选择其中具有代表性的"坚持以人民为中心"，以此为切入点，整体透视习近平法治思想如何成为全面依法治国的根本遵循。

2. 由一般到普遍：为增进学生对习近平法治思想重大意义的理解，需要从法治发展历程、法治对未来的意义、不同国家法治特征等多维度进行解读，体现习近平法治思想的重要意义，从一般到普遍得出习近平法治思想的重大意义。

（二）教学难点及化解策略

本讲的难点有两个：

1. 对"坚持以人民为中心"的理解。

2. 依宪执政与西方"宪政"的本质区别。

化解策略：

1. 化抽象为具体："坚持以人民为中心"这一知识点本身并不难理解，但是要通过理解"坚持以人民为中心"来整体理解习近平法治思想。"坚持以人民为中心"是习近平法治思想的主要方面之一，深刻回答了全面依法治国为了谁、依靠谁的问题。全面贯彻习近平法治思想，必须深刻把握"坚持以人民为中心"的丰富理论内涵，努力把学习成效转化为推进全面依法治国、建设法治中国的生动实践。所以，这部分的内容需要从具体的实践案例出发，体现出"坚持以人民为中心"的法治理念。

2. 直面问题、一针见血：关于依宪执政与西方"宪政"的本质区别问题，学生十分容易混淆，有些学生甚至错误地认为依宪执政就是"宪政"，所以对这个问题需要一针见血指出"宪政"一词的本质，"宪政"已成为具有明确指向和特定内涵的政治范畴，其基本内容主要就是三权分立、多党制等。因此，宪政概念对应的西方法治发展模式，与我国社会主义法治道路有着本质区别。

六、教学方法

本节在教学方法上，主要采用案例分析法、互动讲授法及小组讨论法等方法，引导学生对中国特色社会主义法治道路的原因、原则及目标有全面的、客观的、系统的认识。

案例分析法：对于习近平法治思想中的"坚持以人民为中心"，需要借助中国法治化形成中的一些典型案例，通过案例分析让学生更加直接认识到人民的利益、人民的意愿、人民的监督在法治中国建设中的体现。

理论讲授法：对于习近平法治思想的理论形成，主要是通过理论梳理的方式对形成的过程进行简单的介绍。

小组讨论法：对于习近平法治思想的重大意义，通过小组讨论的方式，学生在小组内部的讨论中可以得出趋于一致的结论，但是不同的小组讨论可以从不同的角度来进行，从而得出多样化的论据支撑这一结论。

七、教学过程详案

【课程导入】

案例：三千多年前，古巴比伦国王汉谟拉比即位后，统一全国法令，制定了人类历史上第一部成文法《汉谟拉比法典》。唐太宗以奉法为治国之重，一部《贞观律》成就了"贞观之治"；在《贞观律》基础上修订而成的《唐律疏议》，为大唐盛世奠定了法律基石。

实时互动1（智慧课堂）：跟古代的法律相比，如今的全面依法治国有何特点？

教师分析：历史和现实都表明，法治兴则国兴，法治强则国强。全民依法治国的根本遵循就是习近平法治思想。

【问题一】习近平法治思想的形成

党的十八届四中全会专门研究了全面依法治国，审议通过了《中共中央关于全面推进依法治国若干重大问题的决定》，对全面依法治国进行顶层设计。党的十九大提出，到 2035 年基本建成法治国家、法治政府、法治社会，确立了新时代法治中国建设的路线图、时间表。党的十九届三中全会审议通过了《中共中央关于深化党和国家机构改革的决定》和《深化党和国家机构改革方案》，决定组建中央全面依法治国委员会。党的十九届四中全会审议通过了《中共中央关于坚持和完善中国特色社会主义制度、推进国家治理体系和治理能力现代化若干重大问题的决定》，对提高党依法治国、依法执政能力做出专门部署。党的十九届五中全会审议通过了《中共中央关于制定国民经济和社会发展第十四个五年规划》和《二〇三五年远景目标的建议》，其中对推进法治中国建设进行了部署。2020 年 11 月 16 日至 17 日，中央全面依法治国工作会议在北京召开。习近平出席会议并发表重要讲话。会议正式提出习近平法治思想，并将其确立为全面依法治国的指导思想和根本遵循。

习近平法治思想是经过长期发展而形成的内涵丰富、论述深刻、逻辑严密、系统完备的法治理论体系，为建设法治中国指明了前进方向，在中国特色社会主义法治建设进程中具有重大政治意义、理论意义和实践意义。

习近平法治思想的意义：为建设法治中国指明方向。理论意义：深刻揭示了社会主义法治的生命力和优越性，推动了中国特色社会主义法治理论的创新发展。

【问题二】习近平法治思想的内容

坚持党对全面依法治国的领导，是中国特色社会主义法治的本质特征和内在要求。坚持以人民为中心，是全面推进依法治国的力量源泉。坚持中国特色社会主义法治道路，是全面推进依法治国的发展道路和正确方向。坚持依宪治国、依宪执政，是全面推进依法治国的工作重点。坚持在法治轨道上推进国家治理体系和治理能力现代化，是实现良法善治的必由之路。坚持建设中国特色社会主义法治体系，是全面推进依法治国的发展目标和总抓手。坚持依法治国、依法执政、依法行政共同推进，法治国家、法治政府、法治社会一体建设，是全面推进依法治国的战略布局。坚持全面推进科学立法、严格执法、公正司法、全民守法，是新时代法治建设的"十六字"方针。坚持统筹推进国内法治和涉外法治，是建设法治强国的必然要求。坚持建设德才兼备的高素质法治工作队伍，是全面推进依法治国的组织保障。坚持抓住领导干部这个"关键少数"，是全面推进依法治国的关键问题。

【问题三】全面依法治国必须坚持以人民为中心

接下来，我们重点对其中一个坚持，也就是"坚持以人民为中心"进行详细地展开，以此来透视为什么习近平法治思想是全面依法治国的价值遵循。

说到全面依法治国，一定离不开法律案件的审判，同学们有没有走进法院参与或者旁听过案件审判呢？大家有没有听说过流动法庭，这可不是拍电影，这是真实的法庭，它们可能在海上、在草原、在村民的院子里……这就是我国的流动法庭。

实时互动 2（智慧课堂）：我国的司法机关为什么要设置流动法庭呢？

关键词提取：人民、方便、法治、辛苦、以人民为中心、需求……

教师分析：有一部以现实的流动法庭为原型的电影《马背上的法庭》曾经感动了无数观众，电影中的法官为了赶夜路不幸跌入悬崖，让人惋惜并心生敬佩。关于为什么要设置流动法庭，很多同学都提到了人民、方便、法治，看来大家对这种形式都是比较肯定的。从中国流动法庭的设置一事，我们就可以感受到，我国的依法治国是以人民为中心的，能够尽最大的努力保障人民的利益、聆听人民的需求、解决人民的问题。

那么，为什么全面依法治国要坚持以人民为中心呢？有哪些具体表现呢？在法治中国建设中，该如何坚持以人民为中心呢？

1. 为什么要坚持以人民为中心？以人民为中心，这个观点我们并不陌生,那为什么中国的全面依法治国要坚持以人民为中心呢?

其一,人民立场是中国共产党的根本政治立场,这是马克思主义政党区别于其他政党的显著标志,体现了马克思主义唯物史观,体现了对人民创造历史的地位和作用的深刻认识,体现了对人类社会发展规律的科学把握,体现了对保持党的先进性、纯洁性的坚定追求。正如习近平总书记指出:"为什么人的问题,是检验一个政党、一个政权性质的试金石。"

再者,人民是依法治国实践的主体。所以,在我国,人民既是国家权力的主体,也是依法治国实践的主体。我国的一切权力属于人民,人民依照法律规定,通过各种途径和形式管理国家事务,管理经济和文化事业,管理社会事务。人民通过法治的方式实现当家做主,人民以法治的方式治理国家,人民也在法治中自我约束、遵法守制。习近平总书记深刻指出,"全面依法治国最广泛、最深厚的基础是人民"。所以,"坚持以人民为中心",成为习近平法治思想的"十一个坚持"之一。

2. 如何才是坚持以人民为中心?坚持以人民为中心不是一句口号,而是在推动全面依法治国的过程中,有实实在在的表现。在全面依法治国过程中,究竟如何才叫以人民为中心呢?

我们以流动法庭为例。在中国,流动法庭并不是某一个地区的个案,近年来,针对群众上诉的实际困难、农村法律服务匮乏等问题,很多地方的法庭建立"巡回审判"机制,打造集立案、调解、审理、执行、普法、宣传等为一体的流动法庭,第一时间在"家门口"为基层群众化解纠纷。这就是全面依法治国坚持以人民为中心的确实有效的行为。所以,坚持以人民为中心,重在"三个坚持"。

一是坚持以依法保障人民权益为目的:这些流动法庭一般都设立在人烟稀少或者群众交通不便的地方,家事纠纷、邻里矛盾、家风和谐……这些都是流动法庭需要解决的问题,尽管很多事情在外人看来都是些鸡毛蒜皮的小事儿,但却都是老百姓心中的大事儿。

案例:电影《马背上的法庭》讲述了云南山区基层法官老冯骑着马、驮着国徽,翻山越岭给山民们断案的故事。7天走了3个寨子,断了5桩鸡毛蒜皮的家务事，最后他疲劳过度，摔下山崖身亡的故事。其中有一个案件是姑娌之间因为一个泡菜坛子闹上法庭，如果去翻法律条款，根本没有相关的条款，但是法院依然受理了。

我们党把全心全意为人民服务的政治承诺用法治话语来表达，就是切实尊重、保障和实现人权。坚持以人民为中心，就要积极回应人民的需求，系统研究谋划和解决法治领域人民群众反映强烈的突出问题，也就是坚持以依法保障人民权益为目的。

二是坚持以公平正义为崇高价值追求：公平正义是人民的普遍期盼。全面依法治国，必须紧紧围绕保障和促进社会公平正义来进行，努力让人民群众在每一项法律制度、每一个执法决定、每一宗司法案件中都感受到公平正义，也就是坚持立法为民、执法为民、司法为民，将公平正义的价值追求贯穿于法治建设的各个方面。

三是坚持积极回应人民群众新要求新期待：党的十九大报告指出，我国主要矛盾已经转化为人民日益增长的美好生活需要和不平衡不充分的发展之间的矛盾，人民在民主、法治、公平、正义等方面的要求日益增长。法治建设要积极回应人民群众新要求新期待，要把问题是否解决、人民是否满意作为改革成效的标准。比如我国的流动法庭，也在不断与时俱进，解决人民群众出现的新问题。

案例：2022 年 7 月，福建宁德市蕉城区人民法院"5G+ 三都海上巡回法庭"，就通过 5G 移动云平台成功调解一起渔排网箱拆迁补偿款案件。三都海上巡回法庭成立于 2001 年 5 月，是全国第一个海上流动法庭，流动法庭设立之初，法官们带着国徽、坐着快艇，到渔排上审理、调解案件。2022 年 6 月推出全国首个"5G+ 海上巡回法庭"，在线进行证据提交、调解、庭前会议等多用途、高效能、全流程的诉讼服务，实现了从立案到审理、从举证到质证、从开庭到调解全流程在线办理，极大地方便了当地的渔民。

除了海上的"5G+ 海上巡回法庭"，针对地广人稀的山村和草原，还有"5G+ 车载巡回法庭"。从"马背上的法庭"到如今的"5G+ 法庭"，我们看到在全面依法治国的过程中，技术是更加先进了，但是以人民为中心的价值追求始终不变。并且，技术创新的目的也是为了坚持以人民为中心，保证了人民在全面依法治国中的主体地位。这是我们制度优势的体现，也是中国特色社会主义法治区别于资本主义法治的根本所在。

3. 坚持以人民为中心该如何做呢？那么，如今，我们要建设社会主义法治国家，在具体的建设过程中，又该如何践行以人民为中心这一重要的价值理念呢？

2021 年 1 月 1 日，《中华人民共和国民法典》（后文简称《民法典》）正式实施，这是新中国成立以来第一部以"法典"命名的法律，是一部固根本、稳预期、利长远的基础性法律，是新时代我国社会主义法治建设的重大成果。在中国特色社会主义法律体系中具有重要地位，对坚持以人民为中心的发展思想、依法维护人民权益、推动我国人权事业发展具有重大意义。同时，也为我国继续坚持以人民为中心的法治理念提供了思路。

从根本上保障人民当家做主。坚持以人民为中心，就必须始终牢牢把握坚持党的领导、人民当家做主、依法治国有机统一，不断发展社会主义民主政治并使之法治化、制度化，坚持和完善人民代表大会制度以及中国共产党领导的多党合作和政治协商制度、民族区域自治制度、充满活力的基层群众自治制度等人民当家做主的制度体系，这样才能保证全面依法治国能够从根本上保障人民当家做主。

把保障人民权益贯穿于法治建设全过程、各方面。推进全面依法治国，根本目的是依法保障人民权益。

案例：大家知道《民法典》是如何产生的吗？是法学专家们自己在书房里空想出来的吗？肯定不是。在《民法典》编纂过程中，相关部门先后10 次通过中国人大网公开征求意见，累计收到 42.5 万人提出的 102 万条意见和建议。可以说，《民法典》中的相关新规都是符合时代需要的，是对人民群众现实法律需要的满足。比如《民法典》中关于个人信息保护的条款就是对人民呼声的回应。当今中国已经进入了互联网时代，互联网在给人们的生活带来极大便利之时，也带来了个人隐私泄露的负面影响。骚扰短信、骚扰电话、骚扰邮件、人肉搜索等网络安全事件层出不穷。所以，

《民法典》第1034条第3款明确了，当个人信息中的私密信息受到侵犯时，如何使用隐私权保护与个人信息保护来维护自身权益。虽然，在此以前的《中华人民共和国网络安全法》中，对人们在网络安全、个人信息泄露等方面的保护问题有所涉及，但远不及《民法典》那样详尽。《民法典》的产生就体现了通过立法的方式保障人民的权益。

不仅仅是在立法中，坚持以人民为中心是要把保障人民权益贯穿于法治建设的全过程、各方面。

所以，在全面依法治国中保障人民权益，就是要恪守以民为本、法治为民理念；积极回应、不断满足人民群众的新要求新期待；系统研究谋划和解决法治领域人民群众反映强烈的突出问题，在全面依法治国的全过程、各领域都能够体现以人民为中心。

让法治成为全民普遍共识和行为自觉。在全面依法治国过程中，仅仅在立法、执法、司法层面体现以人民为中心还不够，法律的权威来自人民的内心拥护和真诚信仰。

实时互动3（随机提问）：同学们在日常生活中，有没有信仰法治，并用法治思维来解决问题呢？

教师分析：我们学习习近平法治思想，绝对不是仅仅停留在对内容的理解层面，而是要从学法转化为守法、用法，在守法、用法中体悟习近平法治思想的精髓，让法治成为全民普遍共识和行为自觉，只有这样才能用实际行动为法治中国建设贡献自己的力量。

案例：曾经出现在武汉高校中的一则大学生维权事件就受到《人民日报》的点赞。事情是这样的，一酒店发布集赞换代金券免费吃大餐活动，可是当学生们集齐了赞前来兑换时，酒店却不予兑换。学生积极维权，最后经警方和消协调解，酒店答应按承诺给券。《人民日报》在微博中高度肯定了学生的维权行为，指出：学生维权，不卑不亢，既依法依规，又合情合理，堪称学以致用的生动案例。

因此，全面依法治国坚持以人民为中心，落实到具体个人，要坚持把全民普法和全民守法作为依法治国的基础性工作，通过全民普法，培育全社会办事依法、遇事找法、解决问题用法、化解矛盾靠法的法治环境，使全体人民成为社会主义法治的忠实崇尚者、自觉遵守者、坚定捍卫者。

习近平总书记说："必须大力弘扬社会主义法治精神，建设社会主义法治文化，增强全社会厉行法治的积极性和主动性，形成守法光荣、违法可耻的社会氛围，使全体人民都成为社会主义法治的忠实崇尚者、自觉遵守者、坚定捍卫者。"

【问题四】坚持依宪治国、依宪执政

实时互动 4（智慧课堂）：依宪执政就是"宪政"吗？

教师分析：我国依宪治国、依宪执政与西方"宪政"的本质区别，主要体现在以下四个方面。一是制度基础不同。西方"宪政"建立在资本主义宪法基础上，是资产阶级统治的工具，而我们的出发点和落脚点是人民的根本利益。二是领导力量不同。西方"宪政"表面上看，是不同政党在轮流执政，其实这些政党都是资本和资产阶级利益的代言人，而我们是旗帜鲜明地坚持中国共产党的领导。三是权力主体不同。西方"宪政"民主下的选举，起决定作用的是资本、利益集团或少数精英群体力量，而我国的一切权力属于人民。四是权力行使方式不同。西方"宪政"实行三权分立，通过分权制衡来维护资本和资产阶级利益，而我国的人民代表大会是国家权力机关，行政机关、监察机关、审判机关、检察机关都由它产生，对它负责，受它监督。

八、课堂总结

1. 总结内容：本次课我们围绕习近平法治思想，回答了如何来、是什么、有何意义等一系列问题，重点对习近平法治思想的其中两点进行了详细探讨。

2. 调查反馈：针对本次课的学习，还有哪些疑问？（智慧课堂）

3.引出新课：学习习近平法治思想是认识全面依法治国的基础，推进全面依法治国，必须走对路，也就是要走中国特色社会主义法治化道路。那么，为什么要走中国特色社会主义法治化道路？走这条路需要坚持哪些原则？

九、作业安排

1.《中华人民共和国民法典》被称为"社会生活的百科全书"，是新中国成立以来第一部以法典命名的法律，《民法典》共七编，除了总则和附则之外，各编依次为物权、合同、人格权、婚姻家庭、继承、侵权责任。请以小组为单位，选择其中一编，讨论该编是如何体现坚持以人民为中心的。

2.阅读《坚定不移走中国特色社会主义法治道路 为全面建设社会主义现代化国家提供有力法治保障》，思考为什么说我国社会主义法律是党的主张和人民意志的共同体现。

十、课堂延伸

1.习近平：《论坚持全面依法治国》，中央文献出版社，2020年。

2.习近平：《坚定不移走中国特色社会主义法治道路 为全面建设社会主义现代化国家提供有力法治保障》，《求是》，2021年第5期。

3.习近平：《坚持、完善和发展中国特色社会主义国家制度与法律制度》，《求是》，2019年第23期。

4.《中共中央关于全面推进依法治国若干重大问题的决定》，人民出版社，2014年。

第十八讲　悟：中国特色社会主义法治道路

一、教学理念

1.通过先进的教学手段形成互动教学模式：法律理论与法律实践是一个问题的两个方面，但是学生们往往更加喜欢分析法律案例，对于法律理论觉得比较枯燥，所以本讲需要充分运用智慧课堂，通过问答式教学让学生参与到对理论的主动思考之中。

2.通过最新的法律案例引发学生情感共鸣：该部分重点关注全面依法治国的基本原则，其中对于一些原则的分析是通过案例的方式，通过一些学生们感兴趣的法律案例入手，更加能够引发学生对本讲内容的关注，激发学习兴趣并提升法律信仰。

二、学情分析

（一）提出问题，了解学情（智慧课堂）

1.我国古代社会的"王子犯法，与庶民同罪"，反映了法律面前人人平等的思想吗？

2.依法治国与以德治国是什么关系？

3.中国为什么不能直接使用西方的法律制度？

（二）分析问题，总结学情

知识基础：通过前面的学习，学生对习近平法治思想的产生、重要地位与主要内容有了基本的了解，但是针对本讲中的问题，学生在前面的课堂教学和课后交流中提出了一些困惑，比如对"党大还是法大"这个伪命题理解不透彻。针对我国古代社会的"王子犯法，与庶民同罪"的论断，不少学生认为这就是一种法律面前人人平等思想。针对这些学生学习中的困惑，在课堂教学中要予以重点关注和回应。

学习能力：法治问题是学生日常学习比较关注的问题，无论是偏文科专业的学生还是偏理科专业的学生，虽然对问题的分析能力，对理论的理解程度有一定的差异，但是都具备分析案例、系统归纳理论、比较研究的学习能力。

学习态度：大学生积极上进，而且思想淳朴，对学习也充满热情，虽然这部分内容看起来理论性较强，可能有些学生会觉得太枯燥，但是如果采用适当的方式是可以尽量化解这种矛盾的。

三、教学目标

（一）知识目标

1.能够大致表述坚持中国特色社会主义法治道路必须遵循的五项原则。

2.对"党大还是法大"这个伪命题，能够有正确的认识。

3.能够用发展的眼光看待"法律面前人人平等"。

4.能够从历史、现实、理论等多角度理解坚持依法治国与以德治国相结合。

5. 对法治中国建设的"五大支柱"和"施工方案"有了解。

（二）能力目标

1. 在掌握知识的基础之上，对德与法的关系有进一步认识，能够用"法律面前人人平等""以德治国与依法治国相结合"等理论分析当下社会主义社会中的一些法律案例。

2. 对"法律面前人人平等"在不同社会的不同反映有清晰的认识，并且能够在日常生活中遇到不平等现象时，拿起法律武器争取自己的权益。

（三）情感目标

1. 通过对坚持中国特色社会主义法治道路的学习，提升自己的法律意识和法律素养，提升对坚持中国特色社会主义发展道路的自信。

2. 通过学习，能够产生法律权威意识和法治信仰。

四、教学内容分析

本讲是整个教学设计第五个系列"践行法治系列"的第二个问题："悟"，涉及教材第六章第二节的内容。该内容在教学体系中具有承上启下的作用，一方面通过前面法律基础理论和社会主义法律特征运行的学习，以及对习近平法治思想的整体了解，对社会主义法律的基本情况有所理解，在此基础上，应进一步探讨法治中国建设问题。另一方面，法治中国建设是一个宏观的视角，对个人而言的法治思维、法律信仰等都需要建立在对法治中国的认识、理解和认同基础之上。所以，本讲重在"悟"，即领悟中国特色社会主义法治道路的基本思想。具体来说，本讲的内容主要包括：为什么要走中国特色社会主义法治道路；坚持走中国特色社会主义法治道路必须遵循的原则；建设法治中国。

五、教学重、难点及化解策略

（一）教学重点及化解策略

本讲的重点有两个：

1. 坚持走中国特色社会主义法治道路必须遵循的原则。

2. 为什么要走中国特色社会主义法治道路。

化解策略：

1. 从整体到部分：坚持走中国特色社会主义法治道路必须遵循的原则一共有五条，这五条原则不逐一进行分析，本讲主要通过从整体到部分再回到整体的策略，重点分析其中两条原则，让学生从中理解五条原则的联系和整体性。

2. 由一般到普遍：为增进学生对走中国特色社会主义法治道路原因的理解，需要从历史发展、国家性质、基本国情等不同维度进行解读，从一般到普遍，得出为什么要坚定走中国特色社会主义道路。

（二）教学难点及化解策略

本讲的难点有两个：

1. 对坚持党的领导的理解。

2. 对坚持依法治国与以德治国相结合的理解。

化解策略：

1. 化抽象为具体：关于原则第一点，坚持党的领导问题，不少学生对这个知识点只是记住了，但没有真正理解。所以，通过"党大还是法大"这个具体问题的辨析，让学生在讨论中发现在坚持走中国特色社会主义法治道路中，党的领导究竟是如何体现并发挥作用的。

2. 由现象到理论：关于坚持依法治国与以德治国相结合问题，学生并不陌生，但是并不能清楚地知道其原因及如何结合。通过对热点现实案例的分析，让学生从现象的分析中发现理论的根源。

六、教学方法

本节在教学方法上，主要采用智慧教学法、案例分析法、互动讲授法及小组讨论法等方法，引导学生对中国特色社会主义法治道路的原因、原则、目标有全面、客观、系统的认识。

案例分析法：对中国特色社会主义法治道路中涉及的一些基本原则问题，需要通过一些形象的案例来辅助讲解。但法治建设案例的选择比较多，本讲在案例选择中应尽量选择那些受到广泛关注或推动中国法治化进程的重要案例。

智慧教学法：随着教育技术的不断发展，智慧课堂互动越来越成为教学辅助的重要手段，智慧互动的最大优势是帮助教师及时全面了解学生对问题的认识及对知识掌握的程度。

小组讨论法：对为什么要坚持从中国实际出发这一原则，通过小组讨论的方式，学生在小组内部的讨论中可以得出趋于一致的结论，但是不同的小组讨论可以得出多样化的论据支撑这一结论。

七、教学过程详案

【课程导入】

习近平总书记指出："中国特色社会主义法治道路是一个管总的东西。具体讲我国法治建设的成就，大大小小可以列举出十几条、几十条，但归结起来就是开辟了中国特色社会主义法治道路这一条。"[1]

实时互动1（智慧课堂）：我国为什么要开辟中国特色社会主义法治道路？

---

[1]　习近平：《习近平谈治国理政》（第二卷），外文出版社，2017年，第113页。

引出主题：如何从根本原因、基本原则和最终目标等多维度理解中国特色社会主义法治道路？

【问题一】"法治"与"法制"的区别

实时互动 2（随机提问）："法治"与"法制"的区别。

教师分析：从这两个词的英文翻译就可以很容易地看出两者的区别。"法制"英译为"rule by law"，意思是借助法律来统治，最常见的方式就是用法律来推行行政。在这种情况下，法不具有独立的主体性，不享有最高的权威，而是为另一个政治主体或某个更高的权威所利用。而"法治"英译为"rule of law"，意思是"法的统治"，也就是一个社会中法高于一切，法的权威至上，没有更高的权威，法治高于任何个人的主观意志。

【问题二】坚持中国共产党的领导

中国共产党的领导是中国特色社会主义最本质的特征，是社会主义法治最根本的保证。社会主义法治必须坚持党的领导，党的领导必须依靠社会主义法治。法是党的主张和人民意愿的统一体现，党和法、党的领导和依法治国是高度统一的。全面依法治国，方向要正确，政治保证要坚强，不能把党的领导和依法治国二者对立起来。坚持中国特色社会主义法治道路，最根本的就是坚持中国共产党的领导，这是全面依法治国的题中之义。党和法的关系问题是一个根本性问题，处理得好，则法治兴、党兴、国家兴；处理得不好，则法治衰、党衰、国家衰。党的领导与社会主义法治是一致的，社会主义法治必须坚持党的领导，党的领导必须依靠社会主义法治。

说到党的领导与法治的关系，还要澄清一个问题，就是"党大还是法大"？

实时互动 3（随机提问）：你觉得"党大还是法大"？

教师分析：我国《宪法》一方面规定了"一切国家机关和武装力量、各政党和各社会团体、各企业事业组织都必须遵守宪法和法律"，另一方面又规定了"中国共产党领导是中国特色社会主义最本质的特征"。党章中也有"党政军民学，东西南北中，党是领导一切的"的表述。那么到底是党大，还是法大？如果说党大，那么法律至上的原则如何体现？如果说法大，那党的地位又如何凸显？于是有人就陷入一个无限循环的逻辑怪圈不能自拔。"党大还是法大"是一个政治陷阱，是一个伪命题。因为，从逻辑上讲，党的本质是政治组织，而法的本质是行为规则，两者不存在谁比谁大的问题，否则就会落入话语陷阱。如果说党比法大，那就是承认法治、依法治国都是虚假的，法就不存在了；如果说法比党大，那就好像党的领导又出了问题，难以实现了。因此，在党和法之间不能搞简单的比较。纵观人类政治文明史，权力是一把双刃剑，在法治的轨道上行使可以造福人民，在法律之外行使必然祸害国家和人民。所以，习近平总书记说，"把权力关进制度的笼子里"。

案例：全国首位副省长出庭应诉

2015 年 6 月，遵义市遵义县泮水镇青丰村村民丁加强的部分土地及苗木因白黔高速公路建设需要被征收。丁认为征收依据即遵义市政府作出的《市人民政府办公室关于印发白黔高速公路工程（遵义境）建设项目征地拆迁安置补偿方案的通知》违法，向贵州省政府申请行政复议。省政府审查后认为不属于行政复议范围，予以驳回。丁不服，于 2016 年 2 月以省政府为被告向贵阳中院提起诉讼。4 月 11 日开庭，副省长陈鸣明出庭应诉。

党领导依法治国的具体体现：领导立法、保证执法、支持司法、带头守法。

【问题三】坚持人民主体地位

在社会主义法治国家，人民是依法治国的主体力量和力量源泉，坚持人民主体地位是依法治国的基本原则。必须把人民当家做主贯彻到依法治国的全过程，保证人民的广泛参与。

坚持人民主体地位，必须坚持法治建设为了人民、依靠人民、造福人民、保护人民，以保障人民根本利益为出发点和落脚点，保证人民依法享有广泛的权利和自由、承担应尽的义务，维护社会公平正义，促进共同富裕，为保证人民当家做主提供坚实的法治基础。在立法上，要保证人民的意志和利益得到体现，也要保证人民能有充分的机会表达自己的意见，使每项立法都体现人民意志，都得到人民的拥护。在法律实施上，要确保人民意志得到实现，要保障人民依法享有各种程序性权利，切实维护人民的合法权利。

案例：2016 年 8 月 21 日，刚接到南京邮电大学录取通知书的山东女孩徐玉玉被诈骗犯罪分子通过电信网络骗走 9900 元学费，因伤心自责过度不幸离世。公安机关迅速行动、严格执法，在短时间内侦破案件，将犯罪嫌疑人抓捕归案并依法判处刑罚。此后，最高人民法院、最高人民检察院、公安部、工信部、人民银行、银保监会六部门联合发布《关于防范和打击电信网络诈骗犯罪的通告》，合力行动，重拳打击整治电信网络诈骗犯罪。2021 年 10 月 19 日，《反电信网络诈骗法》（草案）提请十三届全国人大常委会第三十一次会议初次审议。

人民权益要靠法律保障，法律权威要靠人民维护。依法治国的根本目的是实现人民幸福，尊重和保障人权。要把体现人民利益、反映人民愿望、维护人民权益、增进人民福祉落实到依法治国的全过程，保证人民在党的领导下，依照法律规定，通过各种途径和形式，行使管理国家事务和社会事务、管理经济和文化事业的权利。推进全面依法治国，要积极回应人民群众的新要求和新期待。

【问题四】坚持法律面前人人平等

1. 如何理解"法律面前人人平等"？

平等包括了性别平等、职业平等、信仰平等、受教育程度平等、种族平等……法律面前人人平等就是平等享受公民权利，同时平等履行公民义务。那么怎么才叫平等享受公民权利，同时平等履行公民义务呢？

2013 年修订的《劳动合同法》最大的亮点，就是明确规定了"临时工"享有与用工单位"正式工"同工同酬的权利。《宪法》第 48 条第 1 款就男女平等问题明确指出："中华人民共和国妇女在政治的、经济的、文化的、社会的和家庭的生活等各方面享有同男子平等的权利。国家保护妇女的权利和利益，实行男女同工同酬，培养和选拔妇女干部。"

"法律面前人人平等"有两层含义：其一，要求违法必究，一切违反宪法法律的行为，不管什么人，不管涉及谁，只要违反法律就要依法追究责任。其二，无差别、无歧视地对待，公平不分民族、种族、性别、职业、家庭出身、宗教信仰、教育程度、财产状况、居住期等，只要是正当权益诉求，就应当在法律上得到平等对待；只要是合法权益，就应该得到平等保护。

实时互动4（随机提问）：公民在法律面前人人平等，是不是意味着绝对的平均主义呢？

教师分析：公民在法律面前一律平等，不是指绝对的平均主义。公民在法律面前一律平等是要求赋予一切人以平等的法律地位，而平均主义则是要求取消一切差别，在各方面实行绝对均等，这种主张是不切实际的。如《宪法》规定，不满18周岁的公民不享有选举权与被选举权，这不等于说符合法定年龄的公民与不足法定年龄的公民之间存在不平等，而是由于参与政治生活的公民需要具备一定的行为能力。

2. 我国的法律平等有何特殊性？

说到这里，大家肯定会有疑问，我国古代社会也有平等呀，比如古人说"王子犯法，与庶民同罪"，不就是体现了法律面前人人平等吗？那西方就更不用说了，他们就是用自由、平等来标榜自己的。

实时互动5（智慧课堂）：你如何理解"王子犯法，与庶民同罪"？

教师分析：从字面上来理解，王子犯了法和平民是一样的，都要接受法律的制裁。管仲提出："君臣上下贵贱皆从法，此谓大治。"韩非提出："法不阿贵，绳不绕曲。"这些观点有时是容易引起误解的，包括"王子犯法，与庶民同罪"。事实上，古代社会更多的却是处处可见的不平等现象，"刑不上大夫"就是其中最突出的一点。"王子犯法，与庶民同罪"的正确理解应该是王子犯法与庶民犯法一样，同样要治罪，即"法不阿贵，绳不绕曲"，但这并不意味着给王子与庶民治同样的刑，王子有王子的刑，庶民有庶民的刑。我国古代法治中，有各种各样对贵族阶层犯罪的减免量刑制度，而作为封建社会最高统治者的君主就更是凌驾于法律之上。

案例：丧服制度是我国古代服丧期间的一种服饰制度，血缘关系越近，丧服材质越差，居丧的时间也越长。"准五服以治罪"是指在亲属相犯的行为中，以五服制度中所规定的血缘亲疏及尊卑关系作为定罪量刑标准的法律原则。在该原则中，服制越近，以尊犯卑者，所处刑罚越轻，以卑犯尊者，所处刑罚越重；服制越远，以尊犯卑者，所处刑罚相对加重，以卑犯尊者，所处刑罚相对减轻。从这个制度，我们可以看到封建法律不平等的本质。"准五服以治罪"因其与传统宗族观念相契合，在我国古代法律中一直被保留并且地位不断提高，一直到新中国成立，"准五服以治罪"制度才彻底退出历史舞台。

通过对比，我们发现，古代社会的平等是具有阶级局限性的，所谓的平等只是相对的，王子与王子之间是平等的，贵族与贵族是平等的，平民与平民是平等的，王子与平民在形式上是平等的，但是在内容上是不平等的。

3. 如何理解西方社会的平等？

在西方国家的历史上，很早就产生了关于平等的观念。例如，亚里士多德就曾提出，法律应具有平等的品质。新中国成立后，我们对平等的理解和实现与西方国家是有很大的差异的。这里，我们不得不说一说一贯以自由、平等标榜的美国，在多大程度上实现了法律面前人人平等。

案例：我们以选举权为例，看看福山的一段描述："大多数美国人认为，18世纪后期宪法通过后就有民主了。但在1787年，选举权仍有严重限制，之后才逐步放开给无产白人、非裔美国人和妇女，直到1920年第十九条修正案的批准才彻底放开。实际上，对南部黑人投票的各种设限意味着，充分选举权还要等到1965年选举权法的通过。"[①] 时至今日，美国式平等又

---

① ［美］弗朗西斯·福山著、毛俊杰译：《政治秩序与政治衰败：从工业革命到民主全球化》，译广西师范大学出版社，2015年，第376—378页。

是怎样的状况呢？种族歧视变本加厉，2010 年以来，美国有 23 个州通过了某种形式的选民压制法，其中有 17 个州针对的是印第安人等土著居民。除了选举之外，2020 年美国白人警察跪杀黑人事件更是让我们对美国所谓的平等又有了新的认识。据美国全国广播公司商业频道报道，在 2019 年这种白人警察暴力执法导致黑人死亡人数居然超过 1000 人。

以上，我们可以得出，西方社会所谓的平等是具有局限的，这种局限可能来自种族、阶级、宗教等，所谓的平等也都是相对的。

"法律面前人人平等"这句话的潜台词就是反对特权，用法律约束权力，这其实就是法治的题中之义了，因此法治的基本属性和理想状态，就是法律面前人人平等。尽管不同时代、不同国家，凡是推崇法治理想的，都曾提出过类似"法律面前人人平等"的政治愿景，但是真正实现的程度却大不相同。跟古代社会相比，当今中国的法律平等更加广泛；跟西方社会相比，我们的平等更加真实。

4. 如何坚持"法律面前人人平等"？

《中华人民共和国宪法》第三十三条规定："凡具有中华人民共和国国籍的人都是中华人民共和国公民。中华人民共和国公民在法律面前一律平等。国家尊重和保障人权。任何公民享有宪法和法律规定的权利，同时必须履行宪法和法律规定的义务。"那么，我们要如何做到"法律面前人人平等"呢？

首先，要坚决反对特权思想和特权现象。习近平总书记强调，要"把权力关进制度的笼子"。从数据上看，这几年的反腐败数据引人注目，充分说明反腐败持续保持高压态势，有腐必反、有贪必肃，反腐败拳头握得更紧，力量更强大。中央针对全面从严治党和党风廉政建设领域，于2019 年出台了一系列具有代表性的党内法规制度，例如《中国共产党纪律检查机关监督执纪工作规则》《中共中央关于加强党的政治建设的意见》《监察机关监督执法工作规定》《中国共产党问责条例》《中国共产党重大事项请示报告条例》《党政领导干部选拔任用工作条例》《党政领导干部考核工作条例》《干部选拔任用工作监督检查和责任追究办法》《中国共产党党内法规制定条例》《中国共产党党内法规执行责任制规定（试行）》等颁布实施。这为整个监察体制改革提供了制度保障，同时着力建立健全一个具有我国特色的监察法律体系，推动制度反腐、法治防腐。

其次，遵守法律制度没有特权，执行法律制度没有例外。"无规矩，不成方圆"，这是我国的一句古话。任何法律制度一经形成，就要严格遵守，执行法律制度没有例外。

2015 年 6 月 26 日，习近平总书记在十八届中央政治局第二十四次集体学习时强调，"要强化法规制度意识，在全党开展法规制度宣传教育，引导广大党员、干部牢固树立法治意识、制度意识、纪律意识，形成尊崇制度、遵守制度、捍卫制度的良好氛围，坚持法规制度面前人人平等、遵守法规制度没有特权、执行法规制度没有例外"。

最后，强化法律制度刚性，对违法行为严查到底。

案例：2019 年震惊全国的孙小果案就体现了对违法行为严查到底的决心。除孙小果本人被判处死刑之外，涉孙小果案公职人员和重要关系人职务犯罪案一审宣判，19 名被告人分别获刑二年至二十年。

【问题五】坚持依法治国与以德治国相结合

案例：2022 年 6 月 11 日，《光明日报》发表一篇评论文章引起了广泛关注，标题是："围殴女性、种地道歉、铁丝锁门，唐山为何一个月三次热搜？"文章指出，"这三起于一个多月内发生在唐山的社会事件，都是社会治理的失效，都隐喻着'法'的威信在一个地域间的流失"。

实时互动 6（智慧课堂）：《光明日报》中提到的这些事件反映了社会治理中的哪些问题呢？

教师分析：很多人看到这几则新闻时，首先是"震惊"，在法治社会中，竟然还会出现这样的事情，确实让人震惊。但是，就像《光明日报》所说，这个是一个法治问题，所以大多数学生的回答聚焦于法治、法律等关键词。从这些案例中，我们不难发现如果依法治国不能真正落实、落地、落细，人民的利益就无法得到根本保障。这几件事情同时还说明，在法治建设过程中，道德也不应该缺席，在这些事件中，如果执法者能够充分尊重人民的意愿、旁观者能够有勇气向黑恶势力抗衡，依法治国就会更高效，这就是我们接下来要说的坚持依法治国与以德治国相结合。

1. 何谓坚持依法治国与以德治国相结合？

习近平总书记曾强调，中国特色社会主义法治道路的一个鲜明特点，就是坚持依法治国与以德治国相结合，那么什么是坚持依法治国与以德治国相结合呢？

依法治国就是依照体现人民意志和社会发展规律的法律来治理国家，而不是依照个人的意志和主张来治理国家；要求国家的政治、经济运作、社会各方面的活动通通依照法律进行，而不受任何个人意志的干预、阻碍或破坏。

以德治国，就是以为人民服务为核心，以集体主义为原则，以爱祖国、爱人民、爱劳动、爱社会主义为基本要求，以职业道德、社会公德、家庭美德的建设为落脚点，建立与社会主义市场经济相适应的，与社会主义法律体系相配套的社会主义思想道德体系，并使之成为全体人民普遍认同和自觉遵守的行为规范。

坚持依法治国与以德治国相结合，就是在国家治理中既要重视发挥道德的教化作用，又要重视发挥法律的规范作用。在新的历史条件下，我们要把依法治国基本方略、依法执政基本方式落实好，把法治中国建设好，必须坚持依法治国与以德治国相结合，使法治和德治在国家治理中相互补充、相互促进、相得益彰，推进国家治理体系和治理能力现代化，从而实现国家的长治久安。

2. 为何坚持依法治国与以德治国相结合？

首先，这是对古今中外治国经验的深刻总结。虽然我国古代社会国家治理从根本上说是人治，但是思想家们提出了不少德法并重的思想，从孔子的"宽猛相济"、孟子的"徒善不足以为政，徒法不足以自行"、荀子的"隆礼重法"，到汉代董仲舒强调"阳为德，阴为刑"，唐代提出"制礼以崇敬，立刑以明威"，都表明了这一点。从世界范围看，凡是社会治理比较有效的国家，都坚持把法治作为治国的基本原则，同时注重用道德调节人们的行为。历史经验告诉我们，对于国家治理来说，法治和德治如车之两轮、鸟之两翼，不可偏废。在社会主义法治建设中，也需要充分发挥法律与道德的作用；将法治与德治的功能紧密结合起来，才能实现自律和他律共同发力、相互促进。

其次，从二者的理论特点来说，德治与法治在理论上也有契合之处。二者相结合，最终目的是要实现社会主义法治中国的良法善治。一方面，法是传播道德的有效手段。

案例：以"礼让行人"入法为例，2007年，杭州市公交集团制定了《公交营运司机五条规范》，明确规定"行经人行横道时减速礼让"。2015年10月，杭州通过《杭州市文明行为促进条例》，"斑马线礼让行人"首次被写入地方性法规。从此，这一文明现象正式升格为地方性法律条款，由此也可以看到，社会主义法治想要实现良法善治，就应当具备道德的属性。后来，很多城市包括武汉市在内，都陆续将"礼让行人"写入地方性法规，这一文明现象也让我们习以为常，这种习以为常就是城市文明被老百姓感知后带来的正向效应，而这种效应，让"礼让行人"这一法律规范悄然落地，走进人心。

另一方面，道德是法的评价标准、支持和补充。

实时互动7（随机提问）：刚才我们说了"礼让行人"入法的问题，我想再问同学们一个类似的问题，"公交车让座"应该入法吗？

教师分析：我们来分析一下，首先道德是高标准的，而法律义务是低标准的，如果将这种高标准的美德变为普遍的法律义务，会出现什么样的情景呢？如果"公交车让座"入法，人们可能非常轻易就陷入违法甚至犯罪的地步，如果是那样的话，那我们每一个人的权利和自由都将得不到保障，这也正是法治德治两者的区别。法安天下，德润人心。所以，法治与德治在构建美好社会的过程中都具有重要作用，对于构建法治中国来说，道德是评价良法的标准，德治是法治的重要支持和补充。

除此之外，依法治国与以德治国相结合，还是坚持和发展中国特色社会主义的现实要求。长期以来，特别是党的十一届三中全会以来，我们党深刻总结我国社会主义法治建设的成功经验和深刻教训，走出了一条中国特色社会主义法治道路。但是，我们也应该看到，我国法治建设现状同党和国家发展要求相比，同人民群众期待相比，同推进国家治理体系和治理能力现代化目标相比，还有许多不适应、不符合的问题。就如前文《光明日报》批评的那些事件，说明法治建设在我国某些地区还不完善。实践证明，要切实解决法治领域存在的突出矛盾和问题，单纯就法治论法治是不够的，应当着眼全局、系统谋划，特别是要立足我国历史传统和现实国情，重视加强道德教育和思想引导，营造全社会都立规矩、讲规矩、守规矩的文化环境，使法律与道德在国家和社会治理中共同发挥作用。

3. 如何坚持依法治国与以德治国相结合？

首先，将德治融入法治。

案例：电影《我不是药神》的原型是陆勇案，陆勇因为得了白血病，所以他跑到印度去买特效药，很多病友了解到之后，也委托他代购。后来陆勇被公安机关立案侦查，1000 多名病友上书为他求情，湖南省公安机关对事实的认定进行公开审查，认为将陆勇的行为以犯罪论处与司法为民的价值观相悖，于是郑重做出不起诉的决定。参与办案的白峰检察官说："通过办理陆勇的案件，促进了司法观念的转变，既要严格执法，也要人文司法，以人为本，保障人权。通过办案彰显公平正义，达到办案的法律效果和社会效果相统一。"

陆勇的行为虽然违反了《药品管理法》的规定，但是在个人生命健康与管理规定相冲突的情况下，应当优先保护人的生命健康。所以，依法治国与以德治国相结合首先就是要将德治融入法治中，让法治体现道德的要求。

我们大力弘扬社会主义核心价值观，弘扬中华传统美德，培育社会公德、职业道德、家庭美德、个人品德，提高全民族思想道德水平，也是为全面依法治国创造良好的人文环境。

案例：2021 年 3 月，发生在湖南怀化一则警察抓捕逃犯的新闻就让网友十分感动。浙江海宁警方异地抓捕一名诈骗案犯罪嫌疑人时，碰到了犯罪嫌疑人的奶奶。民警不忍告知其真相，选择了集体撒谎，谎称是嫌疑人同学。很多网友表示，被执法警察人性化的处理方式所感动。

其次，用法治保障德治。请同学们思考一个问题：对于"见义勇为制度"的确立，也就是我们说的"好人法"的制定，同学们有什么看法呢？有同学说很好，因为"好人法"的制定可以让我们放心去做好事。过去，不少人被"老人摔倒了扶不扶"这个问题所困扰，人们从不同角度分析了扶与不扶的理由。如今，当我们再问这个问题时，很多人都会毫不犹豫选择扶，为什么呢？因为 2021 年开始实施的《民法典》第 184 条明确规定了"因自愿实施紧急救助行为造成受助人损害的，救助人不承担民事责任"。这实际上就体现了法治对德治的保障，当然，这种保障并不是规定每个人都必须见义勇为，因为美德不能强制，只能被提倡；而是说法律为好人提供了法律保护和法律救济，从而消除了我们做好事的道德风险，所以这也正是体现了用法治来保障德治。

正如习近平总书记指出："以法治承载道德理念，道德才有可靠制度支撑。"[①] 具体来说，就是加强立法以实现良法善治、严格执法以实现激浊扬清、公正司法以实现惩恶扬善、全民守法以实现崇德向善，最终实现良法善治。

要提高全民法治意识和道德自觉。德治融入法治、法治保障德治，而要落实在我们每一个个体身上，就应提高全民法治意识和道德自觉。一方面，坚持把全民普法和全民守法作为依法治国的基础性工作，使全体人民成为社会主义法治的忠实崇尚者、自觉遵守者、坚定捍卫者。

另一方面，通过深入实施公民道德建设工程，深化群众性精神文明创建活动，引导广大人民群众自觉践行社会主义核心价值观，树立良好道德风尚，争做社会主义道德的示范者，良好风尚的维护者，从而实现

---

① 习近平：《论坚持全面依法治国》，中央文献出版社，2020 年，第 11 页。

道德自觉。

【问题六】坚持从中国实际出发

建设法治中国，必须从我国的实际出发，同完善和发展中国特色社会主义制度、推进国家治理体系和治理能力现代化相适应，既不能罔顾国情、超越阶段，也不能因循守旧，墨守成规。

实时互动8（课堂讨论）：有人认为，我国的法治环境与西方国家是完全不同的，所以我们进行法治建设没有必要借鉴西方。对此，你怎么看？

教师总结：从中国实际出发不等于关起门来搞法治。坚持走中国特色社会主义法治道路，必须学习借鉴世界优秀的法治文明成果。法治的精髓与要旨对于国家治理和社会治理具有普遍意义。学习借鉴不是简单的拿来主义，不能将某种法治理论或成果当成唯一准则，不能企图用一种法治模式来改造整个世界。必须坚持以马克思主义法学理论为指导，坚持以我为主、为我所用，合理吸收国外法治理论、法学概念、法律话语、法律方法，不能搞"全盘西化"和"全面移植"。

八、课堂总结

1.总结内容：本次课我们围绕中国特色社会主义法治道路的基本问题，回答了为什么、怎么样、最终结果是什么等一系列问题，重点就中国特色社会主义法治道路需要遵循的五项原则进行了分析。

2.调查反馈：针对本次课的学习，还有哪些疑问？（智慧课堂）

3.引出新课：坚持依法治国首先要坚持依宪治国，那么如何理解宪法的地位和原则，又如何加强宪法的实施与监督呢？

九、作业安排

1.请大家课后观看央视系列节目《法治的精神》，思考坚持走中国特色社会主义法治道路，大学生能够做什么。请在智慧课堂平台小组群中进行讨论。

2.阅读《坚定不移走中国特色社会主义法治道路 为全面建设社会主义现代化国家提供有力法治保障》，思考坚定不移走中国特色社会主义法治道路需要哪些方面的保障。

十、课堂延伸

1.习近平：《坚定不移走中国特色社会主义法治道路 为全面建设社会主义现代化国家提供有力法治保障》，《求是》，2021年第5期。

2.习近平：《论坚持全面依法治国》，中央文献出版社，2020年。

3.习近平：《坚持依法治国和以德治国相结合》，《习近平谈治国理政》（第二卷），外文出版社，2017年。

4.《中共中央关于全面推进依法治国若干重大问题的决定》，人民出版社，2014年。

第十九讲　思：培养法治思维

一、教学理念

1.通过先进的教学手段形成互动教学模式：法治思维是大学生从法治理论到法治行为的中间环节，涉及人们的思想意识问题，看起来比较抽象。互动式教学模式通过线上智慧课堂互动、线下小组讨论式互动、师生广泛互动和深入互动等多形式的互动，让学生成为课堂的主体。

2.通过贴近大学生日常生活的法律案例引发学生情感共鸣：法治思维问题虽然比较抽象，但是生活中有很多案例实际上可以反映出人们的法治思维。所以，通过组织学生对典型案例进行分析，有助于教学目标的实现。

二、学情分析

（一）提出问题，了解学情（智慧课堂）

1.你觉得自己具备法治思维吗？

2.你觉得应该坚持法律至上的观点吗？

3.你有没有用法律途径解决纠纷的经历？

4.在日常生活中,你有没有对违法或者疑似违法行为进行举报的经历？

（二）分析问题，总结学情

知识基础：前面内容的学习中，对坚持走中国特色社会主义法治道路的原因、原则，以及维护宪法权威等问题有了系统理解，接下来就是如何将这些法律知识、法治理论转变为人的内心认同，也就是法治思维的问题。在前面的课堂学习及课后的小组群讨论中，可以发现大学生的法治理念是有的，但是依然存在法治思维不足的问题。对于法治知识，很多学生会有意通过各种途径进行学习，但是将法律知识转化为法治行为这方面却不是特别理想，至少与法律知识水平是不匹配的。

学习能力：法治部分的学习不仅涉及对理论的理解，更关键的是如何将理论运用于实际的问题。所以，需要学生对日常生活中的法律现象进行理性认识。针对在校学生的特点，在理论认识和实践行为方面存在一定的差距，所以课堂教学需要提升他们用法治思维分析问题、解决问题的能力。

学习态度：大学生积极上进，学习态度端正。无论是课堂教学还是课后作业完成，大多数学生都能够积极完成，有些学生可以做到高质量完成学习任务。

三、教学目标

（一）知识目标

1. 能够表述清楚法治与人治的区别。
2. 能够对法治思维的内涵以及特征进行简单描述。
3. 能够清楚说出法治思维的五个基本内容。

（二）能力目标

1. 在掌握知识的基础之上，对法治思维的主要内容有更加深入的认识，能够用法治思维的理论分析当下社会中的一些法律案例。

2.在理解法治思维内涵与内容的基础之上，能够在日常生活中体现出法治思维，遇到问题时，善于运用法律武器争取自己的合法权益或者帮助他人维护正当权益。

（三）情感目标

1.通过对法治思维和法治素养的理论学习，形成法治思维，具备法治素养，在日常生活中能够尊法、守法、用法。

2.通过学习，能够产生法律至上意识，树立法治信仰。

四、教学内容分析

本讲是整个教学设计"践行法治系列"的第三个问题："思"。"思"就是对法律的思考，也包括思维，既是对前面"学"和"悟"的内化，也是将"学"与"悟"的知识内容转化为行为的中介。本讲涉及教材第六章第四节的内容，在本章中属于总结归纳性内容，培养法治思维、提升法律素质是我们进行法治观教育的重要目标。而法治思维又是法治理论转变为法治行为的重要中间环节。一方面通过前面法律基础理论和习近平法治思想的学习，学生对何为"良法"基本都有了解，但是在"良法"与"善治"之间，大学生能够做什么呢？法治思维就是一个桥梁。另一方面，大学生在日常生活中尊法、守法、用法既是具备法治思维的体现，同时也是法治思维的结果。具体来说，本讲的内容主要包括：法治与人治，法治思维的内涵，法治思维的基本内容，养成法治思维。

五、教学重、难点及化解策略

（一）教学重点及化解策略

本讲的重点有两个：

1.法治思维的主要内容。

2.养成法治思维。

化解策略：

1.一案到底的策略：法治思维的基本内容有五个方面，不少学生会觉得难以记忆，通过一个案例贯穿始终，学生通过案例的分析，可以发现法治思维的五点内容并不是相互独立的状态，而是相互影响的整体。

2.化抽象为具体：法治思维这个问题本身是比较抽象的，对于这个问题的认识需要借助一定的案例来重点分析。学生通过分析和探讨案例问题，对法治思维的内涵、特征等抽象概念才会形成具体的认识。

（二）教学难点及化解策略

本讲的难点有一个：

理解人治与法治的区别。

化解策略：

由结论到过程：人治与法治问题是我们经常会谈论的概念，学生也大致能够了解二者的差异，但是具体到从理论上说清楚二者的差异则比较困难。针对这一问题，在教学过程中通过设置问题，让学生先从感性认识出发，列举人治与法治的具体案例，再从这些案例中寻找区别与联系，从过程中发现并逐渐得出结论。

六、教学方法

本节在教学方法上，主要采用智慧教学法、案例分析法、互动讲授法和小组讨论法等方法，引导学生对法治思维的内涵、特征、内容以及法治素养的相关问题进行探讨。

案例分析法：对于法治思维主要内容的分析，基本是借助案例分析完成对理论的理解，并且通过一个案例贯穿且辅助一些生活化例子，让理论更加具有说服力。

互动教学法：在人治和法治的区别与联系这个问题中，智慧课堂互动能十分迅速地收集到学生对这个问题的看法，通过一系列提问，逐层剖析，共同归纳出人治与法治的根本区别。

小组讨论法：关于大学生法治素养问题，需要学生发挥自主学习能力，首先是在课堂中组织学生对如何提升法治素养进行探讨，其次是在课后以小组为单位完成调研活动并对结果进行展示。

七、教学过程详案

【课程导入】

实时互动1（智慧课堂）："女朋友和母亲同时落水，先救谁？""妻子和母亲同时落水，先救谁？"

引出主题：这个问题的核心是希望大家能在亲情与爱情中做出一种价值判断，既然是一种价值判断，那就没有对错之分。所以，从一定程度上来说，大家的回答都不是错的。但在法制视域，这样的答案都不完全正确，因为从法律的角度来讲，我们只能有一种思维方式，那就是法治思维，其核心就是忠实于法律。

【问题一】法治与人治

实时互动2（智慧课堂）：法治与人治的区别是什么？

教师分析：基础不同。人治建立在个人专断与独裁的基础上，推崇个人权威，维护专制体制；而法治是建立在民主的基础之上，弘扬民主，保障共和国体制。特点不同。人治提倡圣君贤人的道德教化，呈现出随意性、多变性的弊端，易造成社会的不稳定。而法治强调依法治理，具有统一性、稳定性、权威性的特点，以国家强制力为后盾，能有效地制裁违法行为，保证社会的稳定和有序发展。体现的原则不同。人治体现不平等的原则，主张因人而异，对人的行为作具体指引，而法治体现平等的原则，强调对事不对人，提供一般性规则。

【问题二】法治思维的内容

设疑："欠债还钱"真的天经地义吗？

案例：2017 年电视连续剧《人民的名义》热播，剧中有这样的情节：大风厂向山水集团借款 5000 万元，约定日利息 0.4%，以厂长及员工共同持有的股权作质押，大风厂职工在不知情的情况下，"被厂长代理"与山水集团签订了股权质押协议。后因大风厂无力按期归还借款，被山水集团诉至法院，法院用简易程序一人独任审判，判决大风厂股权和土地归山水集团，且按合同约定不必给大风厂员工任何补偿。而根据规划，大风厂的土地价值已经将近 10 亿元。在剧中，孙连城是京州市光明区区长，他不想升迁，也不贪腐，常年混日子，是"懒政"干部的代表。很多事情到了他那里，他都一拖再拖，毫无作为，剧中的沙书记称这样的人是头糟蹋老百姓粮食的懒猪。

实时互动 3（随机提问）：利息是双方自愿约定的，借款合同有效吗？法院使用简易程序判决股权归山水集团是否合法？用法治思维怎样看待这样一些问题呢？

教师分析：法律至上是指在国家或社会的所有规范中，法律是地位最高、效力最广、强制力最大的规范，任何宗教规范、道德规范、团体规范、行业规范等都不得超越法律规范，不得与法律规范相抵触，都必须遵守和服从法律规范。企业之间为了资金周转而进行短期借款的合同是合法有效的，但约定的日利息 0.4%，折算为年利率为 146%，明显高于法定利息。根据最高人民法院相关司法解释的规定，年利率 24% 以下的，法院依法予以保护；24% ~ 36% 的，法院均不予以支持；超过 36% 的，约定就是无效的。剧中法院对 146% 如此高额的年利率视而不见，显然与法律至上精神相互违背。权力制约是指国家机关的权力必须受到法律的规制和约束。领导干部滥作为可怕，不作为同样会给工作带来损失，甚至严重的后果。因此，对权力制约要正确理解，不仅有"法无授权不可为"的要求，还有"法定职责必须为"的担当,有权必有责,否则就是失职甚至渎职。公平正义是指社会的政治利益、经济利益和其他利益在全体社会成员之间合理、公平地分配和占有。山水集团用 5000 万元得到了价值 10 亿元的地,大风厂职工因此失去了厂房,失去了股权,失去了工作,没有得到相应的安置,毫无正义。权利保障主要是指对公民权利的法律保障,具体包括公民权利的宪法保障、立法保障、行政保护和司法保障。大风厂的老板,在没有合法授权的情形下,不能代表职工股东处分股权,该股权质押合同应当为无效合同。山水集团对大风厂职工股权的质押的占有状态没有权利基础,大风厂职工股东可以直接起诉山水集团,要求返还职工股权。程序的正当,表现在程序的合法性、中立性、参与性、公开性、时限性等。大风厂职工持股 40%,且争议标的近一个亿,大风厂的股权有相当一部分是职工股权,该案涉及人数众多,也关系到社会公共利益,这个案件显然不符合适用简易程序的条件,法院没有严格按照法律程序办事办案,导致处理结果的错误。

【问题三】养成法治思维

实时互动 4(智慧课堂):同学们有没有在微信朋友圈里参与集赞领奖品的活动,如果当你集齐所有的赞去找商家领奖品的时候,商家却找各种借口不予兑现,你会怎么办呢?

教师分析:有部分同学选择维权,有一些同学选择自认倒霉或者无所谓,就是不想维权。追问不想维权的原因是什么时,他们表示不知道可以维权、不知道怎么维权、浪费时间、感觉胜算不大……同学们的这些选择和顾虑从一定程度上反映了法治思维现状,有些同学有、有些同学没有,有些强、有些弱。那么面对这些情况,正确的做法是什么呢?有些同学选择用法律维护自己的权利,这实际上就是法治思维的实际运用。看似是一件小事,但是却反映了我们的思维方式。因为思维是行动的先导,有什么样的思维就决定了我们有什么样的行为方式。在全面依法治国的今天,作为新时代的大学生,我们当然需要提高运用法治思维和法治方式解决问题的能力。

1.理解法治思维。法治思维究竟是一种什么样的思维呢？或者说，在日常生活中，如何才叫具备了法治思维呢？理解法治思维是大学生养成法治思维的第一步，也就是有所思。

法治思维是一种正当性思维。刚才我们说到集赞领奖品被拒绝的事，这并不是笔者的主观想象，在现实中还真有一群大学生遇到了类似的事情。

案例：武汉一酒店发布集赞换代金券免费吃大餐活动，酒店在推文中明确表示，只要集齐80个赞就可以拥有该酒店价值168元的自助餐券一张，并且负责人在推文评论区表示活动不限名额只限时间，引起大学生的踊跃参与。后来酒店单方面表示：活动名额已满。参与集赞活动的同学质疑其前后说法不一，可能存在虚假宣传的行为。有同学即刻前往该酒店找负责人理论，负责人的态度则是：我不听，我不懂法。

酒店自以为对方是一群学生，就傲慢无礼，显然违背了基本的公平、平等的法治理念。学生维权，完全是一种正当性行为，表现了法治思维是一种正当性思维，法治思维的正当性意味着法治思维是以法治价值和法治精神为指导，蕴含着公平、平等、民主、人权等法治理念。

法治思维是一种规范性思维。在学生找酒店负责人理论遭到拒绝之后，学生们并没有做出任何过激行为，而是自觉遵守现场秩序，然后报警，组建维权微信群。警察在了解情况后跟学生代表表示，一定会让集到赞的同学拿到自助餐券。因为在法治社会中，每一个人都有自己的责任和义务，酒店做出了这样的宣传，就应该承担自己的责任、履行自己的义务。所以，法治思维是一种规范性思维，也就是说法治思维以法律原则和法律规范为依据指导人们的社会行为。

法治思维是一种逻辑思维。在刚才的互动中，很多同学遇到类似事件会自认倒霉，这其实是一种感性思维。这群大学生首先想到的是报警，以及通过正当的渠道进行投诉，最终成功解决了问题。如果当自己的利益受到损害时，害怕麻烦而不愿意维权，未来遇到更大的利益受损则很可能不敢维权或者不知道如何维权。所以，我们需要形成的法治思维是以法律手段与法律方法为依托，分析问题、处理问题、解决纠纷的一种逻辑思维。

法治思维是一种科学思维。在这起案件中，当很多学生都来兑换餐券时，酒店负责人给出的解释是，集齐80个赞是针对曾经在本店消费过的顾客，并不是针对所有人。可是关于这一点，酒店在最开始的推广文案中并没有说，而且反复强调没有限制。所以，学生们的维权有理有据，也就是说法治思维是一种符合规律、尊重事实的科学思维。学生们对酒店最初的推文都有截图，在事实面前，酒店毫无辩驳的理由。

最终，在警察和消费者协会的调解之下，酒店答应按照承诺给学生发放餐券。《人民口报》在微博中高度肯定了学生的维权行为，指出，酒店出尔反尔、毫无诚信，这样的营销是拙劣的，这样的自作聪明是危险的。学生维权不卑不亢，既依法依规，又合情合理，堪称学以致用的生动案例。西方法学家耶林说，"一切权利的前提，在于时刻准备主张权利"。敢于维权，依法维权，权利才能生动起来。所以，要在日常生活中养成法治思维，首先就要理解法治思维。法治思维是一种正当性思维、规范性思维、逻辑性思维和科学思维，它是融法律的价值属性和工具属性于一体的特殊的高级法律意识。

2.强化法治理念。除了正确理解法治思维，在生活中有意识运用法律保护自己的合法权益之外，我们还应该强化法治理念，落实在个体身上，就是有所畏，就是心中树立法律至上的理念。

实时互动5（随机提问）：同学们一般在乘坐飞机、火车的时候是不是要进行安检？大家有没有质疑安检或者拒绝安检呢？

教师分析：一般来说，我们并不会拒绝安检，因为这是为了大家的安全而设置的，应该遵守。可是偏偏有人却不遵守。

案例：2019年6月，某艺人通过微博怒斥北京边检，指责对方蛮不讲理、滥用职权，她甚至用九宫格的形式，在未打码的情况下，曝光了该工作人员的工牌信息，引发了舆论关注。后来，北京边检发布通告，指出工作人员要求该艺人脱帽进行面相对比，可是她不配合，当工作人员对她进行人工复核的时候又遭其爆粗口，工作人员指出她的错误，但是她两次近距离拿手机拍摄干扰执法。而对于该艺人在网上披露民警个人信息和照片的侵权行为，通报指出，将保留法律追究的权利。

实时互动6（随机提问）：该艺人为什么会做出这种行为？

教师分析：我们都会遵守边检的相关规定，配合检查，但是很显然，该艺人以为自己是明星就目中无人、妄自尊大。在其思维中，心中并无法律，而且她在禁止拍照的边检处拍照，这一行为违反《出入境管理法》；她在未打码的情况下，公开相关边检人员的个人信息，这属于侵犯他人的隐私。她觉得自己是明星就可以特殊，有特权思想，她甚至利用自己公众人物的影响力去泄私愤。不论是妄自尊大、有特权思想，还是情绪化，其实这些都是行为的表象，其深层次原因是什么呢？其实就是法律意识淡漠，法治思维缺位，对法律没有敬畏，没有法治理念。她能不能维权呢？当然可以，但是维权是有边界的，要通过法律的途径来维权，而不是通过干扰执法、公开工作人员信息、爆粗口等非法的方式维权。所以，该艺人实际是以身试法，最终影响了自己美好的前途。

对于普通民众来说，我们该如何做呢？结合前面所说的法治思维，就是要求我们在日常生活中经常从法治理念的角度去思考、去解决问题，也就是树立法律至上的法治理念，因为法治思维是建立在法治理念的基础之上。一个人如果没有法治理念或者说法治理念错误的话，是不可能在遇到突发情况时突然形成法治思维的，这就要求我们在内心要做到有所畏。敬畏法律，把法律看作行动的边界或底线，任何时候不逾越、不触碰。只有内心敬畏法律，我们才可能在问题突发的时候，从法治角度去思考、分析问题，这是法治思维形成的关键所在。

3. 提高用法能力。养成法治思维不仅要内化于心，更要外化于行。我们还要提高我们用法的能力。

其一，把法律作为我们自己行为的准则。提高用法能力就是要有所为，就是在行动中自觉尊法、用法，把法律作为我们自己行为的准则，遵守法律的规定。

再者，依法维护自身合法权利。当自身权利受到侵害时，能用法律化解矛盾，也就是依法维护自身权利。这两个方面实际上就是我们前面说的两个案例。该艺人就是没有做到遵守法律的规定，做出了违法的行为，并且她采用了错误的维权方式，所以北京边检是可以追究她的法律责任的。这是一个反面的案例，这个案例也提醒我们，在生活中一定要遵守法律规定，法律禁止不可违。武汉高校大学生维权事件则从正面告诉我们，当自身权利受到侵害时，要善于用法律化解矛盾，理性表达自己的诉求。既要有遇事找法、解决问题用法、化解矛盾靠法的意识，又要掌握维护权利的途径和手段。

除此之外，大学生还应该依法争取社会利益。

案例：2017年，河北女生李晶（化名）乘坐K1301次列车（北京站至天津站）到天津旅游，三天后又乘车返京。因为想有个好的乘车环境，李晶特意选择了有空调的软卧车厢。但是一上车，她发现列车上"烟雾缭绕"，充满了浓浓的烟味。李晶发现火车上的安全须知里，写明了"禁止在列车各部位吸烟"，车上却又设置有吸烟区并放置了烟具，也就是烟灰盒、烟灰缸，她认为这种做法并不合理。下车后，李晶向多部门反映问题，但是均无满意答复。于是，李晶将哈尔滨铁路局起诉到法院，要求取消火车上的吸烟区。北京铁路运输法院一审宣判，认定哈尔滨铁路局在列车上设置吸烟区的行为违法，判决哈尔滨铁路局30天内在列车上取消吸烟区、拆除烟具。该案被称为"中国公共场所无烟诉讼第一案"。这一案件对其他铁路局的普通列车环境也产生了影响，很多列车都取消了吸烟区。现在我们在乘坐普通列车时，也不用担心受到二手烟的伤害了。

所以，我们不仅要为自己维权，还要有社会责任意识，能够依法维护社会利益。李晶特别值得我们学习的是，她把自己对法律的认识和对法治的信仰，自觉地转化成用法治思维和法治方式去解决问题的勇气与担当。我们可以看到，李晶和武汉高校的学生在整个维权的过程中，都能够做到有理有据有节。相比而言，前文所述艺人的维权就走错了方向，其实她也想维权，只不过她用了一种无理无法无知的方式来维权，最终伤及个人的利益。所以，提升用法能力是养成法治思维的具体表现，也是大学生法治思维养成的根本所在。

法律要发挥作用，就需要人们都具有法治思维，遇到问题能够通过法律途径来解决。希望同学们能够用法律的眼光来看世界，用法律的标准来判断事物的是非曲直，用法律规范自己的一言一行。

八、课堂总结

1. 总结内容：本次课我们围绕着法治思维问题，分析了法治与人治的区别，法治的内涵、内容与培养，鼓励学生形成法治思维、强化法治理念、提升用法能力。

2. 调查反馈：针对本次课的学习，还有哪些疑问？（智慧课堂）

3. 引出新课：具有法治思维，还需要清楚法律权利和法律义务，这是提升法治素养的前提。什么是法律权利和法律义务？我国公民有哪些法律权利和法律义务呢？

九、作业安排

1. 最后请大家在课后观看《焦点访谈》节目："阻击电诈斩链'断流'"，思考大学生如何做社会主义法治的积极践行者和坚定捍卫者。

2. 以小组为单位，围绕"大学生违法典型案例"进行分析。

3. 阅读新华社 2022 年 2 月 18 日文章《"法治兴则国兴，法治强则国强"——"十个明确"彰显马克思主义中国化新飞跃述评之六》，思考建设法治中国，公民该如何做。

十、课堂延伸

1. 习近平：《坚定不移走中国特色社会主义法治道路 为全面建设社会

主义现代化国家提供有力法治保障》，《求是》，2021 年第 5 期。

2. 习近平：《充分认识颁布实施民法典重大意义 依法更好保障人民合法权益》，《求是》，2020 年第 12 期。

3. 习近平：《坚持、完善和发展中国特色社会主义国家制度与法律制度》，《求是》，2019 年第 23 期。

4.《中共中央关于全面推进依法治国若干重大问题的决定》，人民出版社，2014 年。

5. 洪萍、颜三忠：《大学生法治思维养成》，光明日报出版社，2021 年。

第二十讲　践：依法行使权利与履行义务

一、教学理念

1. 通过先进的教学手段形成互动教学模式：依法行使权利与履行义务是大学生从法治理论到法治行为的落脚点，涉及法律主体的法律行为，在课堂教学中不容易操作，但是通过线上智慧课堂互动、线下小组讨论式互动、师生广泛互动和深入互动等多形式的互动，让学生成为课堂的主体，在具体的案例情境中对法律权利与义务进行具体的判断。

2. 通过贴合学生生活的法律案例引发学生情感共鸣：法律权利和义务问题比较具体，但是课堂教学无法操作，可以通过生活中的案例实际引导学生探讨法律权利与义务问题。

3. 通过课后的小组合作提升学生实践能力：这一阶段的内容主要是法治践行，所以需要学生对生活中的案例进行自己的再思考，通过小组合作寻找案例、分析案例，提升学生实践能力。

二、学情分析

（一）提出问题，了解学情（智慧课堂）

1. 你知道公民有哪些权利？

2. 你知道公民有哪些义务？

3. 你觉得网上发言需要被约束吗？

4. 你认为"欠债还钱"是不是真的天经地义？

（二）分析问题，总结学情

知识基础：通过前面内容的学习，学生对法治思维的内涵、内容等问题已经有了系统的了解，法治思维是法治理论转变为法治行为的关键环节，他们对这一关键关系已经有了比较系统的理解。但是在前面的学习和与学生的日常交流中，发现学生虽然在对待法律知识方面既有丰富的知识也有研讨的兴趣，但是当涉及与个人权利相关的内容时，就明显出现理论与实践不相符合的情况。

学习能力：法治部分的学习不仅涉及对理论的理解，更关键的是如何将理论运用于实际，如何用理论来分析一些社会现象和案例。通过一段时间的学习，学生在这些方面的能力都有了一定程度的提升，但是具体的运用还需要通过实践的检验。

学习态度：整体来说，大一的学生都比较积极上进，学习态度端正。无论是课堂教学还是课后作业完成，大多数学生都能够积极完成，有些学生可以做到高质量完成学习任务，尤其是法治部分的问题，很多学生都会有意识加强相关知识的学习。

三、教学目标

（一）知识目标

1. 能够表述我国法律规定的权利有哪些。

2. 能够对法律权利和法律义务的内涵、特征简单描述。

3. 能够清楚说出依法行使法律权利的具体要求。

4. 了解依法履行法律义务的原因、内容以及要求。

（二）能力目标

1. 在掌握知识的基础之上，能够运用所学知识对日常生活中的一些法律现象和法律案例进行分析。

2. 在理解依法行使法律权利和法律义务的基础之上，能够在日常的生活中做到依法行使法律权利和依法履行法律义务。

（三）情感目标

1. 通过对依法行使法律权利和法律义务的理论学习，能够进一步强化法治思维、提升法治素养，在日常生活中能够尊法、守法、用法。

2. 通过学习，能够产生法律权威意识，树立法治信仰。

四、教学内容分析

本讲是教学设计"践行法治系列"中的第四个问题——"践"，也就是法治践行问题。在教材中是属于第六章第四节中的问题，也是本课程的最后一个理论问题。本课程回顾对大学生法治教育的最终目的就是要确立法治信仰、依法履行法律权利和履行法律义务，在不断地理论学习和现实实践中提升自己的法治素养。这一节段的内容偏重实践性，都是学生们在日常生活中可能会遇到的一些最基本的权利，所以从内容来说并不难理解，但是关于为什么依法履行权利义务，以及如何做，学生的思考不多。具体来说，本讲的内容主要包括：法律权利与法律义务；我国宪法法律规定的权利；依法行使法律权利；依法履行法律义务。

五、教学重、难点及化解策略

（一）教学重点及化解策略

本讲的重点有两个：

1. 依法行使法律权利。

2. 依法履行法律义务。

化解策略：

1. 从普遍到一般：公民的法律权利有很多，不可能面面俱到对每一项法律权利都展开探讨，所以通过一个案例对一种权利的行使进行分析，从普遍到一般，从而分析依法行使权利应该注意的基本问题。

2. 从感性到理性：法律义务本身是一个理性的问题，但这个问题也比较枯燥，所以该部分采用情感感染的方法，让学生在小组讨论和朋辈影响中提升自己对法律义务的认知和情感，从情感转化为对法律义务的确认。

（二）教学难点及化解策略

本讲的难点有一个：

依法行使法律权利的具体要求。

化解策略：

化抽象为具体：这一问题之所以是难点，是因为要通过教学活动让学生能够在具体生活中做到依法行使权利，所以案例的选择必须贴近学生生活，从具体的与学生密切相关的案例出发，才能将抽象的枯燥理论转化为生动的生活经验或教训。

六、教学方法

本节在教学方法上，主要采用智慧教学法、案例分析法、互动讲授法和小组讨论法等方法，引导学生对法律权利和法律义务的内涵、特征、内容等相关问题进行探讨。

案例分析法：对于依法履行法律权利的具体要求的分析，基本是借助案例分析来完成对理论的理解，在此基础上辅助一些生活化例子，让理论更加具有说服力。

互动教学法：在公民法律权利这个问题中，智慧课堂互动能十分迅速地收集到学生对这个问题的看法，通过一系列提问，逐层剖析，共同归纳出法律权利的内容。

小组讨论法：关于法律义务问题需要学生发挥自主学习能力，其一是在课堂中组织学生对为什么要履行法律义务进行探讨，再者是在课后以小组为单位完成案例分析活动并对结果进行展示。

七、教学过程详案

【课程导入】

案例：2022 年 6 月 11 日晚，黑龙江哈尔滨一位网约车司机因拒绝一位男乘客在车内抽烟遭其举报。网传视频中，该乘客拨打的举报电话不是座机而是私人电话，还自称"负责处罚审核"工作，网约车司机疑似遭遇"钓鱼执法"，这名乘客疑为交通执法部门公职人员，有"公报私仇"嫌疑。

实时互动 1（智慧课堂）：我国公民具有哪些权利？

引出主题：案件中，司机能否拒绝乘客在车内抽烟？乘客能否举报司机的行为？这些都需要我们对个人的权利和义务进行学习。

【问题一】法律权利与法律义务

法律权利具有四个方面的特点：一是法律权利的内容、种类和实现程度受社会物质生活条件的制约。二是法律权利的内容、分配及实现方式因社会制度和国家发展的不同而存在差异。三是法律权利不仅由法律规定或认可，而且受法律维护或保障。四是法律权利必须依法行使，不能不择手段地行使法律权利。法律义务的特点也表现为四个方面：历史的、现实的、依法设定的、变化的。

法律权利和法律义务二者相互依存、不可分割，每个人既是享受法律权利的主体，也是承担法律义务的主体。权利的实现必须以履行义务为条件，义务的设定和履行也必须以权利的行使为根据。

【问题二】我国宪法法律规定公民有哪些法律权利?

实时互动2（随机提问）：针对网上热议的"996"工作时间，你有什么看法？如果你将来的工作也是"996"，你会怎么办？

教师分析：对同学们的讨论结果进行分类分析。《劳动法》规定的每日工作时间不超过8小时、平均每周工作时间不超过44小时的工时制度。对于"996"要看情况，是不是自愿、有没有工资补偿。该法律是为了保障公民的社会经济权利中的休息权。宪法规定公民有政治权利、人身权利、财产权利、社会经济权利、宗教信仰自由、文化教育权利。

【问题三】依法行使法律权利

案例：2020年6月，中印边境冲突中5位卫国戍边官兵的英雄事迹感动了无数国人，"00后"戍边烈士陈祥榕写下的"清澈的爱，只为中国"，令无数人为之泪目。但是，在这起事件被披露之后，有一位真名叫仇子明，微博名为"辣笔小球"的人却在微博上发出了"刺耳"的声音。他先后发布两条信息，诋毁英烈。南京检察机关依法逮捕仇子明。2021年5月31日下午，南京市建邺区人民法院依法公开审理此案，被告人仇子明犯侵害英雄烈士名誉、荣誉罪，判处有期徒刑八个月。

实时互动3（智慧课堂）：针对这一事件，同学们是怎么看的呢？

关键词提取：判轻了、英雄岂容亵渎、违法、言论自由、不能理解……

教师分析：有同学说，判轻了、英雄岂容亵渎，很多同学都在评论中表达了自己的愤怒，仇子明的行为确实让人愤怒。但网上除了批评之声外，还有一些不同的声音。有人说，网民发表看法就要被判刑，是不是太过了？公民确实有言论自由，但是仇子明的行为肯定是违法的。前面我们介绍到宪法法律赋予了公民很多权利，我们在行使这些权利时究竟该注意些什么呢？当我们在行使自己的权利时，我们要在心里打上几个问号：我行使权利的目的是否正当？我行使权利的边界是否明确？我采用的方式是否合法？我使用的程序是否合规？接下来，让我们通过这四个问题来谈谈怎样才叫依法行使权利。

1. 权利行使目的是否正当？

首先要问问自己是否明确了权利行使的目的。在网络时代，大家都会在网上发表观点、表达看法、分享心情。可是有极个别人或机构拿民族伤痕开玩笑，将快乐建立在整个中华民族的伤痛上，民众不会答应，法律也不会答应。

针对仇子明案件，《人民日报》发表评论文章《"他们是为我牺牲"，岂容亵渎？》，文章指出："历史不容篡改，英雄不能遗忘。在事实面前，怎能放任信口乱说？在铁证面前，怎能容忍污蔑诽谤？无论情与理，还是法与规，都不能容忍这种对英雄功绩、气节和荣誉的亵渎。"仇子明看似是行使权利，但是实则为吸引眼球，只不过他最后吸引来的是社会的批评、法律的处罚，根本原因就在于他在行使自己的权利时，目的本身就是不正当的。公民在行使法律权利时，不仅要在形式上符合相关法律的规定，也要符合立法意图和精神，不得破坏公序良俗，不得违反宪法法律确定的基本原则，不得妨碍法律的社会功能和法律价值的实现。所以，当我们行使自己的权利时，首先要确认：权利行使目的的正当性。

2. 权利行使的边界是否明确？

有人认为，只要我的权利行使目的是正当的，我就可以随时随地行使我的权利。这就要问问第二个问题：自己是否明确了权利行使的边界？权利行使有什么边界呢？

实时互动4（随机提问）：如果我们一个圈表示权利行使的边界的话，圈内表示禁止还是允许？禁止，因为对于私权利而言，法无禁止即可为，所以这个圈内的就是法律禁止的，是不可为的。我们以2023年再次登上热搜的一件大学生掏鸟窝案为例。

案例：2014年7月14日，河南郑州职业技术学院大一学生闫某和朋友王某，暑假期间在河南省辉县市高庄乡土楼村先后掏了两窝小鸟共16只，分别卖给郑州、洛阳、辉县市的买鸟人，获利1080元。案发不久被辉县市森林公安局刑事拘留，同年二人被批准逮捕。辉县市法院经审理认定闫某两项罪名成立，以数罪并罚判处其有期徒刑10年零6个月。王某也判处有期徒刑10年。

实时互动5（智慧课堂）：闫某的父亲认为，孩子年少无知，处罚太重，孩子的人生就这样被毁了！不少网友也有同样的看法，请问大家如何看待这一事件？

案例分析：闫某之所以被判十年半，是因为他掏的不是一般的鸟窝，而是国家二级保护野生动物隼。在案件侦查阶段，闫某承认自己知晓其售卖的鸟是隼，且是国家保护动物，后续在出售时留下的聊天记录、手机信息等，也证明其"已知明知"。其同伴王某也对找隼窝抓幼鸟的事心知肚明。

那么，我们来看看买卖、猎捕珍稀野生动物判决处罚的相关法律条款。根据《刑法》第三百四十一条规定，非法猎捕、杀害国家重点保护的珍贵、濒危野生动物的，或者非法收购、运输、出售国家重点保护的珍贵、濒危野生动物及其制品的，处五年以下有期徒刑或者拘役，并处罚金；情节严重的，处五年以上十年以下有期徒刑，并处罚金；情节特别严重的，处十年以上有期徒刑，并处罚金或者没收财产。所以，任何权利的行使都不是绝对的，都有其相应的限度，必须依照法律规定的限度来行使权利。我国《宪法》规定："公民在行使自由和权利的时候，不得损害国家的、社会的、集体的利益和其他公民的合法的自由和权利。"公民可以养鸟、买卖鸟，这些是公民的权利，但是在行使这些权利时，相关法律规定就为我们行使权利画了一个红线圈，一旦越过这个线圈，就会损害国家的、社会的、集体的利益，以及其他公民的合法的自由与权利。而如果这样，就不是行使权利而是侵权，会受到法律追究。所以，我们在行使自己的权利时，要清楚权利行使有必要限度，不要做法律不允许的事情。

3. 权利行使的方式是否合法？

如果说目的正当、边界清楚是我们在行使法律权利之前就必须弄清楚的问题，那么在权利行使的过程中我们还需要问自己两个问题，首先是我们行使权利的方式是否合法？

实时互动6（随机提问）：同学们在平时的生活中有没有借钱给其他同学？如果你的同学迟迟不还钱，你会怎么办？

教师分析：当我们把钱借给其他人，我们就拥有了一种权利，那就是我们财产权中的债权。我们如何行使自己的债权呢？这就涉及依法行使权利应该采用什么样的方式问题。法律规定权利行使的方式分为口头方式、书面方式和行为方式，这些方式有时可以同时使用。

具体到借款问题上，我们常说"欠债还钱，天经地义"，这是从生活的角度来说的，而在法治社会，我们还要从法律的视角来认识问题，要有法治思维。"欠债还钱是否天经地义呢？"《民法典》规定："向人民法院请求保护民事权利的诉讼时效为3年，法律另有规定的除外。"这里有一个专业术语——"诉讼时效"，什么是诉讼时效呢？诉讼时效是指民事权利受到侵害的权利人在法定的时效期间内不行使权利，当诉讼时效期间届满时，就丧失了请求人民法院依诉讼程序强制义务人履行义务权利的制度。就像我们买的食品有保质期一样，公民行使权利也有一定的保质期。针对我们的债权问题，我们要及时履行我们的权利。

首先，我们在借钱给别人时，要写借条，这是用书面方式保存证据，维护自己的合法权利；如果借款到期了，我们应该积极催款，这是用口头的方式主张权利，同时提醒大家，每当你催一次款，我们的诉讼时效就中断清零、重新计算。那如果对方一直不还，我们还可以起诉，这是用行为的方式保证自己的债权和胜诉权。如果我们不积极主张自己的债权，过了三年的诉讼时效，我们的胜诉权就不受法律支持了。也就是说，法院依然会受理你的诉讼请求，但是不会强制债务人履行义务。所以，大家在这个过程中一定要注意使用合法的方法来行使自己的权利。

4. 权利行使的程序是否合规？

最后，在权利行使的过程中，我们还会遇到一个问题，就是我们行使权利的程序是否合法合规呢？

案例 1：1996 年 2 月，大学生田某在参加电磁学课程补考过程中被认定作弊，学校根据学籍管理规定对他作出退学处理，但未直接向田某本人宣布送达，也未实际办理退学手续。田某继续在该校以在校大学生的身份参加正常学习及学校组织的教学活动。直到 1998 年 6 月，田某所在院系向学校报送授予学位表时，学校以田某已按退学处理，不具有本校学籍为由，拒绝为其颁发毕业证。田某认为自己符合大学毕业生的法定条件，学校拒绝给其颁发毕业证、学位证是违法的，于是向法院提起行政诉讼。经审理，最终学校败诉。该案件在 2019 年入选"推进中国法治进程十大行政诉讼案例"。

案例 2：2018 年 11 月，小王同学参加完最后一门期末考试，收到了三张作弊认证通知书。校方对小王作出开除学籍的决定。但小王质疑当时没被当场抓住，将学校告上法庭。2019 年 9 月，经过审理，法庭认定学校在作出开除学籍的过程中程序合法，驳回原告小王的诉讼请求。

实时互动 7（智慧课堂）：为什么类似的诉讼，会出现不同的结果呢？

教师分析：考试作弊都是不对的，校方的处理肯定没有问题。但是田某案中学校败诉的主要原因在于：从正当程序原则出发，学校在作出对学生不利的处理时，应当向学生本人送达宣布，并且听取学生的申辩意见，而学校并没有遵守相关规定，属于程序违法。但是小王案中，学校是把作弊认证通知书发送给了小王本人，程序正当，所以法院驳回了小王的诉讼。由于一个人行使权利的过程可能就是另一个人履行义务的过程，所以，只有保证程序的正当性，才能保证双方的利益都能够最大限度得到保障。

实时互动8（随机提问）：我们在生活中碰到过这样一些事情，两个人恋爱多年，分手后，女方认为自己应该分得男方的一些财产。大家觉得女方应该分得男方的财产吗？

教师分析：不应该，因为根据《民法典》规定，男女双方应当亲自到婚姻登记机关申请结婚登记，这样双方的权利和义务才会受到法律保护。说到这里，同学们有没有发现，我们的权利有很多，但是我们行使权利时一定要依法行使，只有这样的权利才是真正的权利，否则甚至可能是违法的。

习近平总书记指出："全民守法，就是任何组织或者个人都必须在宪法和法律范围内活动，任何公民、社会组织和国家机关都要以宪法和法律为行为准则，依照宪法和法律行使权利或权力、履行义务或职责。"[①]

通过今天的学习，同学们从现在开始既要懂得充分享受自己的权利，维护自己的合法权利，同时还要依法行使权利，不能超越法律的界限。

【问题四】依法履行法律义务

法律权利的行使必须伴随着法律义务的履行，但法律义务更需要由法律加以规定。除了在各个部门法中规定了公民的法律义务外，我国《宪法》特别规定了公民的基本义务。义务法定，一方面是说义务的设定必须有法律依据，另一方面是说法定义务应当履行，否则会承担不利的法律后果。

我国公民的基本义务包括：要维护国家统一和民族团结的义务；遵守宪法和法律的义务；维护祖国安全、荣誉和利益的义务；依法服兵役的义务；依法纳税的义务。任何公民都需要依法行使权利，同时也要依法履行义务。

---

① 中共中央文献研究室：《习近平关于全面依法治国论述摘编》，中央文献出版社，2015年，第87-88页。

八、课堂总结

1. 总结内容：本次课我们围绕依法行使法律权利和履行法律义务两个大问题，分析了法律权利和法律义务的关系，讨论了如何依法行使法律权利和履行法律义务，鼓励学生形成法治思维、提升法治素养。

2. 调查反馈：针对本次课的学习，还有哪些疑问？（智慧课堂）

九、作业安排

1. 当你在网购时买到假冒伪劣商品会怎么办？请结合"牙膏生产商起诉打假测评博主"一案，在小组群里分享你个人的做法或者想法。

2. 阅读新华社 2022 年 2 月 18 日文章《"法治兴则国兴，法治强则国强"——"十个明确"彰显马克思主义中国化新飞跃述评之六》，思考大学生应该怎样依法行使权利和履行义务。

十、课堂延伸

1. 习近平：《坚定不移走中国特色社会主义法治道路 为全面建设社会主义现代化国家提供有力法治保障》，《求是》，2021 年第 5 期。

2. 习近平：《论坚持全面依法治国》，中央文献出版社，2020 年。

3. 习近平：《坚持、完善和发展中国特色社会主义国家制度与法律制度》，《求是》，2019 年第 23 期。

4.《中共中央关于全面推进依法治国若干重大问题的决定》，人民出版社，2014 年。

5. 洪萍、颜三忠：《大学生法治思维养成》，光明日报出版社，2021 年。